知识生产的原创基地
BASE FOR ORIGINAL CREATIVE CONTENT

颉腾商业
JIE TENG BUSINESS

共赢

觉醒商业的实践

[美] 拉金德拉·西索迪亚（Raj Sisodia） 蒂莫西·亨利（Timothy Henry）） 托马斯·埃克施密特（Thomas Eckschmidt）◎著

王进杰◎译 杨壮◎审译

CONSCIOUS CAPITALISM FIELD GUIDE

TOOLS FOR
TRANSFORMING YOUR ORGANIZATION

中国广播影视出版社

图书在版编目（CIP）数据

共赢：觉醒商业的实践 / (美) 拉金德拉・西索迪亚 (Raj Sisodia) , (美) 蒂莫西・亨利(Timothy Henry) , (美) 托马斯・埃克施密特(Thomas Eckschmidt) 著；王进杰译. -- 北京：中国广播影视出版社, 2022.8

书名原文: Conscious Capitalism Field Guide: Tools for Transforming Your Organization

ISBN 978-7-5043-8840-7

Ⅰ. ①共… Ⅱ. ①拉… ②蒂… ③托… ④王… Ⅲ. ①企业管理 Ⅳ. ①G219.272

中国版本图书馆CIP数据核字(2022)第094604号

共赢：觉醒商业的实践

[美] 拉金德拉・西索迪亚 (Raj Sisodia) , [美] 蒂莫西・亨利 (Timothy Henry) , [美] 托马斯・埃克施密特 (Thomas Eckschmidt) 著

王进杰 译

杨 壮 审译

策　　划 颉腾文化

责任编辑 王 萱 赵之鉴

责任校对 张 哲

出版发行 中国广播影视出版社

电　　话 010-86093580 010-86093583

社　　址 北京市西城区真武庙二条 9 号

邮　　编 100045

网　　址 www.crtp.com.cn

电子信箱 crtp8@sina.com

经　　销 全国各地新华书店

印　　刷 北京市荣盛彩色印刷有限公司

开　　本 640 毫米 ×910 毫米 1/16

字　　数 265（千）字

印　　张 19.75

版　　次 2022 年 8 月第 1 版 2022 年 8 月第 1 次印刷

书　　号 ISBN 978-7-5043-8840-7

定　　价 89.00 元

如何打造更有意义的商业？当企业开始不只是追求成为世界上最强的企业，而是成为对世界最有益的企业，已然开启了觉醒商业的第一步。让企业使命与组织中所有个人使命产生共鸣；让觉醒的领导者不止于创始人而可以是组织里的每一个个体；从股东至上主义转变为所有利益相关者共赢的系统思考；创建完整的觉醒文化与管理，这本书提供了一份“可持续发展路线图”，标注出了我们想去的方向与可能的路径。期待与企业共行探索这段觉醒商业之旅。

—— 姜宇霏　B Corps China 共益企业中国项目总监

越来越多的中国年轻创业者和企业家，已经不再满足于赚钱的目的，他们想用商业让世界变得更美好，并在组织中展现人性之光。本书为这类创业者和企业家提供了一套觉醒商业的实践方法和工具，让美好企业不再是一个概念，而是有落地的可能。期待在中华大地出现越来越多的觉醒商业和美好企业的践行者。

—— 朱小斌博士　领教商学堂、领教工坊联合创始人

向往觉醒商业的企业家应该不少，但对于如何迈出第一步他们往往所知不多，而这本书就像一份贴心的“目的地攻略”，以实践者的视角全面解析了觉醒商业核心原则的众要素，并直接提供了详尽实用的落地工具和策略，相信一定会让有志于商业向善的领导者和专业人士如获至宝，也更加勇于行动。

—— 陆维东　觉醒商业顾问、正念领导力与意识进化教练

商业可以与文学、艺术共同推动人类进步！过去强调更快更多更大，鼓励企业夜以继日地运作去面对竞争和挑战，往往不可避免地踏入内卷的死胡同。认识到创办企业是出于更高的使命和意义、立命利益相关方共赢，能让企业得道多助、可持续发展，接踵而至的利润会让企业更有力量地彰显自己的使命！因为人性中不但有基于生存安全的需求，更有超越个人利益与他人进行底层联结的需求，以及对构建更美好社会的渴望。《共赢：觉醒商业的实践》一书提供了引领未来的商业文明新框架和翔实的实践案例，欢迎加入这份踏入未来的事业！

—— 陈文芳　水不争动力社创始人、觉醒商业认证顾问、中国首位真实使命个人和组织认证导师、2016 全球伟事达 CEO 私董会最佳教练

每次与中国的本土企业家共同研讨觉醒商业的时候，他们眼中都闪烁着期待的光芒；同时也会有着一丝犹豫或疑惑。“真的可行吗？”“在我们自己的企业里可以推进觉醒商业的实践吗？”“该怎么做呢？”翻开《共赢：觉醒商业的实践》这本书，也许就可以找到想要的答案。“实践是检验真理的唯一标准。”觉醒商业并不是一个概念，而是真切地运作了几十年的实践。其中的原则和最佳实践将会对我们走上觉醒商业之路提供明晰的指引。

—— 樊岚　组织发展顾问、高管教练，觉醒商业和组织进化在中国实践的推动者

本书具体分析了如何践行更高的使命、利益相关者共赢、觉醒文化和觉醒领导力这四项关键原则，并针对每一项原则从实践角度，分析了在商业觉醒的过程中可能的实施途径。特别是针对不同觉醒阶段的企业，给出了不同的觉醒之旅实施路线图。任何想要开启觉醒商业之旅的人士，以及想要提升觉醒水平进而改变整个组织中领导力发展方式的高级别领导者都可以从本书获得灵感和启发。

—— 梁巧转博士　西安交通大学管理学院组织管理系教授、博士生导师

探讨如何将单赢业务关系转变为多赢关系的宝贵手册。

—— 威廉 · 尤里，《谈判力》（*Getting to Yes*）合著者；《内向谈判力》（*Getting to Yes with Yourself*）作者

本书告诉人们如何建立一个更人性化、更可持续的高绩效组织，回应了当今社会的需要。其内容具体而可操作，饱含作者的创作激情，力图建立良好的工作场所并且改善长期在办公室工作的人们的生活！

—— 托尼·施瓦茨，精力项目首席执行官；《不加班，搞定所有工作》（*The Way We're Working Isn't Working*）合著者

本书阐明了企业觉醒的途径。它应该是董事会和商学院的必备读物。

—— 陈一鸣，前谷歌员工"好家伙"（Jolly Good Fellow，他在谷歌的特殊头衔）；《纽约时报》畅销书作家，《随需而乐》（*Joy on Demand*）及《硅谷最受欢迎的情商课》（*Search Inside Yourself*）作者；李光耀公共政策学院副教授

这本书指引企业领导者建设注重创新和社会意识的文化，并建立对世界产生积极影响的成功组织。

—— 罗恩·沙伊奇，帕尼罗面包创始人、董事长兼首席执行官

这本书清晰地阐释了为什么根植于更加深远使命的公司会在未来走向成功，为如何把抱负转变为行动提供了切实参考。

—— 保罗·波尔曼，联合利华首席执行官

Foreword One | 推荐序一

企业的目的和使命是什么，如何让企业成为一个共享和共赢的平台，怎样做才是优秀的企业领导者和企业家，这些是我们常常讨论的问题，本书为上述问题提供了答案。

大家知道，从 20 世纪 70 年代，美国商业圆桌会议就发布宣言，声称企业的唯一目的就是股东利益最大化，在 20 世纪 90 年代，它们又重申了这一原则，直到 2019 年年底它们才重新定义企业的目的应该是让社会更美好，提出企业要关注利益相关者，而不仅仅是所有者。这个企业目的新宣言是划时代的，但过去近半个世纪对企业目的的偏颇认识，导致了企业发展误入歧途，导致了空前的环境破坏、财富两极分化、资本无序扩张等一系列恶果。而今天，我们重新审视企业的价值观，重新审视企业的目的，重新审视企业的使命是多么重要。本书将这种审视称为“觉醒”，着重讲解了觉醒商业、觉醒企业、觉醒企业家，它的概念、内容、逻辑，以及如何做觉醒企业的必要修炼。

书中提出了做觉醒企业的四大原则，即让社会更美好的企业使命、利益相关者的共赢、企业领导者无我的境界、企业向善的文化。书中还提出了做企业的三重底线，即环境保护、社会责任、相关者利益，进而讲解了企业如何做到与客户、员工、供应商、股东、社区、环境六个方面的共赢，好企业应该是多方面的共赢体，好企业应为人民服务。书中的这些观点既回归了企业本源，又有利于我们指导今天的企业，应该说，这些观点和方法对转型中的企业是很受用的。

书中还批评了激进投资者，认为那种不顾企业的长远健康发展和利益相关者的利益，一味地提高股票价值，进而套现走人实现个人巨额财富的做法不符合商业的伦理。企业应该成为包括员工、所有者和所有相关者共享共赢的平台。

共同富裕是人类美好的向往，也是我们共同理想的基石，企业不应是单纯为所有者造富的工具，企业既要为金融投资的股东，也要为提供人力资本的员工，还要为其他利益相关者创造财富，从而让企业成为整个社会共享、共赢、共荣的平台，通过企业这个平台，实现橄榄型收入结构，打造更多的中产阶层，缩小贫富差距，从这个意义上来说，翻译出版这本书具有一定的现实意义。

本书还回答了一个问题，即共赢的觉醒企业不是吃大锅饭、养懒人的平均主义的乌托邦，关注员工在内的相关者利益和股东利益并不矛盾，共赢的理念会使企业更具有创新性和竞争力，会创造更好的企业效益和价值，即经营向善的企业会有更美好的未来，书中的一些觉醒企业案例和企业觉醒的旅程对我们把握企业觉醒之道也有一定的参照作用。推荐大家读一读这本书。

中国上市公司协会会长　宋志平

Foreword Two | 推荐序二

在拉金德拉·西索迪亚和我共同撰写《伟大企业的四个关键原则》（*Conscious Capitalism: Liberating the Heroic Spirit of Business*）的五年里，觉醒商业快速发展。它正在逐步成为一个全球性行动，改变着我们对商业的看法和商业运作方式。现在，成千上万的企业受到鼓舞，去追求一个更高的使命，而非仅仅局限于利润最大化。事实上，无数年轻企业家正在创业，他们的终极使命是让世界变得更美好，展现人性的闪光之处。社会企业家正在创建成千上万的组织，力图解决我们共同面临的挑战。商业企业家和社会企业家的终极使命相互交织，他们之间的界限也随之越来越模糊。

我相信我们的书和非营利组织对于推进觉醒商业的发展有着重要作用。我们的书已经售出 16 万余册，在世界各地被翻译成 13 种语言。我们的非营利组织的分会遍及美国 30 多个城市和其他 14 个国家。

其他几个重要的组织也在帮助觉醒商业朝着积极的方向发展，其中包括共益企业行动（B Corp movement）。它创造了另一种公司组织形式，要求董事会在决策时不仅要考虑股东的利益，还要考虑其他利益相关者的福利以及更大的社会和环境利益。这种公司组织形式目前在美国 33 个州和其他几个国家实现了合法化。B Team 是一个国际非营利组织，致力于通过商业创造社会、环境和经济效益。它由一些著名的商业领袖领导，如理查德·布兰森（Richard Branson）、保罗·波尔曼（Paul Polman）、马克·贝尼奥夫（Mark Benioff）、穆罕默德·尤努斯（Muhammad Yunus）、拉坦·塔塔（Ratan Tata）等许多著名的领导者。第三个具有巨大全球影响的组织是包容性商业（Inclusive Capitalism），其使命是使资本主义更加公平、可持续和包容。所有这些组织都希望企业把社会效益、环境效益置于与股东效益同等重要的位置上，这三个要素通常被称为三重底线。

三重底线是一个很好的想法，也是觉醒商业行动的主要灵感来源之一。

然而，想要进行真正有意义的变革就需要一个更加全面的框架。R. 爱德华 • 弗里曼（R.Rdward Freeman）教授在利益相关者理论上取得的开创性进展为觉醒商业的第二支柱奠定了基础。它已经从一个有趣的学术观点转变为一个核心问题，即有多少领导者认为自己的企业有意识地为所有主要利益相关者创造价值。尽管各组织的主要利益相关者的身份各不相同，但在觉醒商业中，我们确定了6种主要身份：客户、员工、供应商、投资者、社会和环境。在三重底线尽力确保社会和环境与投资者利润具有同等地位的基础上，利益相关者理论进一步提出了“六重底线”，将客户、员工和供应商纳入考量范畴。所有这6个主要的利益相关者都很重要，而真正的觉醒商业要求人们关注所有利益相关者之间相互依存的关系网络，并使企业同时为全部利益相关者创造价值。

当然，为所有6个主要利益相关者创造价值并不容易，因为目前我们对利益相关者的认知方式还没有改变。我们总是倾向于在利益相关者之间进行权衡，以损害其他利益相关者为代价，使某一个利益相关者受益。实践这种方法对我们而言并不困难。困难的是转变我们的认知方式，寻找共赢的策略，即拉金德拉和我所说的“成功”，也是觉醒商业的必要条件。只有当我们意识到不同利益相关者之间的相互依存性并且试图维护各方利益时，才能真正实现共赢。

在过去的5年里，觉醒商业的全面发展让我深受鼓舞，但一种相反的趋势令我深感不安，即股东对上市公司的激进态度。这种趋势受股东利益最大化使命驱动；激进公司试图在短时间内获得尽可能多的金钱，从而使股东的短期利益最大化。大多数激进投资者完全不考虑觉醒商业的四个原则，他们只关注如何在短时间内获得更多的盈利、创造更高的股价。激进投资者通常持有上市公司1%~10%的股权，并借此向董事会和首席执行官施压，要求他们采取各种行动来提高短期盈利额和股价。一般情况下，这会导致大规模裁员和其他重大开支削减、巨额股票回购和派息。这也意味着将公司出售给出价最高的人。如果董事会和首席执行官不满足他们的要求，他们往往会用自己的董事候选人取代董事，并试图罢免首席执行官。

在过去几年里，许多大公司都受到来自激进投资者的压力。其中包括戴尔（Dell）、苹果（Apple）、微软（Microsoft）、宝洁（Procter & Gamble）、杜邦（DuPont）和帕尼罗面包（Panera Bread）。面对这种状况，迈克尔·戴尔（Michael Dell）将自己的公司私有化，帕尼罗创始人兼首席执行官罗恩·沙伊奇（Ron Shaich）将公司出售给了一家大型国际控股公司 JAB。这两位领导者的主要出发点可能就是为了回避激进投资者对公司的骚扰。

2016 年和 2017 年，我们公司——全食超市（Whole Foods Market）面临过两次来自激进投资者的挑战。第一次开始于 2016 年夏天，路博迈（Neuberger Berman Group）在收购了 3% 的公司股份后开始向管理团队提出各种要求：降低成本，在董事会中引入新董事，聘请新的首席财务官，取消联合首席执行官结构，并将公司出售。我们认真听取包括股东在内的所有利益相关者的意见，并尽可能满足他们的需求。对于路博迈的建议，我们实施了有利于公司发展的措施，而对有害公司发展的意见置之不理。

2017 年 4 月，第二位激进投资者加纳基金（Jana Partners）宣布收购 8.8% 的公司股份。两周后，我们同加纳基金的代表们见面，但他们没有就如何改进公司提出建设性的建议。相反，他们说我们在公司管理方面表现很差，并且提出了两个要求：更换董事会 12 名董事中的 7 名，赋予加纳基金对这 7 名董事的否决权，并将公司出售。如果我们没有在 5 天内满足他们的要求，他们就会加大对公司的打击力度。他们没有告诉我们进一步打击的措施，但我们“反激进投资者”的银行家和律师认为那会是一场关于董事会的代理权之争。如果他们赢了，新的董事会将解雇现有的管理团队，更换管理层，然后把公司出售给出价最高的人。

我们对加纳基金的威胁做出了迅速反应，并采取了两项有效措施。第一，我们让 5 位资历最深、被顾问视作代理人之争薄弱点的董事辞职，并且用 5 位备受推崇的新董事取代了他们，使加纳基金很难击败我们。辞职的董事中有好几位是我们不愿意其离开的优秀董事，但他们都愿意为公司的利益做出个人牺牲。

第二，我们决定找一个白衣骑士（white knight）来收购公司。我们一致认为，对全食超市来说，被一个使命、价值观、质量标准、文化都与我们完全不符的公司收购将是一场灾难。没有一位公司领导者愿意选择这条道路。

然而由于来自路博迈和加纳基金的不断施压，我们很可能不得不走上这条路。有没有另一个合作伙伴，既可以让全食超市保持其独特的核心品质，又能在未来几年不断发展并适应新的市场状况？不断思考后，我意识到也许只有一家公司最适合我们，我在过去 20 年里非常钦佩的一家公司：亚马逊（Amazon）。

4 月底，我们联系了亚马逊的相关人员，评估他们对全食超市的兴趣。在确定对方意向的几天后，我们就在西雅图安排了一场会议。由 4 名全食超市高管组成的团队在周日下午与 4 名亚马逊高管见面，其中包括亚马逊的创始人兼首席执行官杰夫·贝索斯（Jeff Bezos）。我们对第一次交谈印象深刻。亚马逊的高管个个都是才华横溢、极富创造力的人。那天，我们花了几个小时讨论我们合作的可能性。我们的团队非常兴奋，并且在那次见面后就决定与亚马逊合并。亚马逊团队深有同感。交易进行得非常迅速，我们在第一次见面的 6 个星期后就签署了合并协议。

面对激进投资者，全食超市似乎走向了一个对所有利益相关者来说都很美好的结局。但如果亚马逊没有收购意向，会发生什么呢？还有其他与全食超市的觉醒商业模式完全契合的白衣骑士吗？或许是有的，但我对于如何找到他们毫无头绪。全食超市能够独立、成功地击退路博迈和加纳基金，阻止他们抛弃我们的更高使命和觉醒商业理念、把公司出售给出价最高者吗？也许可以，但这很难做到。在过去的 5 年里，天然食品和有机食品行业的竞争愈发激烈。全食需要削减成本、集中采购以获得更大的效益，还要降低价格以缩小与许多竞争对手的差距。在激进投资者的威胁下，一旦我们的计划失败或不能立即生效就会受到重创。在这种情况下，我们能够做到以上 3 点而不损害销售、利润与文化吗？也许可以，但可能性不大。更可能出现的情况是全食超市发展成独立而觉醒的公司，却最终被摧毁。现在，有了亚马逊这样的合作伙伴，我们将有时间积极推动公司发展、使其更具竞争力，同时学习亚马逊大量的技术和供应链专业知识，以独特的方式更快地发展。

觉醒商业行动希望能够使更多的上市公司加入这一特殊商业模式，让世界变得更美好并且充分发挥人文精神。当下的股东激进主义对这一行动构成了显著威胁。他们认为股东价值最大化是商业的唯一使命，应当不惜一切代价去实现。他们把这种错误观点作为行为准则。这是深深扎根于金融商业结构中的致命寄生虫；它威胁着主体的生命安全，并损害了商业本身的名誉。

觉醒商业行动需要采取各种手段直面这种威胁，尤其要寻求理论支持和法律支持。共益企业行动是一个很好的起点；它为改变关于公司使命的法律环境提供了一条途径。它保护公司免受激进投资者的威胁，防止他们以牺牲所有其他利益相关者为代价，追求短期股价最大化。然而，如果觉醒商业要继续履行它的任务，我们现在所熟悉的金融商业需要发生翻天覆地的变化。这一重大任务仍然摆在我们面前，需要才华横溢、兢兢业业的金融企业家为之制订新的解决方案。

与此同时，世界各地的公司应该毫不犹豫地走上觉醒之路，为所有利益相关者创造更多的价值。对一些企业来说，尽管觉醒商业理论迅速传播，但它仅仅是一种理论而已。尽管这种理论本身和它的支持者本意是好的，但企业很难把理论转化为实践。现在多亏了拉金德拉・西索迪亚、蒂莫西・亨利、托马斯・埃克施密特以及《共赢：觉醒商业的实践》，这种转化变得更加容易。拉金德拉、蒂莫西和托马斯系统地列出了大量有助于读者成为觉醒商业领袖的练习、任务和示例。我相信，本书是宝贵的资源，可以帮助领导者以系统、实用、有效的方式把觉醒商业理论应用到组织实践中。对我来说，这40年的旅程是令人振奋、意义深远的。我毫不怀疑，它对于你和觉醒商业将影响到的人们来说，也是同样令人兴奋而有意义的。

全食超市创始人兼首席执行官约翰·麦基（John Mackey）

Preface | 前言

这本书是什么？为谁而作？

觉醒商业是一个思想体系，具有一系列指导原则和最佳实践方案，其基础观念是：商业不仅仅是为了营利。这种商业运作方式根植于一条基本、普遍的事实，即人们永远渴望更多，追求更高的意义与使命，希望事业繁荣、取得成就。

觉醒商业并不轻视利润，不赚钱的企业是无法生存的。相反，这种理念提供了另一条追求利润的途径，强调信任、协作和同情心等概念。觉醒商业思想认为商业是有益的，甚至是有英雄气概的，因为它创造了繁荣。在发挥人文主义精神方面，商业所能够做到的远超人们的想象。

觉醒商业的四个核心原则为实践这种独特的商业运作方式和领导方式提供了蓝图。这四个原则是更高的使命、利益相关者共赢、觉醒领导和觉醒文化。

觉醒商业的概念已经存在了几十年，最早由全食超市的联合创始人兼首席执行官约翰·麦基推广。觉醒商业企业致力于推动这一理念的全球传播，自 2008 年成立以来发展迅速，在美国 30 多个州和全球十几个国家设有分会。这个理念在不同的文化环境和经济体中都极具吸引力，因为它触及了当今人们内心渴望的生活和工作方式。它把人的成长放在企业发展的中心。

约翰·麦基与拉金德拉·西索迪亚合著的《伟大企业的四个关键原则》一书抓住了这场行动的核心思想和精神。这本书出版于 2013 年，其核心理念是进入 21 世纪后，企业的竞争优势更多在于人的能力、企业文化和组织的运营模式。**觉醒商业的核心问题在于如何发挥人们最好的一面，从而为组织中涉及的人们创造利益，能够使员工达到最佳状态的组织将拥有最佳团队和最佳绩效。**这一论断构成了本书和觉醒商业行动的核心论点。

自从麦基和西索迪亚的书出版以来，世界上大大小小的公司对踏上觉醒商业之旅的兴趣不断增强。为了满足这一需要，作为觉醒商业指导手册，本书针对如何把觉醒商业的核心原则运用到其组织中为所有企业提供指导，无论企业年轻还是古老，规模大或小，上市与否。本书也可以为非营利组织和公共部门所用；觉醒的、使命驱动的组织的原则是具有普适性的。

0.1 我们的承诺

如果你读了本书，并且与领导团队认真地完成了书中的所有练习，将收获一个打造觉醒企业的详细计划。该计划将包括短期（12~18 个月）和长期（3~5 年）行动。指导手册以一系列练习为基础，来帮助你制订计划。你可以采取实际行动来规划自己独特的旅程，从而建设一个觉醒的商业组织。希望从你目前所处的位置出发，并帮助你为下一步做出规划。

以下是你可以完成的一些具体任务：

- 为你的公司写一份使命宣言，并制订一个计划，将其传达给你的组织。
- 确定所有的利益相关者和他们的需求，了解如何为每个利益相关者创造更多价值。
- 了解如何与所有利益相关者建立共赢关系。
- 打造企业文化。
- 制订个人领导力发展计划。
- 为组织制订领导力清单。
- 确定下一年和之后的优先事项。

通过与你的团队和组织中的其他人共同理解觉醒商业的原则并进行练习，你将能够像包括全食超市、谷歌、星巴克（Starbucks）、西南航空（Southwest Airlines）、巴塔哥尼亚（Patagonia）在内的许多以觉醒商业原则为基础的成功公司那样，建立一个觉醒的组织。

0.2 本书为谁而作

本书是为领导者及其团队设计的，针对的群体有责任且有能力改变整体组织或一个更大的组织内的独立单位（通常被称为战略业务单位或公司职能部门）的未来。我们描述的旅程是组织的旅程，而不是个人的旅程。但是，没有觉醒的领导者就没有觉醒的组织，不成为一个觉醒的人就不可能成为一个觉醒的领导者。为此，本书还会指导组织中的高级领导者进一步提高自身觉醒水平，告诉他们如何改变整个组织中领导力发展的方式。

这本书适用于处于不同觉醒水平的公司。它们可以是初创公司或成熟公司，尚未开始觉醒之旅或已经行至半途。它们可以是国有制公司或私有制公司，无论规模大小，无论范围限于国内还是遍及全球。它们可以是营利性公司或非营利组织，面向消费者或面向其他企业。觉醒商业原则对各种组织具有普适性。

此外，无论公司处于觉醒早期阶段还是多年来一直履行觉醒商业原则，本书都可以提供帮助。我们为你规划了整个旅程，并且为觉醒商业的每一个原则提供了多种选项：初学者的选择、中级的选择和更高级别的选择。通过这种方式，可以定位当前所处的阶段，确保执行步骤对你来说具有相关性和可操作性。

最后，本书也为与团队或组织共同工作的顾问提供了学习资源。有时，第三方的促进者可以帮助团队保持在正轨上运行，偶尔也可以推动团队在某些问题上进行更深入的挖掘。然而我们建议，如果你考虑使用顾问，一定要确保他们坚持觉醒商业原则，会定期参加觉醒商业年会或参加觉醒商业公司提供的培训项目。

注意：如果你刚刚接触觉醒商业概念且还没有读过《伟大企业的四个关键原则》一书，请务必阅读本书的第 1 章，以了解觉醒商业的背景、概念和商业案例。在其他情况下，你可以从第 2 章开始你的旅程。

0.3 如何使用本书：从抱负到行动

一个企业或者组织向觉醒商业的转变是一段旅程。从某种意义上说，人们永远无法真正抵达旅途的终点。这有点像人类觉醒水平的发展状况，本质上不存在终结状态。但是你攀登得越高，你的视野就越开阔。通过这种方式，一个觉醒组织就在不断地探索和发展新的运作方法中，逐渐走向成功。

当读完这本实践指南时，你应该对未来 12~18 个月的工作重点有了一个非常清晰的认识。你将清楚地认识到你目前的处境，知道怎样继续旅程才能对公司产生最大的影响。我们希望能帮助你从抱负走向行动。

在整本实践指南中，还讨论了有谁需要参与这一旅程。当你开始在组织中寻求支持时，以下几个层次的支持至关重要：你的领导团队（即高层团队）、你的上市公司或咨询委员会、你的中层管理人员，最后是整个组织。只有当你明确为什么要追求觉醒商业以及怎样最恰当地在你的组织中运用这一理念时，才能够得到利益相关者的认同。朝着一个新的方向前进或在旅途中迈出关键一步需要勇气。希望这本书能为你提供所需的帮助，在你将这些鼓舞人心的理念付诸行动时更有信心。

本书的结构

本指南的前四部分涵盖了觉醒商业的四个原则：更高的使命、利益相关者共赢、觉醒文化和觉醒领导力。最后一部分则聚焦于如何将以上原则整合到一个可操作的计划中。当你阅读完这本书的时候，你已经为你和你的企业如何实践觉醒商业理念制订了一个实施计划和战略。

第一部分到第四部分中的每一个章节的开篇都会介绍一个原则，并以商业领导者访谈中的故事和其他言论作为示例。除了这些原则，这些章节还会提及其他公司在觉醒商业之旅中采取的行动。

每一部分的后续章节都给出了练习、评估测试和一些其他工具。在本书的指引下，你可以通过反映参与度和信任度的客户员工调查等方式深入了解企业的特定方面。关键是要了解你所渴望达到的位置和你目前所处的位置之间的差距。你对这一差距的理解越深刻，就越能够做出对企业产生最大积极影响的决策。

然后，我们将提供练习和实践方法，帮助你评估针对每个原则下一步可能采取的措施。这样，你就可以开始制订你自己的行动计划来实践觉醒商业的原则。

对于四个原则（使命、利益相关者共赢、文化和领导力）中的每一个，你都可以在三个层面上认知自己的位置。在第一个层面上，你检验了觉醒商业的基础。例如，你有使命吗？领导团队知道你们的利益相关者是谁吗？在第二个层面上，你可以更加广泛地审视你的组织，增进对觉醒商业原则的认识和理解。例如，组织中的人知道你们的利益相关者是谁吗？第三个层面是把原则引入企业的核心精神和文化中。例如，在觉醒领导力的发展过程中，你是否明确了你希望参与组织发展的领导者类型？你是否支持他们？这些练习会带你系统地走过这三个层面。

当你和你的团队一起完成每一步时，要意识到只有学会走路，才能开始跑步。我们首先为你提供基础知识，然后再列出更深入的练习，从而帮助你完成这一过程。当你和你的团队开始进行书中的练习时，请从与你的觉醒发展水平相匹配的练习开始。

如何进行练习

书中提到的练习应由业务主管及其直接下属共同完成。为了取得最大效益，建议领导团队作为一个小组进行练习，并一起探讨每个练习、结果和差距。这样做将使组织更快地调整和改变。此外，领导者先自行阅读本书，再与团队合作，也会有所帮助。

考虑到与团队成员合作并让他们深入地参与到觉醒商业转变过程中的重要性，建议你的团队采用两步流程。第一步，需要让你的领导团队了解觉醒商业的概念，并获得他们的认同（第 19 章详细介绍了如何完成这一步），还必须把这个抱负转变为一个具体、有优先级的行动计划。

第二步是与团队一起完成行动计划，需要留出时间让团队专注于计划。

根据经验，团队需要将这项工作分成几部分，就像书中呈现的五个部分那样。

制订行动计划有两种基本模式，请选择最适合你的团队的方法。

一种方法是安排整个团队抽出两三天的时间，脱离工作环境。在这种情况下，建议按顺序读完这本书的五个部分，每部分花上三四个小时。对于每一条原则，都要把重点放在与你的组织情况最相关的领域上。例如，在第一部分“更高的使命”中，你的重点将取决于你的使命有多明确。如果你的组织尚未明确使命，或者团队认为当前的使命不符合需要、亟待更新，那么你的团队应该聚焦于觉醒商业的这一原则。而如果你已经有了一个明确的使命，下一步就是确保每个人都知道这个使命，并且确保你正在向着使命迈进。

另一种方法是安排 5~6 周内完成一系列会议，针对书中的每个部分举行一次 3~4 小时的会议，共举行 5 次。这是为了确保你有足够的时间与你的团队进行相关练习，并讨论可能对你的企业产生的影响以及将这一原则付诸实施的下一个具体步骤。

千里之行，始于足下

本书的意义就在于使用！做练习、与你的团队讨论、做出决定，然后开始行动。我们衷心希望你和你的团队能够进入一个新的阶段，转变你的商业模式，成为其他团队的榜样，从而开始秉持改变世界的商业观念。现在，我们祝你在这条觉醒商业的深刻变革之旅中一路顺风。这条路径并不是为个人而设立的（尽管它包含了一些个人的元素）；相反，这是一次领导团队之旅，将为你的组织带来真正的变革。现在就开始吧！

Contents | 目录

附录

第 1 章
为什么选择觉醒商业

在正式开始介绍组织转型战略之前，首先简要回顾一下觉醒商业的历史，供那些不熟悉这个概念或想要温故而知新的读者参考。本章将引领读者了解觉醒商业理念产生的历史和时代背景，探究构成“觉醒商业”理论基础和应用蓝图的四个原则，并剖析“觉醒商业”的实践案例。本章结尾将列举展开觉醒商业之旅时需要牢记的注意事项。

1.1 背景

自由市场商业

现代自由市场商业或工业时代商业诞生于在 1/4 个世纪内连续发生的开创性历史事件。第一个开创性事件是大约在 1750 年开始的工业革命，这可能是人类文明史上最伟大的一次进步，它极大地提高了人类的生产能力与物质生活水平。第二个事件是 1776 年由亚当 • 斯密（Adam Smith）撰写出版的《国富论》（*An Inquiry into the Nature and Causes of the Wealth of Nations*）。该书解释了自由市场的力量。

工业革命的技术突破和《国富论》的思想突破——这些具有极大影响力的事件组合对人类社会发展具有变革性的意义。普通人的生活也因此得到了翻天覆地的改善。在此之前的几千年，人类无论在人均寿命还是生活质量上都停滞不前，但在过去短短的两个世纪却取得突破性的发展。商业前所未有地使更多人摆脱贫困，其效果超过了历史上任何其他思想或制度。自 1800 年以来，全球人均收入实际增长了 15 倍（根据通货膨胀进行调整后的数值），生活在极端贫困中的人口比例从 90% 下降到 9% 左右。预期寿命也增加了 1 倍多，全球人口则增加了 7 倍，全球识字率更是从 12% 上升到了 86%。

危机四伏

尽管我们在发展中取得了非凡的进步，但是人类社会仍然危机四伏。商业正受到自身过度发展和急功近利的威胁。如今人们或愤世嫉俗或一蹶不振，人与人之间的隔阂显而易见。面对信任危机，企业不再被视为社会中一股向善的力量，而是被视为问题的症结所在。鉴于企业创造的财富和价值明显分布不均，对企业日益剧增的不信任使人们开始质疑企业在社会中经营的合法性。这种脱节对现存商业模式是一种巨大的挑战。

如果要理解这种脱节，需要追溯至商业的源头。在 1776 年出版的《国富论》中，苏格兰道德哲学家亚当·斯密（Adam Smith）提出：个人对自身利益的追求是植根于个人自由的社会利用市场自主力量从而提高生活水平的基础。在《国富论》发表的 17 年前，也就是 1759 年，斯密已经发表了《道德情操论》（*The Theory of Moral Sentiments*），这本书阐述了人类具有不考虑自身利益而关心他人的倾向。但大多数人只记得《国富论》，而遗忘了斯密的这本早期著作。倘若将“人类的利他需求”和“对自身利益的追求”这两个纬度整合到商业实践中，我们本可以为商业打下一个更具有人文精神、更坚实的基础。仅凭“追求自身利益”的单一支柱，商业或许会演变成一个强大而充满活力的系统，但是即使能够创造巨大的物质繁荣，也必将以损害工人福祉和破坏环境作为代价。

对自身利益的追求和利他需求——这两种品质应该是商业发展的两个引擎。但长期以来，商业这架飞机一直依靠“追求自身利益”这个单一引擎飞行。

商业的基础包括法治、私有财产权，商品、服务和思想的自愿交换。这些因素自始至终都很重要。但是除此之外，还需要引入一样缺失的东西，那就是“人的作用”这个纬度。

寻找更优途径

在很大程度上，企业仍然在工业革命的理念下运作，并使用工业时代开发的操作系统，参考军队的组织形式。这种思维方式几乎没有变过。企业一直把为股东创造利润视作商业的唯一使命，而其他一切都是实现这一使命的手段。这种想法仍然是商业的主流思维模式，很多商学院也一直在传授这一观点。

但是，越来越多的人认为商业这种仅仅追求利润最大化的传统思维是不完善的、没有启发性的、负面的。特别是在一些西方国家，各种改革行动围绕商业展开，产生了一系列术语，包括创造性商业、包容性商业、突破性商业、可持续商业、商业 2.0 和 3.0 版等。在这样的背景下，“觉醒商业”应运而生并日益盛行。它认识到商业的巨大价值和潜力，并试图让这种强大力量带来的正面效应更上一层楼。我们所有人也将努力将商业重新定义为“一种向善的力量”。

如今我们正处于历史的转折点，旧商业模式正在迅速瓦解。正如西南航空公司、巴塔哥尼亚、谷歌、联合利华（Unilever）、达能食品（Danone）和美捷步鞋业（Zappos）等众多公司所体现的那样，企业越来越意识到商业活动对人类生活和地球产生的诸多影响。“觉醒商业”是对这些担忧的回应，它强调企业可以寻求一种更好的运营方式，使商业组织更加人性化。“觉醒商业”提供了一种新的商业模式，立足社会和谐，促进社会高效发展，并为更多人带来成长。

1.2 相关概念

对很多人来说，“觉醒”和“商业”这两个词仿佛没有太多联系。

依据心理学家亚伯拉罕·马斯洛（Abraham Maslow）的经典需求层次理论，商业大多在较低的层次上运作，这与生存、安全和保障以及自尊有关。但是，我们人类所关心的以及我们能够做到的远不止这些。很多人还受到更高层次需求的驱动，如建立社群、探究意义和使命以及为人类服务。

在讨论“觉醒商业”这个概念时，我们力求引领一种以企业家为核心的商业形式。在这种形式中，企业家的使命是创造价值、解决人们共同关心的问题，并改变世界。当提到“觉醒商业”时，我们探讨的是企业和企业家“行善事”的英雄般的潜力。

当以更高的觉醒意识运营时，商业最终将是双赢游戏。只有这样，企业创造价值的潜力才会是非凡的，才不会以牺牲人类或地球健康为代价。

“觉醒商业”中“觉醒”的部分是指企业和企业领导者越来越意识到商业的潜力远不仅是赚钱，因此，他们如何选择经营思维方式和商业模式是“觉醒商业”的关键所在。“觉醒商业”意味着要深刻了解组织的使命，认识到利益相关者的互联性，并努力创造充满尊严、富有意义和快乐的工作环境。

“觉醒商业”有四个关键原则。这些原则共同作用，缺一不可。

更高的使命：正如西蒙·斯涅克（Simon Sinek）的著作《超级激励者》（*Start with Why*）中提及的那样，每个企业都应该有一个超越赚钱的更高使命。对公司而言，更高的使命是对于世界有所作为。通过专注于其更高的使命，企业可以激励、吸引和赋能各利益相关者。盈利不是使命，尽管它是衡量企业运作成败的众多重要指标之一，对于企业使命的实现也必不可少。企业的存在不仅仅是为了产生利润，还旨在为其所有利益相关者创造多种价值（在传统商业中，股东是众多利益相关者中的一员，利润则是为股东提供的特定价值）。

利益相关者共赢：认识到生命的相互依存性和企业以人为本的特性，企业需要自觉地与利益相关者（客户、员工、供应商、投资者、社区、环境等）一起努力，为所有利益相关者创造价值。我们需要摆脱得失心态，寻求协同效应，为每个利益相关者同时争取利益。与利益相关者之间建立双赢关系是企业的常见运营方式。

觉醒领导力：有觉醒意识的领导者可以超越狭隘的自身利益这一维度；他们的主要动机是为人们服务，而不是争权夺利和聚敛财富。他们更关注指导、鼓励、发展和激励员工。如果一个公司仅通过财务手段吸引和激励领导者，那么该领导者的首要动力也必然是金钱。这样的领导者无法激励员工并使他们在敬业度、创造力和绩效水平上取得突破。

觉醒文化：大多数企业都在恐惧和过高的压力下运营。他们很少关注自己的文化，任由其自行发展。具有觉醒文化的企业会有意识地培养具有高度信任、真实性、透明度和真诚关怀的组织文化。

觉醒商业是对如何定义和运营商业的全面反思。该理念旨在根据这些原则改变商业的运营模式。

觉醒商业的信条反映了普适的人类价值观，超越了历史、语言、宗教和文化的差异。这些理念的核心植根于人的尊严、自由和关怀，关注人类内心深处对于意义与使命的诉求，这是时代精神的标志。这些想法反映了开明领导者的野心与决心。他们不愿被陈旧的、源自“平静过去的教条”（dogmas of the quiet past 引申意为“不适用于现在的陈词老调”，源自亚伯拉罕·林肯的名言）束缚。在思考应当如何看待商业、如何进行商业实践时，这种破旧立新的理念尤为重要。

觉醒商业信条

我们相信，商业是有利的，因为它创造了价值；商业是道德的，因为它建立在自愿交换的基础上；商业是高尚的，因为它可以提升我们的生存水平；商业是有英雄气概的，因为它使人们摆脱贫困，创造繁荣。自由企业商业是推动社会合作和人类进步的最有力的系统。这是我们人类有史以来最令人无法抗拒的想法之一。但我们还可以追求更多。

觉醒商业是一种看待商业的方式，这种方式能够更好地反映我们在人类进程中所处的位置、当今世界状况以及商业对世界产生积极影响的内在潜力。觉醒的企业受到更高使命的激励，致力于服务、协调所有主要利益相关者并且整合它们的利益。只有当一个企业拥有更高的觉醒水平时，它才能够看到所有利益相关者之间相互依赖的关系，并从看似不得不做出取舍的情况中取得协同效应。觉醒的企业拥有觉醒的领导者，他们努力实现公司使命，为企业相关的所有人和我们的地球服务。这些企业拥有充满信任、真实、有创造力和关怀精神的文化，为在那里工作的人们提供个人成长和取得职业成就的机会。它们努力为所有利益相关者创造经济、智力、社会、文化、情感、精神、物质和环境等方面的财富。

觉醒的企业可以帮助世界进步，使亿万人能够蓬勃发展，充满激情、使命、爱和创造力地生活在一个自由、和谐、繁荣和共情的世界里。

资料来源：觉醒商业公司

1.3 案例

归根结底，觉醒商业是一种更好的商业运作方式。这种方法能够带来长期的丰厚经济回报，但不仅限于此。觉醒商业仍然是商业；一个良好的商业模式、健全的竞争战略和纪律准则是它正常运转的基础。在这些良好企业运转的基本要求之外，觉醒商业增加了前面提及的四个原则。良好的商业行为和觉醒的四大原则相结合可以使企业获得更大的经营成功，推动社会繁荣。

越来越多的证据表明，觉醒的公司在市场上的经济表现有显著优势。例如，《美好企业》（*Firms of Endearment: How World-Class Companies Profit from Passion and Purpose*，2007）提到，觉醒公司在 10 年内的标准普尔 500 指数上涨到接近 9∶1 的比例。在《美好企业第 2 版》（2014 年）中，一组扩大的公司在 15 年内达到了 14∶1 的比例。表 1–1 显示了截至 2017 年 6 月 30 日这些公司的最新财务业绩。

表 1-1　觉醒公司及其他公司的标准普尔 500 指数

累积回报	5 年	10 年	15 年	20 年
标准普尔 500	86%	96%	301%	269%
从优秀到卓越公司	106%	54%	234%	422%
非美国的觉醒公司	49%	93%	961%	1 509%
美国的觉醒公司	109%	231%	901%	2 077%

公司的财务表现取决于公司增加收入和提高效率的能力。觉醒的企业在这两个方面都有优势，因为它们更符合客户的切实需求，并集中在有意义的领域进行投资（如普通员工和优质供应商），并在非增值领域（如过高的营销成本和高员工流动率）节约开支。

成为一家真正的觉醒公司会带来多方面影响，其中包括有着更高参与度、热情和忠诚度的员工，满意而有黏性的、支持公司的客户，以及忠诚和有创造力的供应商。觉醒公司也享有很高的声誉，从而提高了它们吸引客户、员工、投资者和公民支持的能力。这些公司对环境有积极影响，并与媒体、各级政府和许多宣传团体保持良好关系。它们有更高的创新水平。这些结果本身都是积极的；即使它们对财务业绩有中性或轻微的负面影响，公司仍有必要追求这些结果。

然而，正如以下研究所表明的，每一个原则都与财务绩效呈正相关。当同一家公司能够践行所有原则时，原则的共同和累积影响使它能够在财务业绩方面取得巨大的进步。

环境责任和业绩：研究表明，环境责任高评级公司的业绩每年比低评级公司高出 5.06%。

客户满意度和股票回报：密歇根大学的研究人员发现，美国客户满意指数排名前 20% 的公司在 6 年内超过道琼斯工业指数 90%，超过标准普尔 500 指数 201%，超过纳斯达克指数 335%。

社会责任和股本成本：研究表明，一个企业的社会责任提升 1 个标准差与企业的股本溢价下降 10 个基点具有相关性。

员工满意度和股票回报：伦敦商学院的亚历克斯·埃德曼（Alex Edmans）及其同事发现，1984—2011 年期间，美国“百佳公司”的绩效每年超过所有基准 2.3%~3.8%。他指出，成为一家让员工满意的公司所带来的影响，往往在四到五年后才会在市场上展现出来。随后的研究表明，在全球 14 个国家中，使员工满意的公司都取得了高回报率；美国公司的回报率在其中排名前十。劳动力市场的灵活性越高，公司作为一个良好工作场所得到的回报就越高。

信任与发展：更高水平的信任度有利于快速发展；信任度每增加一个标准差，与公司规模扩大 30% 左右具有相关性。更高程度的信任也会推动更多的权力下放。

可持续性和组织过程及绩效：1993—2009 年间，高可持续性企业每年的绩效超过低可持续性企业 4.8%。研究表明，高可持续性企业更倾向于利益相关者共赢。

企业文化和绩效：如果公司仅仅在网站或年报上宣传其价值观却没有在实践中运用，就不会取得优异的财务绩效。诚信度越高的公司盈利能力越高。这类公司对求职者也更有吸引力。研究发现，私营企业在上市公司中的诚信水平较高。

环境、社会和治理得分与财务绩效：一项综合分析聚焦20世纪70年代以来的2 200项专门学术研究，其中约90%的研究表明环境、社会、治理标准和财务绩效之间存在中立或积极的关系。而在更为复杂的研究中，62.6%的研究表明这种关系是积极的。环境和治理得分与财务绩效的正相关程度高于社会得分与财务绩效的相关程度。

利益相关者共赢和创新：1976—2006年间，美国34个州颁布了选区条款，要求公司董事能够在决策中考虑股东以外的利益相关者的利益。一项研究表明，在此类法规颁布后的12~24个月内，专利数量增加了约6.5%，48个月后上升到8%。研究还指出，相比以股东为中心的公司的创新成果，这些专利更具开拓性。

企业社会责任与市场风险或系统风险：承担更多社会责任的企业系统风险较低。这一优势归因于更高的客户忠诚度。

社会资本与绩效：2008—2009年金融危机期间，社会资本较高公司的股票回报率比社会资本较低的公司高4%~5%。

鉴于如此丰富的证据，显然企业不应该忽视以社会、以人为中心的使命，不能仅仅遵循传统的利润最大化、以股东为中心的运作方法。未来的企业将无法承受不实行觉醒商业的代价。为什么不选择这种运作方式？觉醒商业是一种更好的商业方式，因为它能带来更高的回报，且不以伤害人类或地球为代价。事实上，这种方法确实能让人类和地球繁荣发展，同时带来卓越的财务效益。

1.4 指南针

前方的旅程

世界各地的领导者和企业家正在重新认识商业，把它想象成一种提供服务、升华人性的工具，而不是想方设法多赚钱的方式。利益至上的思维模式常常会使人们利用他人的无知或弱点，无情地进行剥削。任何发展阶段、任何规模的公司，无论上市公司还是私营公司，都可以选择踏上觉醒商业的旅程。

觉醒商业的原则很容易理解，因此其影响力和重要性很少受到质疑。但是一旦世界各地的人们接触到这些想法，他们往往会问："怎么做？"企业家和商业领导者想知道他们如何实施这些想法，如何改造现有的公司并建立新的公司，从而使觉醒商业原则成为他们公司核心精神的一部分。

你现在手里拿着的这本书正是为此而作。我们希望本书能够帮助你和其他领导者及其团队在组织中灵活运用觉醒商业原则。本书介绍理论、提出见解、提供案例，以帮助企业家、首席执行官和其他各级领导者开始实践觉醒商业原则。本书将帮助你设计和实施新的商业模式，同时为所有的利益相关者创造金融、社会和环境福祉。它将帮助人们找到使命，并帮助你挖掘出你的公司可以实现的独特价值。

一些注意事项

那些仅仅因为觉醒商业模式可能带来更大利益而对此感兴趣的企业领导者很难成功。关于人生的一个真理是：我们必须出于正确的理由，努力做正确的事情。我们永远无法真正控制行动的结果，但在商业中我们常常产生错觉，以为自己可以掌控结果。大多数公司都会给经理制订市场份额、利润、股价等硬性指标。为了实现那些不过是抽象数字的使命，管理者经常做出损害大多数利益相关者利益的决策。通过压榨员工或供应商，管理者可能在下个季度实现理想的效果，但这样做会为长期发展埋下更大的隐患。如果我们专注于个人或公司的正当行为，随着时间的推移，会收获积极的成果。

采取觉醒商业的方法不能弥补商业模式和商业战略上的缺陷。商业领袖和他们的组织必须证明他们有一个能够在市场上生存并且发展的战略和经济模式。首先假设企业已经找到了一个有需求的市场，一种可行的价值主张，以及能够自我维持、能够盈利的有效流程。在此基础上，觉醒商业使这家公司能够在更高的层次上取得成功，并实现永恒价值。

旅途愉快

人类不是资源（resource），而是来源（source）。烧成灰烬的煤块是一种资源，而不断产生光、热和能量的太阳则是来源。人类可以产生非凡的创造力、灵感、爱和关怀。在这个世界上最强大的创造力来源莫过于一个充满灵感和力量的人。觉醒商业使人们充满活力和力量，并使他们为更崇高的使命作出最大贡献。通过这种方式，商业对世界产生了深远的积极影响。

1925 年，美国前总统卡尔文·柯立芝（Calvin Coolidge）曾说："美国人的主要事务是经商。"太多的人把这句话理解为美国人民关心且只应关心商业产生的利润。赫伯·凯莱赫（Herb Kelleher）是一位传奇领袖，他把西南航空公司打造成了世界历史上最成功的航空公司之一。他成功的基础是依托这句名言："商业是人的商业，无论在过去、现在还是未来。"社会的三大部分之中（私营企业、政府和公民社会），在为人类和地球创造更美好的未来这方面，商业发挥着最大的作用。如果真正确保商业永远优先考虑人们的福祉，并把商业作为主要业务，就能实现世界的普遍繁荣。

觉醒商业不仅在于发挥商业的潜力，它还关注我们将如何维持繁荣，为这个星球上数十亿尚未出生或仍在挣扎的生命带来长寿、现代性、人类非凡潜能等方面的好处。

帕查玛玛联盟（Pachamama Alliance）是一家致力于为亚马逊雨林土著人民赋权的非营利组织。创始人林恩·特威斯特（Lynne Twist）说，我们今天活着的人有机会以人类最有意义的方式在这个地球上生活。我们面临着巨大的挑战，但我们对这些挑战的认识能力和应对挑战的能力也是卓越的。企业必须起带头作用，但前提是我们要改变过去的经营方式。觉醒的企业可以充分发挥大多数人的隐藏的非凡能力，并借此释放出有史以来最强大的可再生能源：充满激情、充满力量、全力以赴、充满爱心、使命明确的人类。

你现在已经准备好开始旅程了。下一章，即你的出发点，会要求你思考你的组织现在处在什么位置？你的组织如何定义成功？你的组织想要达到什么高度？为了帮助你思考这些问题，我们引入了一个真诚而深入的采访。一个位于哥斯达黎加有百年历史的啤酒酿造公司是世界上最有觉醒意识的企业之一（是的，一个生产和销售酒精饮料的公司也可以觉醒！）。通过回顾对该企业领导者的采访，探究他们在改善人们生活的过程中，对于企业的使命和角色的看法是如何变化的。

第 2 章

开启觉醒商业之旅

“千里之行，始于足下。”这句话可以说是老生常谈了。但就像多数大道理一样，其中总有些有价值的地方。本书的使命是使觉醒商业之旅对你和你的组织而言变得实用、重要、紧密相关并且真实。当你看完这本书时，你就会收获一张向觉醒商业转型的路线图。

要意识到转型不可能一蹴而就；我们不会为你提供能瞬间变化的神奇魔法。相反，我们将帮助你制订一套切实可行的行动方案，以帮助你、你的团队和你的组织转变思维方式与运营方式，从而逐步创建一个觉醒公司。

请记住，这是一个长期、全面、持续的觉醒商业旅程。

2.1 企业为何存在

觉醒商业旅程的起点往往是一个觉醒领导者（希望是你，我的读者）询问一系列关于企业以及领导者对企业期待的问题。请从个人视角出发花几分钟时间回答以下问题：

- 作为一个领导者，为什么这段旅程对你个人很重要？
- 你如何定义成功？
- 你如何定义伟大？

接下来与你的领导团队合作，作为一个组织回答以下问题：

- 为什么这段旅程对你的组织很重要？

- 我们如何定义成功的组织？
- 我们如何定义伟大的组织？
- 我们的业务是否能够在未来蓬勃发展的同时让世界变得更美好？

从根本上说，这些都是关于你的企业为什么存在的问题。这是觉醒商业的第一个原则——更高的使命。你的公司为什么存在？你又想对世界产生什么样的影响？

当你开始的时候，请记住不存在开始的正确位置或最佳位置。每个公司和领导者都面临着各自独特的业务和组织挑战。在你阅读这本书的过程中，我们将帮助你为这段旅程绘制一张具体的地图。

在开始这项工作之前，介绍两位觉醒领导者的转变历程。首先是拉蒙·门迪奥拉（Ramon Mendiola），他是一名首席执行官，他在接管一家传统企业后将其转变为哥斯达黎加最受尊敬、最有觉醒意识的公司。接下来，高品质二手车零售商 Driversselect 的首席执行官史蒂夫·霍尔（Steve Hall）讲述了他自 2011 年开始觉醒商业这一旅程以来的经历。

我的觉醒商业之旅

作者：FIFCO（Florida Ice&Farm Co）首席执行官，拉蒙·门迪奥拉

我在 2004 年加入 FIFCO，它是哥斯达黎加一家非常传统、运转成熟的公司。那时的公司已有 108 年酿造啤酒的历史，并专注于这一业务。

2004—2006：提高效率

起初我专注于提高效率。我发现可以在许多领域提高效率，然后把这些环节中节省下来的钱重新投入商业中，而不仅仅作为最终盈利。例如，我们拿出当时总成本的 18%，也就是 2 200 万美元，调整了它的用途，从而更好地发挥其作用。

我不得不在非营利环节上缩减开支。这意味着我不得不解雇那些只会给流程增加层级和复

杂性的员工。我称之为“房屋整理”：提高效率。我高度强调创新，按业绩定酬劳。原本的薪酬中有70%固定，30%可变，而在4个月的时间里，我将销售人员的薪酬调整为70%可变与30%固定。在这一过程中，很多人离开了公司，因为他们不认同我的措施。但我认为我们做出的决定是正确的，只有这样才能与进入市场的跨国公司竞争。我创建了一个业务单元，专注于酒精和非酒精饮料，尤其是果汁和水。此前，啤酒业务一直在补偿我们在非酒精业务方面的损失；我需要让每个业务部门承担更多的责任。

2006—2008年：强劲增长

在开始的两年里，我想我采取的措施是多数首席执行官都会选择的。然后在2006年，我给我的团队提出了一个新的挑战：将业务规模扩大一倍。从企业历史上看，我们花了7年时间才把规模扩大了一倍。我对公司的50位高管说：“好吧，伙计们，我为整个组织在效率和生产力方面所取得的成果感到骄傲。我现在想给大家提出一个新的挑战：不是在7年内，而是在2年内，使公司的收入和利润翻一番。”我希望70%的增长来自有机增长，而30%来自新的业务扩张。我在啤酒业务方面的目标是增加人均消费量。以前，我们每年的人均消费增长1%或2%。从2006年到2008年，我们每年分别增长了9%、10%和11%。之所以能取得如此快速的增长，是因为我们在包装尺寸、口味、产品组合管理和加强分销方面进行了大量创新。我还提出了具体的关键绩效指标。例如，每年绩效总量的10%应当来自新产品。

在我们扩大啤酒品类的同时，我们还通过加强投资组合和进入新的细分市场，大大减少了我们在非酒精饮料方面的损失。例如，我们开拓了更加符合健康趋势的冰茶类市场。

2008年：成为三重底线公司

一年半之后，在2007年，我知道我们的业务规模以及利润会翻一番。我觉得我的团队已经准备好迎接更大的挑战。当我和我的管理团队（现在大约有75位高层领导）在2008年年底庆祝这一成就时做出了一个有前瞻性的决定。我给团队提出了一个新的挑战：成为一个三重底线共赢的公司。这意味着我们需要将商业战略、环境责任和企业社会责任相结合。就像对待财务业绩那样，我们以同样严谨的态度关注企业的社会责任与环境责任。

这一挑战来源于我们从公众那里得到的信号——特别是关于酒精的信号。当我们的业务开始以每年10%或11%的速度增长时，酒类产品的消费有些过热。因此，酒后驾车等相关担忧出现了。我开始关注公众向我们传递的信息。受利益相关者模型的启发，我们决定加深对利益相关者的全面了解——与所有利益相关者进行定性和定量的协商。我们在消费者和客户方面一贯做得很好，但我决定将重点扩展到非政府组织（NGO）、整个社会、监管机构、股东和员工。

当我们问这些利益相关者希望我们作为一家负责任的公司能够做到什么时，他们提到了4件事。这些期望涉及我们在社会和环境责任方面的业务。第一，他们告诉我们："你们必须对过度的酒类产品消费采取措施。"这是迄今为止我们最主要的业务。第二是浪费，他们说看到我们的瓶子漂浮在河流和海滩上。第三是用水，因为他们认为我们依靠从社区取水来维持生产。第四，他们担心来自我们的分配系统和制造设施的碳排放。

我们非常大胆地处理了这些问题。我召集了我的团队，我说："好吧，伙计们，我们需要做点什么来控制过度饮酒。"我当时并不清楚该怎么做，但我们最终还是与一个加拿大的非政府组织合作，对方在过去的25年里一直努力改变魁北克的酒精消费模式。我们采纳了这个非政府组织的理念。首先，我们衡量了我们社会的消费模式。我们发现，在哥斯达黎加，消费者平均每周饮酒1.75次，主要集中在周五和周六。他们每次喝酒平均要喝5杯。喝了5杯酒后，一个人通常会喝醉，当然这也取决于饮酒者喝这些酒的时间间隔以及其他因素。在加拿大的案例中，饮酒者有良好的消费模式，因为他们平均每周喝4次酒，但每次只有2.25杯。对比数据，我们得到了一个有趣的发现。我们意识到我们应该集中精力改变消费模式。我们可以继续提高人均消费量，但要以负责任的方式推进，即建议增加饮酒频率、减少单次饮用量。

改变消费模式需要几代人的努力，不可能一蹴而就。卫生部部长不怎么喜欢我，因为我恰好是她所认同的对立面。但我去找她并给出了研究报告，她看完后就把我叫到了办公室。“拉蒙，”她说，“这是我这辈子见到的最好的一条消息，我愿意和你一起找到解决办法。”

接下来，我成了拉丁美洲酿酒人协会的主席。从阿根廷到墨西哥，我花了三年半的时间动员拉丁美洲的工业界去开展我们在哥斯达黎加做过的研究。除了一些例外，大部分国家的消费模式都是相同的。我带着这些数据前往日内瓦（Geneva）的世界卫生组织。世界卫生组织对待酒精产业的态度与对待烟草业相同：减少人均消费。我对该组织说：“我们可以向你们证明，通过改变消费模式、以负责任的方式增加人均消费量是合理的。酒精作为一种产品没有好坏之说。其影响取决于消费者是谁以及如何消费（即消费模式）。”

4 年来，我们一直在进步。我们来自小小的哥斯达黎加，但我们试图以积极的方式鼓励该行业接受这些我们称之为“理智消费”的原则，以不同的方式引导我们的消费者群体。我们通过这种方式解决过量饮酒这一企业首要问题。

在 2008 年，我们还作出了环保承诺：到 2011 年，我们将成为一家零固体废物公司。这意味着我们不会再把垃圾送到垃圾填埋场。我们履行了这一承诺，并在 2011 年成了零固体废物公司。

我们还承诺在 2012 年成为水中和公司，在 2017 年前成为碳中和公司，所有这些承诺都经得起检验。作为一家上市公司，我们已接受德勤（Deloitte）对这些全球报告倡议原则的审核。我们实现了目标，成了一个零固体废物和水中和的公司，我们感到高兴与自豪。我们正朝着在 2017 年年底成为碳中和公司的目标迈进。

你可能会问，为什么要在那几年做出这些改变？我们的使命根植于利益相关者的观点。例如，由于公众对废物处理的关注远大于对排放的关注，我们就首先关注废物处理。

我们首先减少了生产过程中的用水量，从而成了一家水中和公司。我们把一切纳入测量范围，甚至包括厕所里的水！起初我们每生产和销售100升的饮料需要使用1 400升水，而现在我们的使用量低于400升。然后我们开始为无法削减的用水量部分做出补偿。我们采用了水足迹网络准则并与其他公司和非政府组织合作，为哥斯达黎加缺乏饮用水的社区供水。到目前为止，我们已经完成了4个这样的项目。另外，还有其他的补偿方式，我们在学校里收集雨水，并为保护哥斯达黎加的雨林作出贡献。

2012—2014年：通过收购实现增长

2012年，我们决定继续大幅拓展业务。我们在18个月内完成了4项收购，进入美国市场，并继续扩大我们的饮料类别，增加包括葡萄酒和烈酒在内的新产品。我们垂直整合流程并建立了小型便利店。在我刚加入FIFCO时，公司有1 800名雇员。现在我们有6 300名：哥斯达黎加4 000名，危地马拉和萨尔瓦多1 000名，美国大约1 300名。在我刚加入公司时，我们的年度营业额是1.5亿美元，目前我们达到了13亿美元。我们起初的利润是7 000万美元，而现在接近3.2亿美元。但如果你问我最重要的决定是哪一个，我会回答是在2008年，当时的我将商业战略与企业社会责任相结合，使我们成了一家拥有三重底线的公司。对我来说，这是我们公司做过的最重要的决定。

2014：寻找更高的使命

第二个重要的决定发生在2014年，在我提到的新业务长期扩张之后。老实说，我认为我们与员工变得疏远了，因为短短18个月内要完成的新提案和4次收购把他们逼得太紧了。我们正在失去一些我认为非常重要的东西：FIFCO的更高使命。所以我们开始寻找这项使命。我们有良好的愿景、任务和战略，但使命与前三者不同。我们必须回答以下问题："为什么会这样？为什么我们每天待在这里？为什么我们每天醒来去工作？"我想要的是一种能真正团结所有员工的事物，不管他们从事哪项业务。我希望他们每天醒来都渴望有更高的成就。

所以我们真的去了一座山上待了3天。12个人加入了我的探索，我们找到了组织的更高使命。寻找使命不应是委托给广告公司的工作，而应该发自每个人的内省。使命如此重要是因为它会真正触动员工的内心。策略和愿景会影响人的思想，但使命完全不同。我们需要向员工敞开心扉。

我坚信，如果我们能赢得员工内心的认可，我们将永远拥有他们的心。当我和我的团队成员关系变得更加人性化时，我们能够启用一种新的行事方式并接受这一更高使命的原则。这也促使我们更新我们的价值观：我们做某些事与不做某些事分别意味着什么。在过去的几年里，我们通过这种方式变得更加人性化。

我们这样阐述我们的使命：我们为世界带来更好的生活方式。

我每天都处在矛盾之中，既要实现自己的使命，有时又要为业绩而妥协。尽管听起来很奇怪，但我喜欢这种矛盾。我把这种矛盾嵌入我的领导团队中：我们是公司使命的守护者；对于我们每天做出的每一个决定，我们都必须首先考虑使命。有时，我们的使命与绩效背道而驰，但总的来说，我们总是努力做出正确的决定。我们生活在这样一种矛盾之中，即在完成使命的同时，仍然要追求我们所期望的业绩。

实现使命

当我和我们所有的员工分享更高的使命时，这种使命和绩效之间的矛盾就明显地体现了出来。我先和与我一起去山上的12个人分享了这个使命。然后是公司的100名高管、500名中层管理人员以及整个组织。我去了每个国家和地区进行分享。在其中一次会议上，一名员工拿起麦克风对我说："拉蒙，听我说。我为我们公司在节约水资源、减少排放、酒精政策等方面所做的每一件事感到骄傲。我读过相关报道，在电视上看到过你，我理解你正在做的事情。但你知道吗，拉蒙？你知道我们有的员工生活贫困吗？"

这句话使我感到震惊。“你说得对。”我说，“我不知道我们有多少员工生活贫困，但给我6个月的时间，我会和我的管理团队一起制订一个全面的计划解决这个问题。我会给出一个答复。”

真正要面对员工生活的现实是一件棘手的事情。我们到处寻找，从其他公司和联合国的协议中选取了最佳基准和做法。我们花了6个月的时间创建了叫作“FIFCO机会”的项目。

据联合国统计，哥斯达黎加总人口的22%生活在贫困之中。我们雇了社工来帮助我们。我和社工们一起采访了生活在贫困中的人们，不仅是我们的员工，还有他们的家人。我想知道有多少员工处于这种弱势状态，更重要的是，我想弄清这背后的原因。这并不是因为我们薪水不高；事实上，FIFCO的薪水在整个国家乃至中美洲都名列前茅。但是一个员工可能因为很多原因而处于贫困的境地：糟糕的财务决策、债务、健康问题、家人数量等。我们了解到这些情况。并最终发现我们的4 000名员工中有3.6%生活贫困。我向公司、这些员工和他们的家人公开承诺，尽管政府需要花10年时间才能让1个人脱贫，但我们会在3年内完成这一使命。

在每个贫困家庭的同意和投入下，我们开发了一个360°全方位的项目来帮助他们。我们不会说“你很穷”“你处在一个贫困境地”或者类似的话。他们必须参加咨询会，更重要的是，他们要学会如何理财。他们中的许多人也有健康或教育方面的问题。我们在不到一年半前启动了这个项目，目前已经使27个家庭摆脱了贫困。每个员工都有一位导师，即公司的一位高管。我把最复杂、最困难的案子交给了我们的首席财务官。我对他说：“卡洛斯，如果你不能让这名员工脱贫，那么就没有人能做到！”

一开始我没有意识到这整件事会产生什么影响。这项计划不仅提高了相关员工及其家庭的忠诚度和敬业度，还对其他97%的员工产生了巨大的影响。他们真的觉得“哇，公司为了帮助我们那些生活困难的同事而做了这么多”。公司员工的敬业度、忠诚度和“适宜工作”指数都直线上升。

有人说，通常情况下，当你在改善组织文化方面做了正确的事情时，一年最多也只能提高3个百分点。但去年，我们在适宜工作记录卡上提高了12个百分点！事实上，该地区评估适宜工作企业的组织人员起初并不相信这个分数，所以他们重新进行了计算。当他们采访我时，我说："你知道为什么我们今年有这么大的进步吗？我认为这与我们的目标倡议有关。"

除了关于贫困的例子，我们还在创业领域采取了许多举措，并培养员工的创新思维。

改变薪酬制度

早在2008年，我们最重要的决定之一就是改变高管和其他领导者的薪酬制度。我们改变了原有的经济指标占100%的KPI计算方式，这与我们的可变薪酬有关。通常都有以下相关因素：每股收益、市场份额等。经济指标由100%降到60%，社会指标和环境指标分别占30%和10%。这是一个更加平衡的计算方式，并且对所有员工公开透明。

目前，这一薪酬体系是针对高管的。在大约6 000名员工中，有1 200人对当下公司的发展做出了真正影响。目前薪酬是基于60%的经济KPI、30%的社会KPI和10%的环境KPI；其实我的想法是将60%的经济占比降低到50%，但这个决定必须经薪酬委员会同意。

顺便说一句，当我们在美国收购公司时，我们第一年使用了经济指标占100%的KPI计算方式，因为我们确实需要加大对财务方面的控制力度。今年则下降到80%。当你收购一家新公司时，基于经济的关键绩效指标尤为重要，因为你必须理清财务和经济状况。一旦拥有了坚实的经济基础，就可以开始引入其他元素。

以人为本

在这一过程中，我们确实使用了觉醒商业思想，但我们不这么称呼它——我们称之为整体商业，这是我们自己的说法，但它与觉醒商业坚持的原则相同。

我坚信，哪怕拥有了最好的生产设施和技术，但最终，这一切都取决于人。员工的敬业度、积极性、忠诚度越高，他们就越相信你正在努力做的事情是正确的，公司也会运转得更好。他们会为你做任何事，甚至攀登珠穆朗玛峰，因为本质上他们相信我们。我们在经营方式上不断发展，远远超越了商学院所教授的股东利益最大化的传统模式。

作为商业领导者，我们需要拓展思维。我们有义务让所有利益相关者，而不仅仅是股东，更好地分享我们创造的价值。能够接受这一基本原则的公司越多，我们的社会就会变得更好。我们可以共同建设一个更美好的地球，我想首先我们都要谦虚地认识到自己在社会和环境中所处的位置。无论在哪个行业工作，都必须从认识到自己会产生的影响开始。从那以后，就可以继续前进，并对社会和环境产生积极的影响。

当我和商人交谈时，他们经常会说："好吧，拉蒙，我创造了这么多就业机会，我按要求缴税，你还想让我做什么？"其实，我们都需要更进一步。

我坚信，会有越来越多的公司接受这些原则。

作为一个领导者，为什么这段旅程对你很重要？

我认为它很重要，是因为我们需要成为一个案例，说明公司可以做的不仅仅是创造就业机会和纳税。我们生活在一个还有希望的社会，但我们有太多的社会和环境问题要处理。我们的政府——特别是在世界的这个地区，不可能运用所有的资源或能力来处理这些问题。私营部门必须在这方面发挥作用，并努力成为解决问题的一分子。我还坚信，我们需要调整商业措施，并将技能用于最需要的领域。

你如何定义成功？

对我来说，成功将是所有企业（尤其是控制着全球45%财富的145家企业）都成为觉醒企业并接受三重底线原则。这就是我对成功的定义。

作为一个企业，你如何定义伟大？什么能成就伟大的事业？

伟大是我们不仅是为了商业，而且是为了整个社会做了正确的事情。我可以和你分享一下我们是如何展望2020年前景的：从中立进程到净正面效益进程。这是我与管理团队正在一起研究的一个有趣的话题。我现在的使命不仅仅是采用水中和或碳中和工艺。我们要带来正面影响。我们不仅仅想减少伤害，而是要做更多的好事。这是一个极富吸引力的概念。

我为什么是一个觉醒的企业家

作者：史蒂夫·霍尔（Steve Hall），Driversselect 首席执行官

我热衷于觉醒商业之旅的原因有很多。例如，自从 6 年前我们将这一理念融入公司以来，公司收入从 4 700 万美元增长到 2.4 亿余美元，净利润增长了 9 倍。但这段旅程的价值不仅仅表现在财务绩效上。觉醒商业之旅让我意识到商业最重要的部分是我与利益相关者的关系。对于我想与他们保持的关系类型了解得越清楚，我的旅程就越充实。

这次旅程教会我的最重要的事情之一，就是我旅程的同伴比我从事的业务或取得的成就更加重要。我意识到了以几十年为单位与以几个季度为单位思考我的业务所带来的不同——它对人们的影响，以及领导一家反映我个人价值观的公司的纯粹乐趣。图 2–1 显示了我们如何向客户展现我们的核心价值观和使命。

在以觉醒商业原则为基础建立我的企业的过程中，我逐渐意识到阻止大多数公司以可持续的方式扩张的不是资本、客户需求或市场中的任何其他外部因素。公司未能充分发挥其潜力的主要原因是内部因素，即对于利益相关者之间相互依赖关系的认识不足。因此，企业无法找到一条路径来创造足够的价值，以长期保持这些利益相关者的参与度和忠诚度，从而完成公司的任务、使命和愿景。觉醒商业使我认识到为所有关键利益相关者创造真实、持久价值的重要性，以及如何在企业的不同生命周期中，将股权平衡投资于各利益相关者群体。

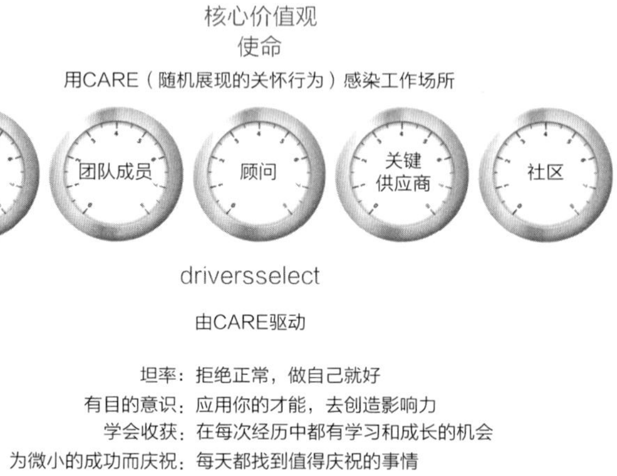

图 2-1　Driversselect 的核心价值观和使命

在接受觉醒商业理念之前，我发现很容易忽视某些利益相关者，例如，把我们的车辆从拍卖会运送到全国各地的卡车司机。我当时没有意识到这些人给我们带来的价值。但是当我意识到车辆老化是影响利润率的主要因素，卡车运输时间对车辆准备销售的速度起着很大的作用时，我开始以另外一种方式看待这些利益相关者。如果我们像对待我们组织的关键成员一样对待我们的卡车运输合作伙伴，他们将更加努力让汽车更快、更安全、更便宜地到达目的地。这其实很简单，例如，当卡车司机开车 15 个小时到达目的地时，为他们提供水和食物，让他们感到受欢迎；感谢他们的努力，让他们知道他们的工作对我们来说很重要。我们希望他们为自己的工作感到自豪。

我现在把商业看作实现自我使命的一种方式，借此在工作场所中不断传播关怀精神。我们的业务发展得越好，在帮助利益相关者完成他们的任务、使命和愿景方面投入的利润就越多。当企业中的利益相关者纷纷表示要为彼此创造有意义的价值时，神奇的事情就发生了。

觉醒商业让你关注真正重要的事情，这不仅可以改善你自己的生活，还可以改变你的生意所涉及的每个人的生活。对于企业家、首席执行官或其他高管来说，没有什么比这更有意义了。

2.2 成为觉醒企业的益处

成为一家觉醒的公司有很多益处。首先，你会认识到你是有益于社会的一方、一股向善的力量、帮助解决社会问题的一分子，而不会给尚未出生的后代埋下一系列隐患。图 2–2 列出了你在觉醒商业中可能收获的一些成果。

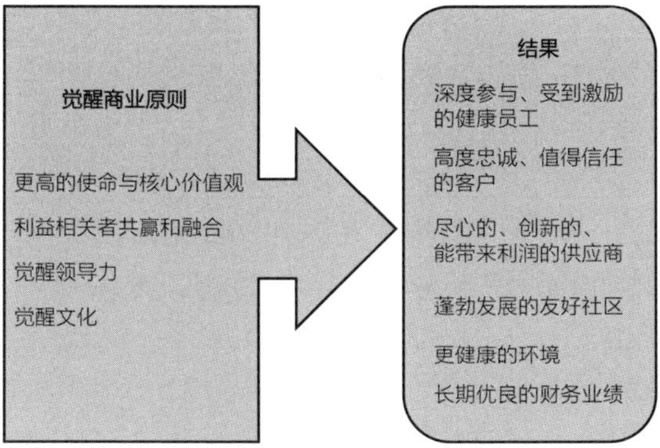

图 2–2　觉醒商业的原则和结果

觉醒商业 CONSCIOUS BUSINESS

做一个觉醒的公司的好处

正如来自《觉醒公司》杂志的信息图表所显示，做一个觉醒的公司还有很多其他的好处。

2.3 觉醒商业评估工具

在过去我们与公司合作的经历中，我们经常发现，尽管大多数人都受到觉醒商业概念的启发，但他们很难专注于对组织产生最大影响的三四件事。我们将为你搭建这一过程的结构框架，以便你在未来三到五年内为你的企业制订明确的战略和战术议程。你将会找到一些可采取的措施，它们既能最大限度地改善企业业绩，又能加速企业向觉醒商业的转变进程。

现在，当我们旅行时，GPS 可以帮助我们找到从出发点到目的地的最短路线。同样，要成为一家觉醒的公司，我们需要清楚地了解我们现在的处境。想要评估你的位置，你可以完成下面的觉醒商业评估问卷。

觉醒商业综合评估工具

		得分
更高的使命		
1	我们的组织满足客户的深层次需求，而不仅仅是他们的表层愿望	
2	如果我们不复存在，我们的客户会心烦意乱	
3	我们的投资和研发重点体现了超越利润的更高使命	
4	我们清楚地知道，如果我们能够实现使命，世界将会是怎样的	
5	我们的员工在工作中发现了超越工资的内在满足感。如果我们不再忠于自己的使命，最优秀的员工就会离开	
利益相关者共赢		
6	对于所有的重大战略决策，我们清楚地考虑该决策对于每个关键利益相关者的长期和短期影响，包括客户、员工、供应商、投资者和社区	
7	我们使用指标来衡量每个利益相关者的幸福感，而他们在公司内可检测的幸福感达到峰值	

续表

8	我们经常让利益相关者参与讨论，让他们在公司的发展方向上发表意见	
9	我们认识到利益相关者之间的相互依赖性，并明确寻找同时满足多个利益相关者的解决方案。我们的底线是确保没有利益相关者以伤害其他利益相关者为代价获取利润	
10	我们公司与所有利益相关者建立了沟通频繁、高度互信、充满善意的关系	
觉醒领导力		
11	我们的领导者都是具有高度自我意识的人，他们担任这项工作的基础是因为他们坚信我们组织的目标，并为人们服务	
12	我们的领导者是直观的系统思考者和系统感受者。他们不仅从系统的角度进行思考，而且能够感受到利益相关者之间的联系和相互依赖性	
13	在我们公司，权力和品德是相辅相成的。换言之，我们有意识地提拔品行正直且有能力关怀、同情他人的员工	
14	我们公司的大多数高级职位都是从内部提拔的	
15	在我们公司，员工和管理者之间的责任是双向的；员工对自己的业绩负责，而管理者则负责确保员工拥有高业绩所需要的东西	
觉醒文化		
16	我们公司的文化在内部和外部都有高度的信任度和透明度。员工之间、员工与管理层之间、公司与外部利益相关者之间都高度信任	
17	在我们的文化中，我们怎么想就怎么说，所说即所想。不存在对严酷现实的粉饰，保证所有事务的高度真实性和可信性	
18	我们的企业文化真正关心和同情所有利益相关者，并以此为基础运作公司。在困难时期，公司对利益相关者的关怀和同情更甚于繁荣时期。在我们的文化中有一种真正的利他主义精神。人们在不期待回报、酬劳或认可的情况下，愿意为他人做事	
19	我们的员工和组织的能力不断提高，不断觉醒	

续表

20	公司的员工有权永远做正确的事。我们使用自我管理、自我激励和自我指导的团队来完成我们的工作	
	总计	

评分标准

5：我们在这方面特别擅长，以至于其他人应该向我们学习。

4：我们大部分时间都能做到这一点，但仍有改进的余地。

3：我们有时能做到这一点，但并不能一直坚持。

2：我们很少做到这一点。

0：我们似乎体现了这一点的对立面，或完全没有做到这一点。

在你和你的领导团队各自完成评估之后，你们应该聚在一起讨论和比较结果，了解差距并相互学习。这样，你和团队就可以确定你们需要采取的行动。在回顾了觉醒商业的每一条原则之后，你应该再参考一下这个评估。

看看你在每一条原则上的综合得分。如果某一条的分数显著低于其他分数，你应该认真考虑把这一原则作为出发点，而不是遵循书中提出的原则顺序。如果各项分数相近，你可以参照书中的顺序改进。

现在让我们进入本书的以下 4 个部分，并研究每一个原则。

觉醒商业 CONSCIOUS BUSINESS

TEDx 谈觉醒商业之旅

托马斯·埃克施密特，巴西觉醒商业的共同创始人，《觉醒商业的基石》（*Fundamentals of Conscious Capitalism*）合著者。

其中简短地阐述觉醒商业原则意识如何为企业的社区、利益相关者和环境发挥杠杆作用。

第一部分

更高的使命

觉醒商业的第一个原则是：企业必须有一个超越赚钱的使命。[①] 简单来说，使命就是你想要怎样做从而让世界变得更美好。

长期以来，人们一贯认为企业的使命是为股东带来最大利润。商业思考者和成功公司的领导者现在逐渐意识到，这种思维方式是有缺陷的、有害的。

奥地利精神病学家、大屠杀幸存者维克多·弗兰克尔（Viktor Frankl）在《活出生命的意义》（*Man's Search for Meaning*）这部里程碑式的作品中有力地阐明了使命对于个人的重要性。正如他所说，幸福是追求不到的，它只是一个结果。它是度过有意义而有使命的人生的结果。这样的生活来自三件事：做有意义的工作，无条件的爱，从自己的痛苦中找到价值。你也可以把弗兰克尔这本书的标题改为《活出公司的意义》，道理完全相同。公司追求利润就像人类追求幸福。和幸福一样，利润是不能被追求到的，它只是一个结果。它来自一个有着更高使命企业的运作，来自真正有意义的事情。要在爱与关心的基础上建设企业，而非基于恐惧和压力，要在逆境中成长。

这部分由 4 章组成，阐述了为什么每个组织都需要有一个使命（见图 P1-1）。这些章节提供了一种帮助你揭示组织使命的方法，指导你如何阐明该使命，并把它融入整个组织中。

---

① 本书的第一部分主要由得克萨斯州奥斯汀使命研究所（Purpose Institute，Austin，Texas）的共同创始人兼首度使命管理家海莉·罗馨（Haley Rushing）撰写。

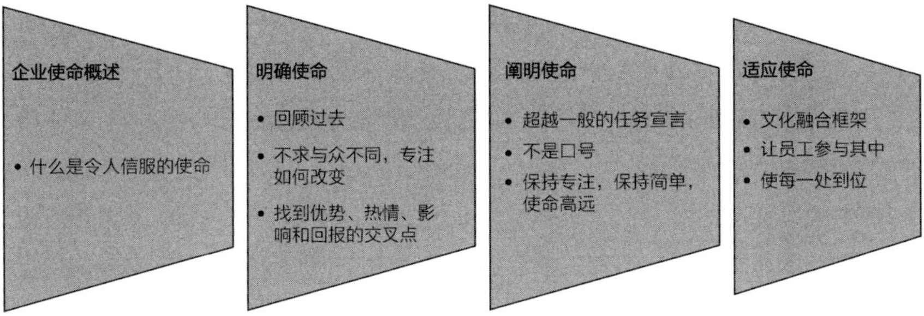

图 P1–1　本部分概述

觉醒的商业使命评估

受访者：C级主管、经理和一线员工

所需受访人数：10名C级主管、10名经理和10名一线人员，每组答案分开展现。

说明：将评估分发给参与的公司成员。让他们评估公司的使命，你自己也进行评估，记得使用评估底部的评分标准。

	问题	得分
1	我们的组织满足客户的深层次需求，而不仅仅是他们的表层要求或愿望	
2	如果我们不复存在，我们的客户会感到心烦意乱	
3	我们的团队对于如何通过日常任务和决策实现使命有着深刻的理解	
4	当员工的计划与公司的使命一致时，我们通常会鼓励他们自己做出商业决策	
5	我们的投资和研究重点反映了我们的使命	
6	我们公司把使命放在短期利润之上	
7	我们的员工在工作中获得的内在满足感超过了他们的工资。如果我们不再忠于我们的使命，最好的雇员就会离开	

续表

问题		得分
8	我们清楚地知道如果我们实现了使命，世界会变成什么样子	
9	我们组织的特点是充满活力和创造力	
10	我们积极寻找与我们志同道合的供应商和其他商业合作伙伴	
	总计	

评分标准

5：我们在这方面特别擅长，以至于其他人应该向我们学习。

4：我们大部分时间都能做到这一点，但仍有改进的余地。

3：我们有时能做到这一点，但并不能一直坚持。

2：我们很少做到这一点。

0：我们似乎体现了这一点的对立面，或完全没有做到这一点。

把你的分数加起来，找出你的公司与理想情况（50分）之间的差距。你的得分是多少？哪一部分让你吃惊？哪一部分在你的意料之中？为什么？这意味着什么？

觉醒商业 CONSCIOUS BUSINESS

如何感知使命

罗伊·史班斯（Roy Spence），GSD&M广告公司董事长兼联合创始人，《那些有理想的人：为什么伟大目标能让我们做得更好》（*It's Not What You Sell, It's What You Stand For: Why Every Extraordinary Business Is Driven by Purpose*）作者

第3章
企业使命概述

使命是前提，是你的激情和才能与社会需求的交汇点。它是你的天职，是你能找到真正价值与成就感的黄金地点。这一理念既适用于个人，也适用于组织。

《有使命的公司》（*The Purposeful Company*）一书的作者阐明了使命的本质："一个伟大公司的使命是它存在的理由。它定义了公司存在的价值和对社会的贡献。它决定了公司的目标和战略。其背后是一套价值观和信念体系，决定着公司的经营方式。公司的使命与我们个人的使命、价值观和信仰一样重要。这一使命必须具有足够的说服力，足够鼓舞人心，从而激励公司的所有成员。"

使命催生有意义的创新和有远见的想法，并帮助你的企业渡过难关。它为你的品牌信息注入了更大的力量，吸引适合企业的人才并把他们留在组织中。它有助于提高个人成就感、创造美好生活，从长远来看会产生更高的经济效益。

拥有一个明确而鼓舞人心的使命会令组织焕然一新。它集中了公司的力量，照亮了前进的道路。

以下是一些使命驱动型公司的例子。

从一开始，谷歌的使命就是"组织世界信息，使其易于获取和使用"。随着信息量日益扩大、发现研究越来越多、人们取得更多创造性成就，这个使命看起来变得十分艰巨。在确保其算法捕捉到了所有新产生的网络信息之后，谷歌又把现实世界数据化。公司开始扫描书籍，绘制街道、乡村，乃至整个地球的地图，使信息对全世界人们开放。现在它又开始了包括无人驾驶汽车在内的新一轮的创新浪潮。

百威勒（Barry-Wehmiller）是一家总部位于圣路易斯（St. Louis）的工业机械公司，其业务遍及美国和其他几个国家。这家公司的使命基于它对人们产生的影响："我们通过影响人们生活的方式来衡量成功。"2008 年金融危机期间，许多美国公司解雇部分员工、缩小规模。百威勒当时也面临着巨大的挑战。它几乎接不到新订单，许多客户甚至取消了现有订单。在财务层面上，弥补那些损失的销售额并非易事，公司必须重新评估成本结构。百威勒公司团队想出了一个主意：如果每个员工都休 4 周的无薪假期，公司就能节省成本以度过 12 个月的经济低迷期。领导层允许员工决定何时休假 4 周。许多员工为他人着想而主动请假，让一些同事可以少请假。那些因为较高的经济负担而无法进行无薪休假的人只进行了短期休假，而那些负担较轻的人则花更长的时间休息，以达到每位员工无薪休假 4 周的目标。

这一想法获得了员工的极大认可，甚至得到了工会的支持。在经济衰退期间，恐惧逐渐消失，"我们在一起"的感觉深入人心，士气反而上升。因此，经济衰退结束之后，百威勒公司立刻在复苏和应对不断增长的市场需求方面取得了优势。2009 年是该公司历史上经济效益最好的年份之一。

长期以来，西南航空的公司使命一直是"给人们飞行的自由"。2008 年，当大多数其他航空公司决定对托运行李收费时，拥有 30 多年历史的西南航空公司决定不这样做。尽管咨询公司认为收费会为西南航空带来 3 亿美元预期收入，建议它采取该措施。这一决定基于该公司使命：提高人们的飞行自由。对行李收费有助于公司使命的实现还是与使命相悖？答案很明显。通过一次有效的广告活动，这家航空公司宣传了"行李免费飞"的决定。该公司发现，在航空业整体销售额下滑的背景下，坚持其使命使它增加了近 10 亿美元的收入。

3.1 何为“令人信服的企业使命”

虽然有多少公司，就有多少潜在的使命，但伟大的使命有一些共同的特点。我们从英语单词“HEALING”（治愈）的几个字母中捕捉到了其中的一些特质：英雄的（Heroic）、发展的（Evolving）、团结的（Aligning）、充满爱的（Loving）、鼓舞人心的（Inspiring）、自然的（Natural）和激励人们行动的（Galvanizing）。

在一个充满痛苦和疾病的世界里，治疗是高尚的工作。一个觉醒企业通过满足其利益相关者的一些真实、具体的需求来创造价值。通过这一方式，它提高了人们的生存质量，改善了他们的生活水平。它减轻痛苦，带来更多的快乐，对利益相关者的身体、情感和精神健康产生积极影响。我们相信，从根本上看，每一个伟大的使命都必须是一个治愈的使命。

治愈（HEALING）也代表了伟大使命的 7 个基本品质：

英雄的：任何有价值的使命都有充满英雄气概的可能，都可能对世界产生积极的变革性影响。它不仅影响公司的利益相关者，也影响着公司所处的行业甚至整个社会。西南航空公司不仅使其美国旅客的航空旅行更加实惠、愉快，还通过激励无数其他航空公司效仿其理念并进行改进，帮助全球数十亿人享受航空旅行带来的便利。

发展的：一个觉醒的企业会把它的使命与时代潮流结合起来。当我们人类朝着更高的觉醒意识与存在状态迈进时，公司也必须适应变化，提升使命，使之与人们不断发展的愿望和动机保持一致。全食超市随着利益相关者需求、愿望和关注点的变化而不断发展。最近它为团队成员和客户提供整体健康方案及改善学校营养状况的举措就是一个很好的例子。

团结的：一个伟大的使命就像一块强大的磁铁，将所有利益相关者聚集在一起。利益相关者保留了他们独特的角色和身份，但也自愿成为一个和谐整体的一部分。伟大使命的吸引力在很大程度上消除了利益相关者之间的冲突，并且在冲突出现时帮助他们找到双赢的解决方案。当利益相关者有共同的使命时，他们就有了相互理解的前提。如果没有共同的更高使命，所有利益相关者便都会默认追求利润最大化是其共同使命。在这种情况下，每个成员都会试图从组织中获利，而非为组织作出贡献。

充满爱的：人们越来越认识到爱在人类活动中，尤其在商业中的巨大力量与中心地位。一家公司的使命必须来自我们大多数人内心深处尚未被开发的爱与关怀。建立在爱和关怀之上的使命在整个组织中产生了强大的生命力。它与人类意义的本质是一致的。

鼓舞人心的：伟大的使命会激励企业的所有利益相关者超越自我设置的限制和自私的行为，为看似不可能实现的目标而奋斗。它使组织充满活力，给人们带来一种紧迫感和专注感。在千禧制药（Millennium Pharmaceuticals），每一位员工每天都体现着公司鼓舞人心的使命“我们渴望治愈癌症”。司机、楼内服务人员和科学家都在公司崇高使命的激励下前来工作。

自然的：每一个伟大的使命都必须反映出与自然和谐相处的心态，而不是征服或支配它。过去的商业运作方式就像是一个水手在水面上驾驶着一艘汽艇，决心战胜除极端条件之外的一切。汽艇耗油量大，污染严重且噪声大，而水手们很少注意他们航迹所带来的危害。一个觉醒的企业更像是一个不断适应环境并利用周围环境力量的水手。这样的水手从风和水流中汲取无限的力量使船前进，而他或她也可以使船驶向想要航行的任何方向。

激励人们行动的：伟大的使命不仅仅在概念和情感上有吸引力；它还会让人们行动起来。用马丁·路德·金（Martin Luther King Jr.）的一句话来说，它体现了“当下的紧迫性”。

在下一章，我们将帮助你找到公司的独特使命。

觉醒商业 CONSCIOUS BUSINESS

使命和寻找意义

米基·阿格拉瓦尔（Miki Agrawal），成功企业家，《做很酷的事情：辞职，创业，过上幸福的生活》（*Do Cool Sh*t*：*Quit Your Day Job*，*Start Your Own Business*，*and Live Happily Ever After*）在其书中分享了她寻找人生意义和使命的过程。

第 4 章
探索企业使命

在本章，我们将提供一系列练习来帮助你明确组织的使命。现在你并不需要急着写一份使命陈述；相反，本章的练习将使你和你的团队创造性地、广泛地思考，并分析和理解公司真正的特别之处。通过一些深层思考、系统性提问和灵感，你可以发现（或重新发现）你的组织的真正使命。

与本书中的所有练习一样（除非另有说明），你应该与领导团队一起完成这些练习。每个小组成员应首先单独回答问题，然后一起讨论，并将所有观点整合到一起。作为领导者，你需要多听少说。如果你过早地表达自己的观点或立场，团队中的其他成员可能会倾向于顺从你的想法。这种群体思维不利于发挥团队成员中不同观点的价值。

针对本章的使命发现练习，我们建议不仅仅是领导团队参与，还应包括来自整个组织内 20~30 名参与度较高的人员。对于一些与长期客户和供应商明显相关的问题，你也应当考虑他们的意见。

图 4-1 列出了发现使命的步骤。你将会探索包括公司起源在内的发展历史，思考创始人的初心。在这一寻找过程中，你将对比公司的成功之处与失败之处。你将探索是什么让这家公司与众不同，以及它能在世界上产生什么样的影响。你将考察的另一个领域是你的激情、优势和组织为实现其使命对社会产生的影响之间的交叉点。与你最忠

实的支持者，也就是那些推进公司发展的人进行讨论，从而明确公司的优势。你必须理解你在功能性利益层面上的所作所为。当然，你还需要倾听内心的声音。

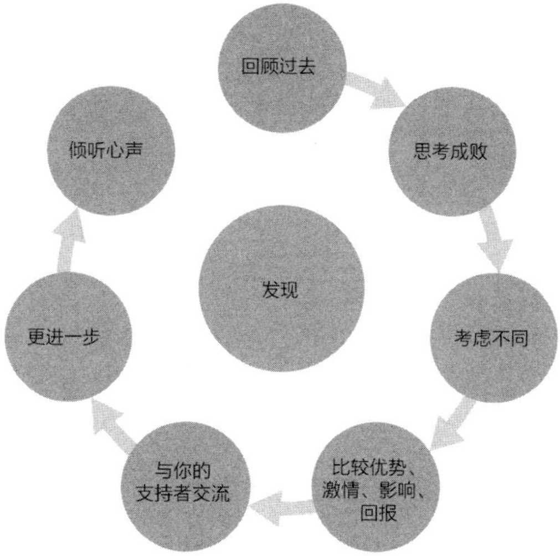

图 4–1 发现使命

如果创始人仍然健在但不再是领导团队的一员，可以邀请他们分享创建企业的初心。

让我们从过去开始这段旅程，探索你所做事情的起源。

4.1 回顾过去

探索公司的起源。与创始人交谈，回顾创始文件，查找公司创建时的新闻和录音，找出公司成立时的动机。

请回答以下问题、重温公司的过去：

- 公司最初的成立原因是什么？
- 公司建立的指导原则是什么？
- 有哪些精神或主旨必须不惜一切代价保留在使命中？

让我们看一看通用电气航空（GE Aviation）的例子，了解一家公司如何重温过去，从而重新明确自己的使命。

在通用电气航空试图确定使命的时候，领导者们借鉴了托马斯·爱迪生（Thomas Edison）的智慧。他可以说是一家企业能够拥有的最具使命驱动力和远见的创始人之一。他曾经说过："在完善每一项发明的过程中，我都要考虑如何为他人提供便利。"通用电气航空的领导人对这种态度做出了回应："我们知道我们的使命必须牢牢抓住爱迪生的创新精神，而这种创新精神从本公司成立之初便成了它的核心。我们还需要了解产品创新是如何为更多人的利益服务的。"该公司致力于助力人们飞行（除了字面意义的"飞行"之外，在比喻义上，航空业提升了新兴经济体的地位，并推动创造一个联系更紧密的世界）。通用电气航空制造的发动机将数百万人安全带回家，服务对象从商业航班乘客到穿越敌方防线的战斗机飞行员。对于通用电气航空来说，这一使命的魔力在于爱迪生精神与公司过去和当下对世界产生的影响的交互。通用电气航空的使命体现在公司的座右铭中：创造飞行的未来，让人们飞翔并把他们安全带回家。

花几分钟时间回顾你的答案，并思考通用电气航空示例给你带来的启发。确保回答中有足够的细节，以便你和你的团队了解公司的历史。

4.2 对比成功和失败

分析你的成功和失败之处，摒弃显而易见的变量，从而找到当你处于最佳状态、你的员工最为组织感到自豪时，其背后有形和无形的因素。注意你的精力和才能会自然地被什么因素吸引。

回答以下问题，反思成功和失败之处：

- 什么情况下我们处于最佳状态？
- 什么情况下我们热爱正在做的事情？
- 什么情况下我们会失败，只能勉强度日、状况窘迫，或者对工作毫无兴趣？

为了进一步探讨成功与失败的问题，思考一下 GSD&M 公司创始人之一罗伊·史班斯（Roy Spence）的例子。

GSD&M 是美国顶尖的广告公司之一。大约 20 年前，身为创始人之一的罗伊·史班斯曾问："我们帮助打造的一些品牌取得了惊人的成功，每个人都喜欢参与这些品牌的相关工作，而另一些品牌则没有这样的效果。这是为什么？"这个问题让我们意识到，当 GSD&M 的员工利用他们的创造力帮助目标驱动型品牌，如西南航空、约翰·迪尔（John Deere）、宝马、美国空军（the US Air Force），在市场上取得优势时，他们处于最佳状态。实际上，这些品牌代表着某种东西。GSD&M 公司的员工不想仅仅提供有远见的想法来促进销售或打造品牌，这是任何机构的基本任务。他们想提出具有影响力的突破性想法。因此，该机构的使命是：提供有远见的想法，让世界变得不同。

4.3 专注给世界带来改变

通常情况下，公司会花费大量的时间和精力，试图通过其独特的销售主张使自己在竞争中脱颖而出。与其努力在属性方面与众不同，不如放弃仅仅为了不同而不同，集中思考你想要做出什么样的改变。你最终想怎样影响这个世界？当你能清楚地回答这个问题时，它就像一个强有力的过滤器一样，可以帮助你决定应该把时间、精力和资源花在哪儿。

问自己以下问题：

- 我们希望最终做出什么样的改变？
- 当我们处于最佳状态时，我们的服务对象的生活会有什么不同？

下面的故事讲述了西南航空如何改变一个传统行业多年以来的发展方向，以及这一转变对人们周游世界方式的影响。

在西南航空花了十多年时间向市场展示它与其他航空公司的不同之处——票价低，航班多，服务态度好——之后，它提出了一个新问题。西南航空公司的创始人赫伯·凯莱赫说："到目前为止，每个人都知道我们的不同之处。而我想知道的是……我们能够带来什么样的影响？"当 GSD&M 为西南航空公司收集这个问题的答案时，广告公司听到人们谈论起他们因西南航空公司票价低、航班多和服务态度好而获得了自由。GSD&M 回去告诉凯莱赫："天哪！你不是做廉价航空生意的，你在做自由生意！"而西南航空的使命也随之揭晓：给人们飞行的自由。

回顾你的答案，确保你已经列出了你的组织能够为世界创造的所有可能性和影响。

4.4 找到优势、激情、影响和回报的交集

你的使命在你的优势、激情、公司的影响以及利益相关者从公司得到的回报的交叉点上（见图 4–2）。要想知道是什么从内部激励着你的员工，是什么使你的公司与众不同，如何运用你的激情和才能去满足某种需要或解决某个问题，那么问自己以下几个问题：

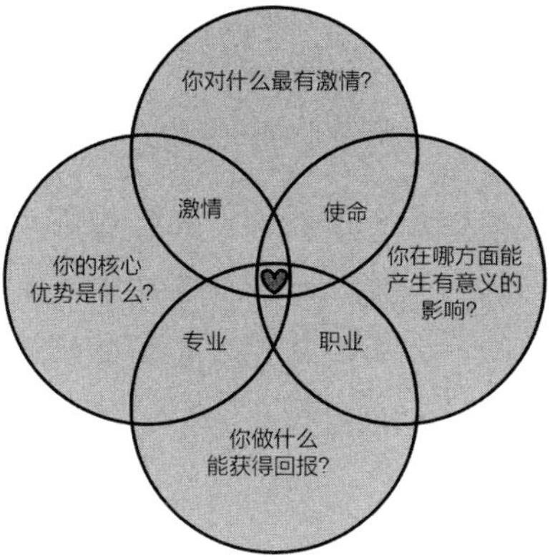

图 4-2 使命所在

- 本公司最大的优势是什么？我们有怎样的潜力成为世界上最好的公司？
- 我们最热衷于什么？我们最喜欢做什么？
- 我们在哪方面能产生最有意义的影响？我们有能力、有热情解决世界上哪些重大问题或满足哪些需要？
- 哪些行为会使你得到回报？你的客户会乐意购买哪些产品和服务？

一个公司的使命应该植根于一系列坚定的信念。以下是全食超市对这一过程及其使命的阐述。

---

30 多年前，全食超市的 60 位领导者齐聚一堂，撰写了一份名为《相互依存宣言》的文件。这份文件包含了公司使命的核心精神（并且在许多方面反映了觉醒商业的核心原则）。这一文档清晰而响亮地表达了对于追求有意义影响的热情、优势和渴望，并得到了整个公司团队成员的回应。全食超市不仅仅是世界级食品零售商，而且是世界级变革倡导者；这一点背后的核心原因之一就是它采取了

多方利益相关者共赢的思维方式。这一优势使公司能够获得真正可行的想法，因为每个受影响的人都为这个想法出谋划策。全食超市团队成员是最具有激情的一群人。他们充满英雄气概，表现出想要把世界变得更好的极大勇气和决心。从改善商品陈列方式到消除贫困，这些人都勇担重任。至于如何实现有意义的影响，他们相信应当建立一个使所有人共同繁荣的系统，包括团队成员、客户、供应商、社区和股东在内。公司的使命比食物更重要，然而也正是食物使其使命的实现成为可能。所以使命不应当忽略食物。全食超市将所有这些都考虑在内，并将它们结合在一个强有力的使命声明中。该声明展现了公司的优势、激情和最终影响：凭借巨大的勇气、诚信和爱心，我们承担起责任，共同创造一个使每个人、社区和星球都能繁荣发展的世界。同时，我们始终赞美食物所带来的纯粹的爱与快乐。

4.5 与支持者沟通

与你最忠实的员工、最忠诚的铁杆客户、愿意为你做任何事的供应商合作伙伴，以及在社区中支持你的企业的社区领导交谈。明确他们为什么喜欢你的公司。他们认为你代表什么？他们认为你对他们的生活有什么影响？这些利益相关者了解真相，并且是组织的核心动力。

问你的支持者几个问题：

- 你最喜欢这家公司或这个品牌的哪些方面？
- 这家公司或品牌为你做了什么别人做不到的事？
- 如果这个公司或品牌不复存在，你会失去什么？你最想念什么？

宝马公司的故事可能会激励你探索支持者关于企业的诚实而深刻的反馈。

任何一个驾驶过宝马汽车的人都知道，它独一无二。宝马汽车速度快，密封性好，驾驶体验有趣、令人振奋。用有着几十年驾龄的数千位宝马车主的话说，驾驶宝马汽车是纯粹的快乐。而这正是生产“终极驾驶机器”的人的使命。他们接纳了快乐这个想法，并把它作为驱使他们做任何事情的核心思想（drive“驱使”，双关语）。当然，公司希望人们体验驾驶宝马汽车的乐趣和刺激。无论是通过创造一个良好的工作环境，还是开创可持续的经营方式，它都希望以一种让人们感到快乐的方式来经营。快乐是支持者心中宝马的核心所在。

由此，我们理解了宝马的目标：让人们体验驾驶的乐趣。

回顾你的答案，确保收集到的想法是基于支持者认为你所提供给他们的，而不是你的团队希望从他们那里听到的答案，或者基于你认为你销售给他们的产品。真实的答案可能会带你走向一个更加坚定的方向。考虑让独立的研究者来收集这个问题的反馈。

4.6 逐步升华价值主张

你提供的最终价值是什么？在最基本的层面上描述你的工作。继续向深层探索，确定你所提供服务的功能优势。接下来，确定你所传递的情感效益。当你列出这些好处之后，问问自己，对于我们试图提供服务的客户而言，这些好处在他们生活中的最终价值是什么？

问问自己这些问题：

- 在最基本的层面上，我们能为人们提供什么？
- 功能优势：我们的产品能让人们做什么？
- 情感效益：我们的产品给人们带来怎样的感觉？
- 终极价值：在人们的生活中，这些功能和情感效益的终极价值是什么？

为了更好地探索问题的答案，我们为你提供了一个关于服装公司的案例。

大多数人都知道 Life is Good 是一个有社会意识的服装和生活方式品牌。在最基本的层面上，它销售 T 恤衫、其他服装和与生活方式相关的商品，并传达一个信息：生活是美好的。该品牌有以下几项价值：

功能优势：Life is Good 使人们能够用一件漂亮衣服装扮自己。更重要的是，尽管目前的一种流行观点是生活艰难而混乱，它向人们传达与之相反的信息，倡导一种不同的世界观。

情感效益：通过信息传递、音乐节、社区、对非营利组织的贡献，以及展示克服创伤等方式，Life is Good 品牌旨在激发正面情感，如感恩、希望、创造力、乐趣、同情、开放、同理心、幽默和爱。

终极价值：公司传播乐观情绪。即使生活并不完美，即使生活艰难，它仍然是美好的。

Life is Good 不仅仅是一个服装品牌，而是像首席执行官、乐观主义者伯特·雅各布斯（Bert Jacobs）所说的那样，这个品牌还与乐观主义紧密相关。这就是它的使命：传播乐观主义的力量。

记住 Life is Good 这个品牌的故事，再回头去看你的答案，并且在你创造的每种效益和价值后面再加一条陈述。这是一个重要的练习，对于本旅程的其他部分也有帮助。

4.7 倾听心声

最终，使命关乎内心。你的内心在召唤你做什么？你迫切希望通过商业解决哪些问题、满足哪些需求？任何市场调查研究或 SWOT（优势

strengths、劣势 weaknesses、机会 opportunities 和威胁 threats）分析都不能决定你的使命。只有当使命与组织的领导者和员工产生深刻而有意义的共鸣时，它才是合适而有效的。

问自己以下问题，从而更好地倾听你的心声：

- 你的内心在召唤你做什么？
- 要确保使命真正有意义，什么是不可或缺的？

下面的故事会唤醒发自内心的使命。它也许能激励你并触及你的内心深处。

州际电池公司（Interstate Batteries）是一个倾听内心声音，从而找到公司使命的完美案例。作为一家电池公司，它的业务是提供可靠的电力。但是对于州际电池的领导者来说，世界上最可靠的能源并不是来自世俗世界。它倡导服务型领导，以黄金法则为原则。它信守承诺，竭尽所能为需要帮助的人服务。当阐明其使命时，其中最重要的内容几乎没有引起任何争论。这个问题不容置疑，因为它决定着什么样的人属于这一公司：赞美上帝并多姿多彩地生活，因为我们为世界提供最值得信赖的能源。

在本章中，我们探讨了组织使命的不同方面。这为下一章做好了准备，是开始今后工作的热身活动。在我们进入第 5 章之前，请花点时间重读所有的问题和答案，完善你认为有必要修改的地方。

下一步我们将致力于阐明你的使命。你将会利用到本章答案中的见解，然后向更深层次挖掘使命。

第5章
阐明使命

许多公司都有任务宣言和未来愿景。现在我们想请你思考一下你的使命。任务、愿景、使命这三个要素是怎样加在一起的？它们有什么关系？

- 使命描述我们存在的原因。我们想造成什么影响？是什么驱使我们行动？我们想怎样影响世界？
- 愿景描绘了在我们实现使命后，世界将会是什么样子。
- 任务阐释了我们将如何从使命走向未来的愿景。我们实现使命的策略是什么？

在本章中，我们将重点阐述我们的使命。

既然我们有了深刻的见解，对自己的来历以及存在的原因有了清晰的认识，现在是时候把它写下来了。

我们将与你分享我们在十年内与客户开展这一过程的经验。我们已经确定了一个有力的使命所需要的三个关键组成部分：

- **保持专注：**确保你的使命与现实中你的身份相联系。否则，使命只会使人分心、被周围人误读。
- **保持简单：**不要使用冗长的陈述和复杂的词语，这样会令人难以理解。
- **使命崇高：**确保你的使命是重大变革，而不是空中楼阁，不要混淆使命和空想。

对于这一部分，我们建议由一个较小的小组负责——通常是首席执行官和领导团队。有时候，很多人一起很难创作出有意义、有说服力的内容。作为一个团队，每天花几个小时来完成这个过程并持续两周。如果在两周后还没有提炼出一个明确而有说服力的使命宣言，你们需要重新开始；重做之前章节里的所有练习。

5.1 超越平庸的任务宣言

伟大的使命宣言远不止是当代的任务宣言。任务宣言通常不过是企业绩效使命中的基本类别描述。其中很多都是以股东利益为中心，清晰地传递出企业只关注利润和成本这一信息。要明确你想要在世界上做出的改变，把类别描述和销售目标留到年度报告中。比较以下两种说法：

平庸愿望：我们的使命是成为世界上最受欢迎的品牌。

最终使命：我们的使命是用想象力给数百万人带来幸福。

5.2 使命并非口号

一个伟大的使命宣言更强调清晰度而非创造性。其目的在于激励利益相关者，为他们所做的一切指明方向。它应该使公司外部成员想要参与你的旅程。把巧妙的标语留到品牌推广中。

耐克的使命：为世界上每一位运动员带来灵感和创新（只要你有身体，你就是一个运动员）。

耐克的口号：只管去做（Just Do It）。

5.3 保持集中

一个伟大的使命是集中的。排除那些最终会使生活变得杂乱无章、毫无意义的想法。记住，如果你的使命宣言太长，大多数人甚至都记不住第一行或第一段。比较下面这两家连锁酒店的使命陈述：

不集中（A 连锁酒店）：只有满足并超越客户、业主和股东的期望，我们才能取得成功。我们有追求卓越的热情，并将展现出最高水平的诚信和公平。我们赞美人、思想和文化的多样性。我们尊重团队中个人的尊严和价值。我们改善工作的社区。我们鼓励创新，承担责任，拥抱变革。我们通过学习寻求知识和成长。我们都有紧迫感、灵敏性，并且努力获得乐趣。

集中（B 连锁酒店）：热情好客。

5.4 保持简单

一个伟大的使命宣言应该可以让人们立即理解。人们不需要翻阅字典就可以在电梯里面轻松地重复一遍。如下面的例子所示，如果声明对一个孩子而言，理解起来太过复杂，你可能需要重新修改。

过于复杂：通过降低生活成本来提高生活质量。

简单明了：为人们省钱，帮助他们生活得更好（沃尔玛的使命宣言）。

5.5 使命崇高

一个伟大的使命应该让人觉得它是一个崇高的、值得为之付出一生的使命。不要每天沉溺于思考你是否无法实现使命，以至于不断降低期望值。（没有一家公司能百分之百地实现使命，这就是关键：还有尚未完成的工作！）使命是组织存在的最终原因，而不是对所有当前举措的完全准确评估。

要这样说：我们为了社会的利益而改变生活，从每一个发现，每一个学生开始（美国教育委员会 American Council on Education）。

不要这样说：有时我们以一种可能有益于但也可能无益于世界的方

式改变生活；有时我们做突破性的研究，但有时我们做不到。但我们真的在努力教给学生有用的技能。

5.6 避免模糊

一个伟大的使命宣言的定义应当足够明确，让人们很容易理解你实际上在做什么，或者你在哪个领域开展工作：

模糊不清：我们的使命是让世界变得更美好。

脚踏实地：我们的使命是使美国更加健康，从改变每一个人开始。

现在是动手练习的时候了。回到第四章“明确使命”，回顾你的答案，然后列出你的公司可以存在的十大原因。领导团队的每个成员都应该单独填写这份清单。

序号	我的公司存在是为了……
1	
2	
3	
4	
5	
6	
7	
8	
9	
10	

每个人都列出了 10 种可能性后，和你的团队一起把清单缩小到你们都认同的前三条——那些你觉得最接近你内心想法的可能性。

序号	我的公司存在是为了……
1	
2	
3	

接下来，开始与领导团队以外的人分享这些想法。让每个人写下当你提出创作使命宣言初稿时，他们脑海中浮现的第一个想法。

- 他们对宣言的第一反应是什么？
- 尝试从他们的反馈中辨别灵感、意义、相关性、无关性或不解等元素。
- 根据这一初步反馈，对这三大使命选项进行排名。

现在是休息的好时机。深呼吸，在进行下一步之前放轻松。

这一次，一次性写下你的使命。我们要在这个世界上做出什么改变？尽可能简单明了。

我们组织的使命是：

____

____

____

回顾一下别人对这句话的反应。与小组一起测试，并重新进行评估。记住，如果你是企业的领导者、创始人和“创造者”，你应该对企业的使命有最终的决定权。但是如果使命宣言没有引起其他利益相关者的共鸣，你就知道它有待完善。或许是宣言不够清楚，也可能是宣言忽略了其他人的想法。

你现在需要进行的互动是有限制的。在某个时刻，你必须发布宣言。用以下问题进行测试：

- 这句话能激励人们吗？（问问他们；理解他们的肢体语言。）

- 是否有启发性？（问问它是如何启发他们的。）
- 人们理解吗？（让他们用自己的话来陈述。）
- 是否促进了创新？（问问它会如何促进创新。）

在重新开始改变或进行调整之前，坚持并努力实现这个使命。请记住，尽管使命是为你的组织设计的北极星，但随着时间的推移，它可能也需要改变。考虑每五到十年，以商业环境变化的程度，企业发展的程度，以及领导层的变化程度为标准重新评估使命宣言。

要评估你达成的使命宣言和理念是否符合前面描述的治愈性（HEALING）标准，请提出以下问题：

- 使命足够有**英雄气概**吗？我们真的在挑战自己，尽可能发挥最大的影响力吗？
- 它是**发展**的吗？它是否与我们作为人类的旅程一致？我们如何确保它对我们所有的利益相关者具有相关性和吸引力？
- 它是否**团结了**我们的利益相关者？
- 它是否植根于对我们的业务涉及的所有人的真诚的**爱和关心**？
- 它是否足够**鼓舞人心**？它会让人们在周一早上起床时，渴望面对新的一天，想要在世界上做出有意义的改变吗？
- 它与我们的**自然**（即商业环境）和我们身边的环境是否和谐？
- 它是否会**激励人们行动**？它是否有一种“当下的强烈紧迫感”促使人们采取行动？

在下一章中，我们将讨论如何让使命融入组织的日常生活中。

第 6 章

践行使命

经过大量的自我反省以及结构化的、广泛思考过程，你已经形成了一个清晰而鼓舞人心的使命宣言。现在怎么办？怎样才能实现这个使命？应该怎样做才能让每个人都理解和践行这个使命？本章的目标是帮助你绘制一个路线图，让使命在组织中得到充分实现。

践行使命，确保它不仅仅是纸上的文字，而是一个能让你的组织中的人感到兴奋的想法，能够催生有利于组织发展的前瞻性观点。我们将列出一些普遍原则，然后是一些帮助你激活、践行使命的具体策略。

6.1　使命践行的框架

践行使命的框架将帮助你专注于三个关键阶段，以加快使命成为组织结构的一部分：让员工加入；明确你在哪些方面实现了或没有实现使命（差距分析）；在所有方面实现你的使命（见图 6–1）。针对三个关键阶段，以下分别列出一系列详细的最佳实践指南，保证采用有效、高效的措施，推动组织变革。

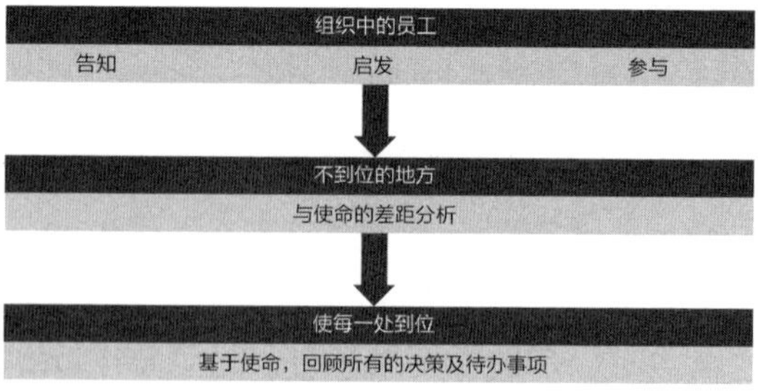

图 6–1　在组织中践行使命的框架

6.2 员工参与

你必须在组织内部激活使命。如果你的员工不清楚你的立场，或者他们不知道你在向全世界宣扬什么，那你一定要注意！当客户与组织成员的互动无法满足他们的期望时，客户会感到沮丧。想一想你能激励员工的各种方法，并在这些计划上投入与对待客户同样多的精力。

第一阶段包括 5 个步骤，它们将帮助你设计自己的计划，使你的员工认同组织的使命。

内部活动：创建内部员工活动，旨在告知、激励员工，并让内部成员参与到新阐述的使命中。

- 告知：询问员工，使命是什么，我们为什么相信它？
- 激励：举例说明你的组织如何实现这一使命，并在当下做出真正有意义的改变。
- 参与：指出每个人如何为实现使命作出贡献。清楚地知道员工如何为实现使命承担个人责任，并邀请他们提出新的想法。

列出一些关于如何传达使命的想法，并列出组织中目前可用的几条渠道。

如何传达使命？	组织中目前可用的渠道：
____________	____________
____________	____________
____________	____________

来自领导者的信和使命宣传视频：一封来自组织领导的信，可以强调组织使命的重要性以及员工在实现使命中的作用。这封信发出了一个明确的信号，即使命是组织的北极星。当这封信的发布伴随着一个赋予使命活力、鼓舞人心的宣传视频时，利益相关者会真正地受到激励，人

们对工作的看法会从根本上发生改变。这两种沟通方式可以成为告知员工信息和激励员工的绝佳工具。

给你的员工起草一封信来传达公司使命。

起草信函传达使命：

____

____

____

____

使命启发性术语：发明能够反映使命精神的内部术语。例如，西南航空公司致力于给人们带来飞行的自由，它创造了内部术语从而在每一个转折点上强化这一使命：人力资源福利和政策被称为员工自由，员工被称为自由捍卫者，新市场的推出被称为解放市场。你可以探索反映组织使命或价值观的术语，以帮助使命融入组织日常。

进行头脑风暴，想出一些能够在行动中体现你的使命的词或短语，作为内部术语。

可考虑的关键词和短语：

____

____

____

使命驱动型人才管理：通过修改招聘策略、新员工入职培训、培训和发展计划，以及改变认可、奖励组织中成员的方式等措施，使人才管理更具有使命驱动性。

- **招聘策略：**应调整招聘策略以筛选那些对组织使命感兴趣，因这一使命感到激动并且愿意努力实现使命的员工。

在这里列出目前的一些招聘策略，然后描述需要如何调整策略以完成使命。

当前的招聘策略：　　　　　　　　需要做出的调整：

______________________　　______________________

______________________　　______________________

______________________　　______________________

- **新员工入职培训：**新员工入职培训不应止于了解人力资源福利和参观设施。应在入职培训中加入使命模块，以确保所有员工从第一天起就深入了解公司使命。该模块可能包括宣传视频、领导的来信，让员工们了解关于该组织影响世界的故事，邀请新员工就如何为实现这一使命作出贡献分享个人观点。

在此列出你的一些入职措施以及为了使其与公司使命契合所需要做出的调整。

当前入职措施：　　　　　　　　需要做出的调整：

______________________　　______________________

______________________　　______________________

______________________　　______________________

- **培训和发展计划：**使命驱动型组织中的每个人都需要了解自己的日常工作是如何为使命作出贡献的。为了使员工理解其角色，并在实现使命的过程中充分发挥作用，要明确员工需要接受的培训。

从组织中选择两到三个最受欢迎的培训计划，并评估为了适应使命需要做出怎样的调整。

培训计划：　　　　　　　　需要做出的调整：

______________________　　______________________

______________________　　______________________

______________________　　______________________

______________________　　______________________

员工评估、认可和奖励：员工评估应包括评定他们对实现使命的贡献和认同使命的程度。这个人在哪些地方表现出了实现使命的主动性和激情？除了这种使命驱动型评估，设置使命奖项来奖励那些致力于实现组织使命的人。

目前的员工评估标准是什么？在考虑对使命的贡献度的情况下，你能想出至少三条新标准吗？

当前评估标准：	新标准：
______________________	______________________
______________________	______________________
______________________	______________________

公司目前有哪些奖励和表彰项目？它们足够有意义吗？能否区别于一般的激励项目？如何改进它们？

当前的项目：	如何提高？
______________________	______________________
______________________	______________________
______________________	______________________

积极性改革：积极性不足的现象确实存在，在大公司尤为明显。如果员工觉得企业使命只是一系列永无止境的举措中的最新一条，他们可能很难实现组织的使命。人们能够消化理解的内容是有限的，一旦超出限度，他们就无法理解或放弃解读组织真正的优先事项。在启动使命之前，请记住所有正在进行的计划，并从实现使命的角度来评估这些计划。以实现使命为前提，哪些计划没有必要？该提升什么？如何简化这些计划，或者在更好的情况下，将其结合到使命的大背景中，以便员工能够理解各种计划是如何协作以推动使命实现的？

现在轮到你来决定你将要采取的计划和行动，把使命融合到组织中。通过回答以下问题，制订自己的践行计划。

1. 哪一步骤是应该最先进行的？

2. 哪些步骤能带来最大的回报？

3. 你需要谁的参与才能实现计划？

4. 要实现计划，未来三个月需要作出哪些承诺？

在这些想法的基础上制订一个系统的计划，确定措施、领导者、任务、截止日期和实施主体。

____

____

____

6.3 确定实现使命

你需要开展一些研究，来评估你的使命在哪些方面、通过什么方式可以得到实现，而在哪些方面很难实现。考虑利益相关者与品牌产生联系的各种方式。问问自己这些方式是否与使命一致。通过确定目前实现使命的领域，你可以着手创造让使命飞轮转动的必要动力，同时计划如何在不足的地方缩小差距。

如果使命不能在组织中得到有意义的展现，它就不是一个真正的使命。然而，总会有尚未完成的工作。《全食超市相互依存性宣言》（*Whole Foods Declaration of Interdependence*）的结尾部分很好地体现了这一点：

当全食超市未能达到其既定使命时，我们不应绝望，因为这有时是不可避免的。相反，让我们一起迎接挑战，让现实更接近愿景。我们将要经历的未来是由今天一步一步努力创造出来的。

首先确定你目前的所有生活方式与使命的一致性。你需要充分认知在你的组织中实现使命意味着什么。你可以通过故事和例子来驱动组织的使命飞轮。这是第一步，而它的难度通常会暗示你还有多少工作要做。

在下面的空白处写下你的使命正在以什么方式实现。使用具体的例子，记录参与人、过程、决定和其他确凿证据。

现在想想组织在哪些方面没有实现使命。使用适合你所在组织的方法（内部调查、一对一谈话、委员会、焦点小组、员工大会等）征求意见。询问员工以下问题：

- 我们在哪些方面没有实现我们的使命？
- 我们什么时候会忘记我们的使命？
- 我们必须做什么事情才能与使命更加一致？
- 我们的绩效评估和激励措施是否与使命契合？如何改进？

在很短的时间内，你应该能够找出现实和理想之间的差距。现在，你可以设定一个让现实更加接近愿景的路线。针对你发现的每个差距或挑战，提出以下问题：

- 你需要谁参与应对这一挑战？
- 取得重大进展需要哪些资源？
- 缩小现实与理想之间差距的合理时间是多久？

与你的团队一起回答下面的问题：

优先考虑的差距是什么？参与人员有哪些？所需资源有哪些？时间框架是什么样的？

考虑把合适的人聚集到一起，以研讨会的形式展开讨论并且进行头脑风暴，思考如何使组织缩短现实与理想之间的差距，并使组织的运作方式更加契合使命。一个精心设计的研讨会可以催生许多有价值且可行的想法，从而取得有意义的进展。

6.4 在组织的方方面面践行使命

使命将整合起来的理念提升到一个新的水平。它将整合过程从一致性练习转化为创造性练习。它会让你把手头上的每一件事都看作以某种方式实现使命的机会。

想想你待办清单上的所有事项，有多少事项有利于组织总体使命的实现？如果你做的所有事都以一种有力而令人激动的方式促进该使命的实现，你的品牌会有多强大？

在践行的最后阶段，我们聚焦所有日常活动和当前正在运行的项目，并思考如何将使命融入每个决策和行动中。

你要做的是：立足使命，重新审视待办事项清单。除了要评估正在进行的事项之外，还要寻找以其他方式实现组织使命的机会。怎样把人力资源计划、促销活动、企业责任承担、开发中的新产品与网站的重新设计过程全部转化为机会，从而以新的、有趣的方式表达使命？

西南航空公司的使命是“给人们飞行的自由”。最初，公司通过其核心商业模式体现该使命，提供票价低廉且频繁的航班。但西南航空公司的销售人员意识到他们从事的是有关“自由”的生意时，他们便开始想方设法在所做的一切中体现自由。他们推进“员工自由”，让公司的员工在工作中有自由感。一项新的忠诚度计划实现了最少的不适用期和最大限度的座位自由，真正让人们觉得“值回票价”。这家航空公司还推出了“朋友免费飞行”这样的促销活动，让人们有带朋友一起去的自由。而当业内其他人都开始对行李收费时，西南航空公司继续实行行李免费政策。当然，公司广告中也在颂扬自由飞行：“你可以随心所欲，去任何地方旅行！”

考虑一下如何把使命融入日常活动，问问自己这些问题：

- 我的待办事项清单上的哪些任务可以充分展现使命？从使命出发来看待这一事项，它会发生什么变化？

在你的待办事项清单上列出三项行动。在每个行动旁边，写下你将如何做出决策或修改，使其充分契合组织的使命。

待办事项：	为实现使命而修改后的行动或决策：
______________	______________________________
______________	______________________________
______________	______________________________

- 我的待办事项清单上哪些行动与实现组织使命无关，应当被删除？

在下面列出的哪些行动不再应当属于你的待办事项，并解释原因。回答下面的问题向其他团队成员展示如何取消与使命不一致的活动。

应当从待办事项中删除的项目：	该项目被删除的原因：
________________________	____________________
________________________	____________________
________________________	____________________

展望未来并实现使命：尽管从眼前的现实开始是个好主意，但设想可能发生的事情也很有用。要确保每个人都朝着同一个方向前进，一个生动而有吸引力的成功愿景是必不可少的。

牢记使命，想象一下你的组织最成功的情景。在这个愿景中，组织的使命得到了充分展现。组织中的每个人都与它有着紧密的联系并致力于实现这一使命。客户的生活因此变得更好了。所有利益相关者都能感受到这一点。对于你的公司来说，这种使命驱动型成功的状态是什么样的？问问自己这些问题：

- 如果我们实现了我们的使命，并且像我们渴望的那样有所作为，那么三到五年后会是什么样子呢？在下面的空白处，描述一下你认为成功实现使命后是什么样子的。

___

___

___

- 我们需要用什么样的标准来衡量我们是否成功?（这些标准应当与使命保持一致。）请在下面列出三到五个衡量成功与否的指标。

___

___

___

- 考虑到这一愿景，我们需要在今后五年内做些什么来使它成为现实？在下面列出可能需要的资源，以及为实现愿景而可能需要做出的改变。

___

___

___

6.5 结语

成为一个使命驱动型组织的过程是一段激动人心的旅程。但是世界上不存在一个按一下就能让你瞬间抵达终点的神奇按钮。到达终点的方式可能会随着时间的推移而变化，因为在这一过程中周边环境和你的领导能力会不断变化。在这段旅途上你可能会走弯路。走得越远，你设想的使命甚至可能看起来与最初不同。但是，如果你坚持把使命当作北极星，如果你始终坚定地要把你的公司打造为向善的力量，你就不会在旅程中迷路。这条路会让你赚钱，也可能会让你创造历史，且一定会对你产生积极影响。

在接下来的章节中，我们将介绍觉醒商业的其他三个原则，即利益相关者共赢、觉醒文化和觉醒领导力，并会在这些原则与使命之间构建联系。

觉醒商业 CONSCIOUS BUSINESS

如何明确你的商业使命

海莉·拉什（Haley Rushing），使命研究所（*the Purpose Institute*）共同创始人兼首席“使命学家”。

第二部分

利益相关者共赢

本书的这一部分中，我们将重点讨论利益相关者共赢这一觉醒商业原则。首先，我们将描述利益相关者的基本概念，并深入探讨什么是利益相关者共赢。之后，我们将讨论如何确定你的利益相关者。最后，我们给出了建议，指引你在整个组织中实现利益相关者共赢（图 P2-1 总结了第二部分）。

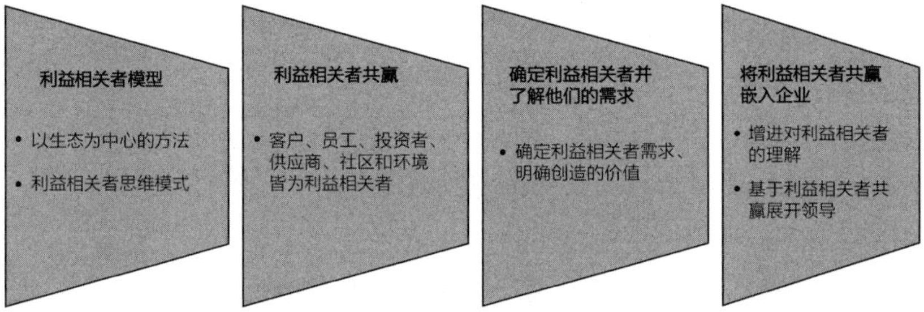

图 P2-1　本部分概述

错误的二分法

在《纽约时报》的一篇著名文章《企业的社会责任是增加利润》（*The Social Responsibility of a Business Is to Increase Its Profits*）中，经济学家米尔顿·弗里德曼（Milton Friedman）在 1970 年断言，公司唯一真正的责任对象是其股东。但这种观点将人类行为分为两类：手段和使命。按照这种思路，股东的幸福是使命，而系统中其他所有参与者都是达到这一使命的手段。这种心态导致许多公司低估自己，低估其员工、客户、供应商和其他利益相关者的价值。

觉醒企业认识到，所有利益相关者既是手段也是使命。每个利益相关者都有助于整体价值创造，每个利益相关者都需要蓬勃发展，才能使企业实现使命、充分发挥潜力。当然，股东也很重要，但当我们重新规划或转移视角时，我们意识到股东是更大整体的一部分，从而为所有人创造更多的价值。

正如本书前面所描述的，R. 爱德华·弗里曼是这样构建利益相关者方法的：“每个企业都为客户、供应商、员工、社区和金融家创造价值，有时损害价值。把股东利润最大化当作商业使命的想法已经过时了，而且根据最近的全球金融危机来看，这一观点的影响并不好。21 世纪是一个‘为利益相关者管理’的世纪，管理者的任务是为利益相关者创造尽可能多的价值，而不必进行权衡。伟大的公司之所以能持久，是因为它们设法使利益相关者的利益朝向同一个方向。”

管理者不仅为股东的利益服务，还是其他利益相关者的福祉。企业领导者的确立应对股东的利益负责，但也应对员工、客户和其他利益相关者的不同行动和结果负责。以股东为中心的企业在进行权衡时，始终优先考虑股东利益，将他们视为最终的利益相关者。利益相关者共赢的企业则一直在寻找某种创新的方法，使利益相关者和股东同时受益。浦项制铁公司（POSCO）是一家备受欢迎的韩国钢铁制造商。这家公司在工厂的入口处刻上了一条信息，概括了这种方法：“资源有限，创造力无限。”

觉醒商业 CONSCIOUS BUSINESS

利益相关者管理

R. 爱德华·弗里曼，美国哲学家、工商管理学教授。1984 年出版图书《战略管理：利益相关者方法》（*Strategic Management: A Stakeholder Approach*），并因其中的利益相关者理论而闻名。

利益相关者共赢评估

受访者：高层管理人员（C 级高管）和董事会成员

所需受访人数：10 个

	问题	得分
1	在所有的重大战略决策中，我们明确地考虑对每个利益相关者的短期和长期影响	
2	我们使用指标来跟踪测量每个利益相关者的幸福感，这些指标由公司最高层成员进行评估	
3	我们经常让利益相关者参与对话，让它们在公司的发展方向上发表意见	
4	我们认识到利益相关者之间相互依赖，并致力于实现利益相关者之间的利益整合。换言之，我们寻求同时满足多个利益相关者的解决方案	
5	我们的组织面向利益相关者，致力于深入了解他们，并随着时间的推移更好地为他们服务	
6	我们为利益相关者需求而投入的时间、金钱和其他资源多于业内在这一方面的普遍投入	
7	我们与直言不讳的批评者积极接触，以便从他们那里学习如何更好地实现公司使命、遵循公司原则	
8	我们公司与所有利益相关者的关系是高度信任而充满善意的	
9	我们认识到，与利益相关者接触并自己处理这些关系，远比让政府参与这一步骤要好得多	
10	我们认识到利益相关者的需求和观点会随着时间的推移而变化。因此，我们不断监控外部环境变化，从而更好地服务于利益相关者、满足他们不断变化的需求	
	总计	

评分标准

5：我们在这方面特别擅长，以至于其他人应该向我们学习。

4：我们大部分时间都能做到这一点，但仍有改进的余地。

3：我们有时能做到这一点，但并不能一直坚持。

2：我们很少做到这一点。

0：我们似乎体现了这一点的对立面，或完全没有做到这一点。

把你的分数加起来，找出你的公司和理想情况（50分）之间的总体差距。你在哪些方面得分？什么方面让你感到吃惊？什么方面没有让你惊讶？为什么？这意味着什么？

____

____

____

____

利益相关者共赢通常是最难得分的评估点之一。企业通常很难拿到高分，除非你已经接受了这个概念并在组织中付诸实践。你可能已经发现了组织中一些充分体现这一原则的领域，但其他部分还需要改进。

第 7 章

利益相关者模型

本章将介绍利益相关者的基本概念，以便我们在组织中确立利益相关者共赢原则。我们将探索以利益相关者为基础的方法在价值创造方面的潜力，这种方法有别于传统的以股东为中心、只注重利润最大化的方法。

利益相关者包括所有与业务相关并受业务影响的个体。我们可以把他们分为内圈和外圈。公司与其内部利益相关者之间的互动是密切相关且自愿的（即双向、持续的，可以为彼此创造价值），而与外部利益相关者之间的联系则偶尔发生，且往往属于非主动进行。图 7–1 给出了内外圈利益相关者的示例。

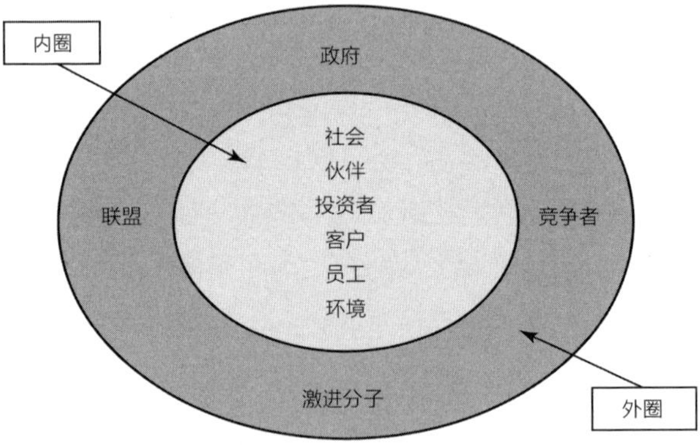

图 7–1　利益相关者分类框架

这部分的重点是内部利益相关者。请注意，“社会”这个术语既包括企业经营地所在的社区，又包含整个社会的概念。

历史上，商业世界的关系都建立在讨价还价的基础上。这种折中方法假定：如果一方想要盈利，另一方必须有所损失。正如R.爱德华·弗里曼所说：“为利益相关者经营不应当采用折中思维，而应当利用创新和创业精神，让所有关键的利益相关者过上更好的生活，让他们所有的利益朝着同一个方向发展。”

人们在博弈论和经济学理论中探讨了折中思维，并且通过数学表示法对这种取舍进行定义，认为获胜者的收益与失败者的损失可以达到完全平衡。这被称为零和游戏或大小固定的馅饼模型。如果一个人拿走了其中一块较大的馅饼，另一个人只能拿较小的部分。觉醒商业则是建立在另一种理念的基础上，即商业有能力创造额外价值；商业最终会是正和游戏。

我们构建与利益相关者联系的方法至关重要。可以从两个方面评估这一联系：考虑时间框架与联系的性质，即这是一场交易还是一种人际关系。显然，我们在长期关系中与利益相关者的互动方式与在短期交易中的不同。交易方法导致零和博弈，而关系方法产生协作、创新和增值。

从定义上讲，长期关系植根于双赢思想。它会加深信任、增进联系，从而使企业面对商业机会和挑战时采取更具创造性和创新性的方法。长期的合作关系为双方提供了更多的投资和创造共同价值的机会。人们可以放弃短期收益，从而换取更深远的长期利益。要明确的是，通过当前对这段人际关系进行投资，双方都有可能获得更多的长期收益。

在致力于建设利益相关者共赢的过程中，我们至少要对每个利益相关者给予最低程度的关注。然而，对所有利益相关者给予同等的关注和照顾不可能实现，也不恰当。因此，重要的是明确哪些利益相关者与公司的关系改善后会对业务和共同价值的创造产生最大影响。这就是所谓主要利益相关者的功能性定义。

7.1 想象力不足

美国最高法院大法官奥利弗·温德尔·霍姆斯（Oliver Wendell Holmes Jr.）曾说过："我毫不在意存在于复杂性这一面上的简单性，但我愿意为复杂性另一面的简单性而献出生命。"以股东为中心的思维就建立在复杂性的这一面上，而以利益相关者为中心的心态存在于另一面。

以股东为中心的观点本身并没有错；企业确实需要为股东创造价值，否则无法长期运营。如果不关注股东，企业也无法以可持续、可扩展的方式实现其使命。但这种观点过于简单，反映出想象力的不足。它假定世界充满了无法避免的权衡协调。它低估了人类以创造性的方法摆脱棘手困境的能力。

如果你接受股东是唯一目的这种观点，你会认为压榨其他利益相关者使股东受益是合理的。这种狭隘的、机械的企业观将财务、自然和人力资源视为投入，将所有者的利润视为产出。但事实上，企业是一个复杂的、有生命力的、有适应能力的系统。就像身体的某一部分一旦受到严重感染，人就会死亡一样；企业任何一部分的不健康都会使整个系统瘫痪。先锋自然主义者约翰·缪尔（John Muir）说："当你在自然界中拖拽某一个东西时，你会发现它与世界剩下的所有部分都有联系。"商业世界也是如此，它是一个错综复杂的关系网，个体相互关联又相互依存。

当你开始用这种思维方式来看待商业时，你会意识到利益相关者的内在相互依赖性。从长远来看（必须永远都从长远的角度来思考），只有客户真正感到快乐、满意，投资者才能够获得利润。只有员工对于他们的工作有成就感，客户才会感到快乐和满意。以上所有情况都必须以高质量投入为前提，而这正是供应商的用武之地。由于企业无法在绝望的海洋中独自发展为一座繁荣的岛屿，社区的健康和福祉至关重要。

承认这些概念可以让我们理解一个手中没有权力、也不参与工作的利益相关者所带来的影响。一些商业领袖认为，他们经营的组织是独立的，不依赖任何人。这种以自我为中心的思维模式逐渐失去影响力，取而代之的是以生态系统为中心的思维模式。想要建立更自觉的、利益相关者共赢的企业，认识到所有利益相关者之间的相互依赖性是我们迈出的第一步。

在未来几年，华尔街与普通大众将会争论的一个基本问题将是应当缩小股东和利益相关者之间的潜在脱节还是放任它继续发展。随着越来越多的激进投资者希望通过短期财务回报来提振短期股价；如何以最佳方式创造长期价值的问题将使利益相关者共赢成为这场辩论的焦点。如何盈利很重要，我们相信这项研究将继续为以利益相关者为导向的、长期系统的价值观创造提供坚实的证据。

7.2 关键原则

- 企业是一个内部个体相互关联、相互依存的生命有机体，而不是一台线性机器。
- 在这样一个有机体中，仅仅寻求使其功能的某一个方面最大化是目光短浅的。相反，我们必须着眼于全部个体的利益。
- 该系统的所有组成部分（利益相关者）既是手段也是使命；他们为系统创造价值，也从系统中获得不同的价值。
- 受共同价值观和共同使命的激励，利益相关者是系统的贡献者，而不是索取者。但恰恰相反的是，他们得到的回报远远超过他们所给予的。总之，要想实现共赢，必须共同付出。

7.3 双赢思维：价值创造与价值分割

利益相关者共赢必须从双赢的角度出发。当我们将利益相关者关系视为交易关系或单赢关系时，就无法为企业创造最大价值。如果我们试图权衡，我们一定会有所取舍。如果我们把世界看作一场零和博弈，我们会发现自己在商业中不断面对甚至创造这种动力机制。

如果谋求协同效应，我们或许会成功。这种思维方式转变基于对于我们所处的商业生态更加系统化的看法。当我们着眼于创造价值时，我们扩大了馅饼的面积，而不是争论在馅饼大小不变的情况下如何分割。这是一种创造和创新的思维方式。全食超市的约翰·麦基很好地诠释了这个概念："从根本上看，取舍和单赢思维是缺乏创造力的结果。"双赢在本质上就是处理商业问题的另一种方式，尽管这很难做到。然而，如果以这种心态处理利益相关者关系，而非以牺牲其他利益相关者的利益为代价来强化某一个利益相关者的地位，我们可能会创造巨大的价值、实现创新。

双赢是基于这样一种范式：人人都有很多资源，一个人的成功不以牺牲或损害他人为代价。双赢就是坚信存在第三种选择。不是要选择你的方法或者我的方法；而是寻求更好的、更高明的方法。

——史蒂芬·柯维（Steven Covey）《高效能人士的七个习惯》（*The 7 Habits of Highly Effective People*）

7.4 以生态为中心的方法

理解商业生态内部依赖性的一种方法是使用系统化思维。这种思维方法在 1956 年由麻省理工学院（MIT）的杰伊·福里斯特教授（Jay Forrester）提出，以系统动力学理论为基础。传统的分析方法是把个体碎片从整体上分离出来进行研究。

事实上，"分析"一词本就意味着将某物分解成它的组成部分。系统思维考虑了系统各要素之间的相互作用。

为了更深入地探讨面向利益相关者、以生态为中心这一方法，我们可以参考《相互依存宣言》。这份声明由 60 名团队成员起草，是全食超市 1985 年以来的指导思想。全食超市中相互依赖的要素如图 7–2 所示。

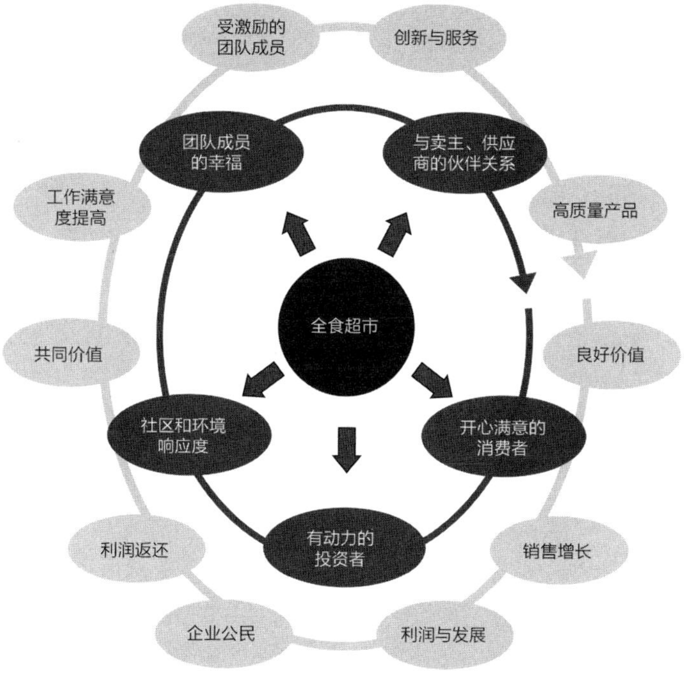

图 7–2　全食超市内部依存的利益相关者方法

良性循环始于公司的使命和价值观。公司雇用的员工（称为团队成员）具有自己的价值观；团队成员也对食物和健康充满热情。它确保团队成员对他们所做的工作以及公司提供给他们的工作条件、福利和报酬感到满意。一个积极进取的团队将富有创造力，在服务和产品方面寻求创新。团队的创造力和创新能力将引导其与卖主和供应商建立伙伴关系。这些供应商提供更高质量、更具价值的创新产品。更好的产品和卓越的服务产生更高的客户满意度，从而为组织带来更好的发展前景与更多的利润。财务业绩的改善激发了投资者的积极性，使公司能够更多回馈社区和环境事业。这些贡献引起了社区的良好反响。一致的价值观增加了社区和员工的自豪感，提高了工作满意度。又一次，我们开始了创造共同价值的良性循环，并通过加强相互依赖来强化这个网络。

在商业世界中，承认和利用个体的相互依赖性会使创造双赢价值成为可能。它创造了一种基于价值的交流，而利益相关者在这种交流中寻找创新方式来创造更多的价值。请注意，就像时钟一样，这种良性循环只能顺时针运行。财务结果取决于不同利益相关者创造与获取的价值。

7.5　利益相关者思维

我们看待世界的方式影响我们所看到的结果。如果我要求你环顾房间并且注意所有红色的物品，你就会注意到什么是红色的。此时，如果我让你闭上眼睛，说出房间里所有绿色的物品，你就很难回想起来。当你睁开眼睛时，你可以立刻识别出你周围的几个绿色物品，但是因为之前的关注点不在这里，你就没有注意到它们。

利益相关者共赢也是如此。当我们谋求双赢来创造共同的价值时，我们更有可能找到相应的机会。如果我们寻找的是折中办法，就会发现自己被折中办法包围。

因此，建立利益相关者共赢的一个关键要素是：领导团队以长期、系统和关联的方式看待企业与利益相关者的关系。利益相关者共赢始于以不同的方式看待我们的利益相关者，并使他们成为企业运营的一个组成部分。下一章将明确利益相关者的需求及其背后的含义，从而探讨如何以不同方式认知利益相关者并与他们共事。

第 8 章

实现利益相关者共赢型企业

在本章，我们将讨论一些关键的利益相关者，并探讨它们各自背后的价值创造机会。我们将考察客户信任度和客户黏性，员工敬业度、忠诚度，投资者耐心程度、供应商合作意愿、社区的接受度和环境的健康程度。

在商业世界中，所有的交换都是自愿的，所有利益相关者之间都需要不断创造价值，从而确保随着时间的推移，商业关系依然得以维持，保障企业获得长期利润，使包括社会在内的所有利益相关者受益（见图 8–1）。

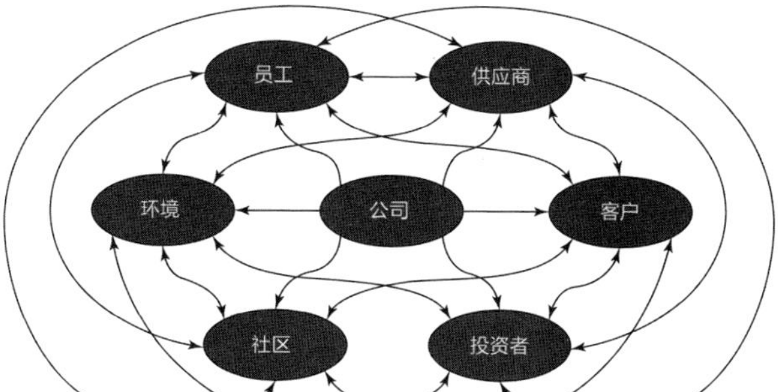

图 8–1　利益相关者相互依赖关系图

8.1　作为利益相关者的客户

在传统的商业观中，客户被视为我们关注的对象。他们是我们创造收入、获得利润的手段。

那么，将客户视为利益相关者意味着什么？我们认识到客户是商业存在的原因。他们的福祉本身应该是目的，而不仅仅是创造利润的手段。为客户提供良好的服务意味着我们深刻理解他们的真实需求，而不仅仅是满足他们的表层愿望。我们认识到与客户共同创造价值的潜力在不断增长；我们的客户可以帮助我们拓展产品和服务的领域。我们利用市场营销的工具和技术来更好地为客户服务，而不是操纵他们。正如波士顿地区的汽车零售商赫布·钱伯斯（Herb Chambers）所宣称的："我们不卖汽车。我们帮助人们购买汽车。"

将客户视为利益相关者也意味着双向忠诚和双向支持。让那些满意、高兴的客户成为公司的代言人，就可以让其他人知道公司能提供什么。公司是客户利益的支持者。在极端情况下，这意味着如果你意识到你的竞争对手的产品将最能满足客户需求，你应该将客户引流至竞争对手一方。在这种情况下，虽然你失去了交易，但建立了信任，加强了关系。

秉持利益相关者共赢原则面对客户意味着公司应当采取以下行动：

- 为了客户的利益不断创新；不断拓展新的可能。
- 通过为客户提供信息、激励客户等方式引导他们提高生活质量。
- 避免利用客户的弱点，包括不参与投机取巧的定价。
- 始终关注你认为对客户最有利的事物。
- 始终以诚信经营赢得客户的信任。
- 承担全部责任，为你的产品负责。

这种方法还会带来其他经济效益。与大多数公司相比，觉醒企业很少依赖有偿营销。《美好企业》探讨了备受喜爱的公司如何以最低的营销预算运作。它们的优势在于通过客户对公司产品服务的日常体验建立起良好的口碑，而不是通过信息轰炸来说服人们消费。

作为利益相关者的客户共赢评估

受访者：高层管理人员（C 级高管）、营销主管，以及客户代表
所需受访人数：10 名高管、100 名客户；每组答案分开

	问题	得分
1	我们非常重视为客户创造高水平的价值	
2	当客户与我们互动时，我们努力为他们创造美好的体验	
3	我们的使命是成为客户最可靠的供应商	
4	当我们的客户有不寻常的要求时，我们努力满足以确保他们满意	
5	我们面向客户的员工非常善于倾听客户的意见	
6	我们非常重视提升客户与我们做生意的便利性	
7	我们更注重提高客户的生活质量，而不是寻求销售数量的最大化	
8	我们的系统设计与企业文化要求我们不断加深对客户的了解，甚至满足他们自己都没有意识到的深层需求	
9	我们对待客户的方法基于建立、发展和丰富与客户的互利关系，而不是专注于个人交易	
10	我们是客户利益的支持者与值得信赖的顾问。在实践中，这意味着我们可能会建议客户购买其他供应商的产品，因为这种选择最能够满足客户利益和需求	
11	我们的客户对我们非常满意，他们经常向其他潜在客户推荐我们	
12	我们与客户的所有交易都真实透明。我们从不为了销售量而虚假宣传。当出现问题时，我们勇于承担责任	
13	我们相信，有涵养的客户会为自己、也为我们做出最佳的长期选择。我们确保每一个客户在进行交易前都得到了充足的信息	
14	我们的客户满意度水平明显高于行业标准，近年来一直在提高	

续表

问题		得分
15	我们的客户忠诚度水平明显高于行业标准，近年来一直在提高	
16	我们的客户信任度水平明显高于行业标准，近年来一直在提高	
17	客户可能并不拥有股份，但他们在与我们的交易中表现出主人翁意识	
18	我们对客户的了解非常深刻，以至于我们满足了他们自己都没有意识到的需求	
19	我们的营销工作集中在发现和服务于真正的客户需求，而不仅仅是迎合其表层欲望	
20	我们的客户是我们业务新想法的重要来源，我们有正式程序让客户参与长期战略规划	
	总计	

评分标准

5：我们在这方面特别擅长，以至于其他人应该向我们学习。

4：我们大部分时间都能做到这一点，但仍有改进的余地。

3：我们有时能做到这一点，但并不能一直坚持。

2：我们很少做到这一点。

0：我们似乎体现了这一点的对立面，或完全没有做到这一点。

把你的分数加起来，找出你的公司和理想情况（100分）之间的差距。你的得分结构如何？哪些地方让你吃惊？哪些地方在你意料之中？为什么？这意味着什么？

8.2 作为利益相关者的员工

传统商业将员工视为一种资源，与金融资本和原材料等其他资源并列。员工被视为一种被最小化的成本，他们的价值存在于且仅限于帮助公司获取更多利润。

企业界长期以来最关注的问题之一就是员工敬业度，即员工对工作的关心程度，这决定员工是否会做工作最低要求以外的事情。每年，盖洛普公司（Gallup Organization）都会发布有关员工敬业度的最新数据。在美国，十几年来这家公司的敬业度一直保持在 30% 的范围内，鲜有改善的迹象。全球数值则低至 13%，这个数据令人震惊。这种趋势给公司和所有其他利益相关者的发展带来了巨大的阻力。这也是对人类潜能的极大浪费。敬业度低的问题并不在员工身上，而正是管理人员和领导人员的责任。

把员工当作利益相关者意味着什么？首先，我们需要认识到他们在创造价值方面发挥的核心作用。我们必须认识到人不是一种资源；而是一个源泉。他们具有非凡的创新能力、创造力和爱心。员工应当被关心、激励、认可和称赞。他们和他们家人的幸福本身就很重要。这意味着我们要认识到员工的工作是他们身份的固有部分，可以成为伟大成就与意义的源泉。

秉持利益相关者共赢原则面对员工意味着公司有责任采取以下做法：

- 将每位员工视为宝贵的人。
- 努力成为他们生活的好管家。
- 给他们成长和发展的机会。
- 治愈他们，抚平他们的创伤。
- 使他们能够发挥自己的天赋，充分挖掘自身潜力。

正如百威勒公司的首席执行官鲍勃·查普曼（Bob Chapman）所说："你照顾好员工，他们就会照顾好企业。"你对待员工的方式最终将决定你能得到多少回报。

作为利益相关者的员工的共赢评估

受访者：高层管理人员（C 级主管）、人力资源主管和员工代表
所需受访人数：10 名高管和 100 名员工；每组答案分开

	问题	得分
1	我们一线员工的工资比业内同行高	
2	我们为所有员工（包括兼职员工）提供丰厚的健康福利（包括员工健康激励）和合理而审慎的退休福利	
3	我们鼓励员工在工作和个人生活之间寻求健康的平衡	
4	我们公司有许多家庭友好型政策，如弹性工作制、育儿假和现场日托	
5	在我们的工作文化中有着高度的共事精神和关怀精神，有大量的团队合作和以团队为单位的实践活动	
6	我们的员工是我们业务新想法的重要来源，我们有让员工参与长期战略规划的正式流程	
7	我们鼓励合理的冒险。失败并非不可容忍，但员工应该从中吸取教训	
8	我们的员工有很大的自主权，可以从事与个人密切相关且感兴趣的项目	
9	我们经常表彰员工的努力和成就	
10	我们设计的工作能够为员工提供丰富的成长和学习机会	
11	在招聘过程中我们非常谨慎以确保引进的员工认为公司的工作具有内在的意义和价值	
12	我们与员工分享大量信息，包括我们的财务业绩、战略重点和领域焦点	
13	在工作时间，我们为员工提供参与有意义的社区发展项目的机会	
14	我们公司的首席执行官和一线员工之间的层级少于大部分业内公司	
15	当我们雇用员工时，我们尽量从情绪、文化、社交方面评估他们的能力	

续表

问题		得分
16	内部研究表明，我们的员工敬业度远远高于平均水平	
17	我们通常提拔内部员工，而不是从外部招聘	
18	我们积极培养思想、背景和经历的多样性	
19	我们的新员工中有很大一部分来自现有员工的推荐	
20	我们为员工提供培训和资源，帮助他们更好地合作，开发双赢而非折中的解决方法	
	总计	

评分标准

5：我们在这方面特别擅长，以至于其他人应该向我们学习。

4：我们大部分时间都能做到这一点，但仍有改进的余地。

3：我们有时能做到这一点，但并不能一直坚持。

2：我们很少做到这一点。

0：我们似乎体现了这一点的对立面，或完全没有做到这一点。

把你的分数加起来，找出你的公司和理想情况（100分）之间的差距。

你的得分结构如何？哪些地方让你吃惊？哪些地方在你意料之中？为什么？这意味着什么？

8.3 作为利益相关者的投资者

当创始人的激情和人们的才能满足了社会的需要，一个有使命的企业就诞生了。当资本加入这一等式时，它可以扩大企业影响力，加速企业成功。投资者在商业系统中具有根本上的重要性。然而，资本往往扭曲了这一过程。试图在短期内无所顾忌地获取利润的方法并不能很好地为人们、公司或更大的社会体系服务。正如股票分析媒体 Motely Fool 首席执行官兼联合创始人汤姆·加德纳（Tom Gardner）所说，“短期投资是自相矛盾的。这根本不是投资；只是一种推测。顾名思义，投资是长期的行为。”

传统商业将投资者或股东视为唯一重要的利益相关者。这些公司迎合了股东的短期预期，经常操纵数字，拖延投资，压榨供应商和员工，对产品偷工减料，将负担转嫁给社会和环境。传统商业以同样的方式对待所有投资者，而不对投资者进行谨慎的选择。企业领导者假设所有投资者都寻求在尽可能短的时间内获得最高的回报。

把投资者当作利益相关者意味着什么？这意味着承认他们是业务增长、扩张的推动者，是剩余利润的合法索取者，并且尊重投资者的角色。这意味着我们要明白，所有投资者的使命并不完全相同，他们的眼界也有所不同。将股东视为利益相关者可能意味着你需要花费更多的时间来寻找与公司愿景一致的投资者。从长远来看，这种一致性至关重要。真正的投资者从事长期投资，而不仅仅把资本视为获得回报的方式。他们认为资本能够产生影响、创造剩余价值。觉醒企业与真正的投资者保持着牢固的关系，并有选择性地决定与谁合作。

秉持利益相关者共赢原则面对投资者，公司应采取以下做法：

- 对公司的使命、计划、限制、风险和机遇保持透明公开。
- 与关键投资者持续进行频繁的沟通。
- 善于管理公司受托管理的金融资本。
- 在有关公司如何创造价值的时间框架和思维方式上谋求一致性。
- 在不伤害其他利益相关者的情况下，专注于为投资者创造卓越的长期价值。

当 Motely Fool 公司的创始人汤姆·加德纳和戴维·加德纳（David Gardner）决定收购那些为公司早期发展提供资金的风险投资者所持股

份时，公司历史上的一个决定性时刻到来了。加德纳兄弟对于如何经营企业和价值创造的时间框架的观点截然不同，风险投资者的观点也与他们截然不同。由此产生的紧张局势不利于公司发展。在收购后的最初阶段，公司面临一些财务挑战，但从长期来看，收购使企业获得了长期的成功。这一决定使加德纳兄弟能够以利益相关者的心态进行管理，并通过长期关系创造价值。

尽管有金融服务业的遗留问题，但投资者正在慢慢改变。现在创建的新基金在决策时既考虑主观指标，又考虑客观的财务指标。另一个备受关注的概念是影响力投资。影响力投资源于关注一个企业试图在世界上做出的改变。这种使命的达成或影响的实现成为成功的主要标志。有时，尽管并非总是如此，投资者较少关注投资的整体财务回报，而更多地强调对世界产生社会影响。想要把投资者视为利益相关者并且为他们服务，我们需要了解的不是投机者，而是真正的投资者在价值创造方面的期望。

过去几年的一个重要趋势是共益企业（benefit corporation，简称 B Corp）行动的迅速兴起。这一行动是公司将利益相关者共赢纳入其章程的重要机制。参见杰伊·科恩·吉尔伯特（Jay Coen Gilbert）的文章《共益企业与觉醒商业》以及“附录 A”，其中提供了共益企业的更多细节，以及他们用来评估公司利益相关者共赢的方法。

共益企业与觉醒商业

作者：杰伊·科恩·吉尔伯特，共益实验室及共益企业（B Lab & the B Corp）行动联合创始人

对觉醒企业家来说最有力的工具之一，就是采用像共益企业这样的公司结构。共益企业的公司结构通过扩大公司董事会和高级职员（C 级管理层）的信托责任，将利益相关者共赢嵌入公司

使命中。信托责任的扩大使所有董事和高级职员有义务考虑他们的决定对所有利益相关者的影响，而不仅仅是对股东的影响。这种结构变革意味着利益相关者可以在公司进行决策时依靠公司章程保障自身利益，而不仅仅依赖英雄领袖的觉醒意识。除此之外，在面对那些只关注短期股价而非长期利益相关者价值创造的激进投资者时，这种结构性承诺为董事会创造了额外的空间。例如，这种方式可能对于全食超市有用。这也可能是达能的美国子公司达能浪潮（Danone Wave）最近采用共益企业结构的主要原因之一［去年达能集团斥资100亿美元收购白波集团（White Wave），并将其与现有美国业务合并后，达能浪潮获得了超过60亿美元的收入。白波集团旗下有Silk，活利晨（Horizon Organic），Wallaby和大地农场（Earth-bound Farm）品牌］。达能的计划不会就此停止，它成了首个公开表示打算采用共益企业法律标准的《财富》500强公司，把成为一家合格的共益企业作为长期使命。达能浪潮的前首席执行官洛娜·戴维斯（Lorna Davis）说过："10年后，人们会说：无法想象以其他方式做生意。只关心利润的公司将被视为思想过时且不负责任的。"

除了增加法律责任，共益企业有义务公布对公司社会责任和环境表现的评估，从而提高公共透明度。（在理想情况下，这一评估由可信的第三方进行。）通过加强问责、提高透明度，共益公司认同并加强觉醒企业文化建设，增进所有利益相关者之间的信任，从而为股东和社会创造更多的长期价值。

越来越多的大型机构投资者相信这一理念。例如，以下是最近一年由全球最大的资产管理公司贝莱德（Blackrock）的首席执行官拉里·芬克（Larry Fink）写给标准普尔公司（S&P）首席执行官的信件摘录："与公司业务相关的环境、社会和治理（ESG）因素可以帮助我们在管理有效性以及公司长期前景方面获得重要见解。我们希望公司能够适应有助于长期发展的关键因素：商业模式及其运营的可持续性、对可能影响公司的外部因素和环境因素的关注，以及对公司作为社区成员的角色认可。"

共益企业法律结构是迄今

为止最强大的公司治理工具，可以满足长期价值创造的既定需求，并扭转困扰公共资本市场的短期主义风潮。对于全食超市、Etsy 或联合利华等觉醒企业来说，这种短期心态尤其具有挑战性［想要了解关于共益企业结构如何支持长期价值创造、确立利益相关者共赢的更多细节，请阅读发表在哈佛法学院公司治理和金融监管论坛上的《拯救股东自身》（*Saving Shareholders from Themselves*）］。

尽管如此，一流的 ESG[①] 是必要的，但这还不足以让觉醒企业家在“新所有制”或公共资本市场中蓬勃发展。

觉醒企业家（以及他们的投资者）需要一流的管理工具，从而评估他们在秉持利益相关者共赢原则的前提下运营业务的绩效。共益影响力评估就是这样的工具，目前有 6 万多家企业和大量投资者使用，得到了来自觉醒商业公司和共益企业的推荐。它是一个免费的、保密的工具，使公司更容易评估、比较和改进其为所有非财务的利益相关者（员工、供应商、客户、社区和环境）创造价值方面的绩效。小型企业和数十亿美元体量的跨国公司（包括达能和哥伦比亚银行）都在使用共益影响力评估。

如果觉醒商业行动能够在公共资本市场长期生存乃至茁壮成长，那么觉醒企业家将得到最好的服务，不仅希望新的所有者“兑现承诺”，而且还将采用最佳的利益相关者治理和管理方式，来帮助他们在任何所有权下充分实现其价值。

让我们回头思考全食超市的觉醒商业做法是否会在亚马逊内部维持下去。约翰·麦基对此充满希望：“关于亚马逊，我非常喜欢的一点……就是他们的长期思维。他们拥有其他上市公司无法与之媲美的勇气……而这一点帮助他们抵制对于几年来阻碍商业发展，鼓吹短期、季度盈利方式的风潮。”

这也许是真的。但是，要想使觉醒商业不仅在亚马逊内部蓬勃发展，而是更广泛地在公共

① ESG 是英文 Environment、Social 和 Governance 的缩写，是一种关注企业环境、社会、治理绩效而非财务绩效的投资理念和企业评价标准。

资本市场内发展，可能需要约翰·麦基和杰夫·贝索斯将他们富有远见的领导能力结合起来，把全食超市变成最大的共益公司，以此激励无数觉醒企业家将觉醒原则嵌入公司结构当中。这不仅对全食超市和亚马逊有利，也有利于觉醒商业行动发展，因为它展示了如何建立一个能够长期维持下去的觉醒公司，并为所有利益相关者提供一个可信、可比较、第三方的手段，以评估他们在维持甚至释放更多的他们的英雄精神方面的进步。

贵公司有什么样的投资者？他们在多大程度上同意你采用基于利益相关者共赢的长期价值创造模式？

____

____

____

他们对业务及其结果有何期望？

____

____

____

作为利益相关者的投资者共赢评估

受访者：高层管理人员（C级主管）和投资者关系主管
所需受访人数：10个

	问题	得分
1	我们寻找的是眼光长远的投资者，而不是那些寻求快速回报的投资者	
2	作为基本原则，我们认为回购自己的股份并不是良好的公司行为	
3	我们公司的领导有动力为投资者创造可持续的长期价值，而不是提高短期股价	

续表

问题		得分
4	我们最大的股东对我们的使命、文化和长期战略前景有着深刻而透彻的理解	
5	我们与主要投资者进行诚实、直接和定期的沟通	
6	我们相信在报告财务结果和潜在的商业风险时要有高度的透明度	
7	股权广泛分散在员工当中	
8	我们的客户和供应商在我们公司拥有大量的股权	
9	主要投资者的利益远远超出了良好回报的范围；投资者也有兴趣帮助我们实现对社会产生积极影响的使命	
10	我们的主要投资者不会干预我们业务的日常运营，也不会对我们施加压力，迫使我们采取短期行动	
	总计	

评分标准

5：我们在这方面特别擅长，以至于其他人应该向我们学习。

4：我们大部分时间都能做到这一点，但仍有改进的余地。

3：我们有时能做到这一点，但并不能一直坚持。

2：我们很少做到这一点。

0：我们似乎体现了这一点的对立面，或完全没有做到这一点。

把你的分数加起来，找出你的公司和理想情况（50分）之间的差距。你的得分结构如何？哪些地方让你吃惊？哪些地方在你意料之中？为什么？这意味着什么？

____

____

____

8.4 作为利益相关者的供应商

在所有利益相关者中，供应商往往是最容易被忽视和滥用的。甚至部分觉醒程度较低的公司也常常把供应商视为局外人，不把他们的利益放在首位。在传统商业观念中，企业认为供应商是完全可以替换的，并把最低进货价格作为首要任务。他们很少关心供应商是否有能力创造利润、继续经营、投资于未来发展。许多公司与供应商之间都是一种野蛮的权力支配关系。许多公司试图单方面向供应商下达条件，威胁说如果供应商不满足其要求，他们就会放弃合作。这类公司以牺牲供应商为代价来提高自身利润。

20 世纪 90 年代，通用汽车的一位“采购特使”单方面决定，公司只需向供应商支付较少的费用，以此降低供应成本，提高利润。在短期内，这一决定为公司带来了可观的利润增量，得到分析师和股东的一致好评。大多数供应商无法承担放弃与通用汽车合作的后果，不得不忍受这种短期后果。但从中长期来看，质量较高的供应商拒绝与通用汽车合作开发创新产品。通用汽车的重点是年复一年地削减成本，寻求越来越便宜的零部件和材料替代品，以缓解不断增长的成本压力。这种做法影响了汽车质量，极大地损害了通用汽车的市场地位，使人们认为该品牌的质量低于日本和德国的竞争对手。

将供应商视为利益相关者意味着什么？这意味着相互尊重以及承认公司和供应商之间的相互依存性。如今，供应商在公司提供给客户的总价值中所占的比例越来越大。这些投入的质量和供应商不断创新的能力对每个企业的成功都至关重要。将供应商视为利益相关者需要双方具有开放性和长期视野，专门投资于互利的设施及流程，愿意共同努力帮助合作伙伴改进和寻求全新价值创造方法。

“把对方的篮子装满，然后赚钱就成了一件容易的事。”

这是著名的实业家和慈善家安德鲁·卡内基（Andrew Carnegie）说

过的一句话，他把自己的成功归功于这句简单的格言。它已成为我们的经营理念，鼓励我们创造性地与供应商建立互利的关系。当我们向新供应商解释这一原则并问他们："我们能做些什么把你的篮子装满呢？我们怎样才能帮助你成功？"的时候，他们往往会感到震惊。

我们的许多供应商都是欣欣向荣的小企业。它们说如果没有我们的支持，今天甚至连还债能力都没有。这就是康泰纳零售连锁店（The Container Store）在价格上与一些大众商家竞争的方法。总会有人拿到供应商的最后一批热门产品，通常我们能做到这一点，是因为我们与供应商的关系很好。一些商人认为他们必须剥削对方来获得成功。（然后他们说："别当回事，这只是生意。"）

如何区分个人价值观和商业价值观？你对待商业关系和对待友谊的方式不同吗？简单地说，你能创造的双赢局面越多，你得到的越多。毕竟，商业不是零和游戏。不是必须有人有所损失才能使其他人成功。

——基普·廷德尔（Kip Tindell），康泰纳零售连锁店联合创始人兼董事长

秉持利益相关者共赢原则面对供应商意味着公司有责任采取以下方法：

- 致力于共同繁荣。
- 在所有互动中保持公平和透明。
- 避免突然做出单方面决定。
- 领导层与关键供应商接洽并参与战略制定，而不仅仅是让采购部门参与这一环节。
- 致力于相互学习和成长。
- 帮助供应商本身成为觉醒企业。

在过去的12个月里，你的供应商对你的业务作出了哪些最大的贡献？你能确定他们提供这种帮助的动机吗？怎样才能创造更多这样的贡献？

你做了什么来为你的供应商创造更多的价值？

你还能做些什么？

作为利益相关者的供应商共赢评估

受访者： 高层管理人员（C级主管）、采购主管和关键供应商（将每组的回复分开）

所需受访人数： 每类5个

	问题	得分
1	我们与供应商的关系不是基于权力或支配，而是基于相互信任和尊重。我们致力于成为最好的客户	
2	当有分歧时，我们不会简单地妥协，而是寻求一个相互满意、双赢的结果	
3	我们致力于帮助业务伙伴取得长期成功	
4	我们有一个透明的流程，使供应商了解他们在多大程度上满足了我们的需求。当出现问题时，我们会和他们一起解决，而不是直接放弃	
5	在与所有供应商的交易中，我们坚定承诺公平	
6	我们将供应商视为长期战略合作伙伴，而不仅仅是标准化商品的商贩。在这一过程中，我们和我们的供应商可以作为一个共同体一起成长，也可以扩大我们的业务规模和范围	
7	我们和我们的合作伙伴之间有着持续不断的沟通，在高级管理层也是如此。我们努力实现互信	
8	我们在选择业务伙伴时非常谨慎。我们希望与公司文化契合度很高的供应商开展业务。随着公司的发展，我们的供应商也得到发展	
9	近年来，我们减少了供应商的总数，增加了与每个供应商的业务量	
10	我们对供应商的商业道德以及他们对待其供应商的方式都有明确、高标准的要求	

续表

	问题	得分
11	我们与合作伙伴合作，开发出比我们自己能够开发的更多的创新解决方案	
12	我们监控整个供应链的实践并对它负责，包括供应商与其供应商之间的交易等环节	
	总计	

评分标准

5：我们在这方面特别擅长，以至于其他人应该向我们学习。

4：我们大部分时间都能做到这一点，但仍有改进的余地。

3：我们有时能做到这一点，但并不能一直坚持。

2：我们很少做到这一点。

0：我们似乎体现了这一点的对立面，或完全没有做到这一点。

把你的分数加起来，找出你的公司和理想情况（60 分）之间的差距。你的得分结构如何？哪些地方让你吃惊？哪些地方在你意料之中？为什么？这意味着什么？

____

____

____

8.5 作为利益相关者的社区

公司忘记了它们是社区的一部分。社区开始假设企业不会真正地参与社区活动。如果抛开旧的假设，认真倾听，你可以想象出一个公司和一个社区之间的新关系。你与社区联系，你是社区的一部分。

——沃尔特·罗伯（Walter Robb），全食超市前联合首席执行官传统商业观念中的企业很少关注它们运营时所处的社区。它们认为社区是可以被替换的，很少扎根于社区。它们不遗余力地为自己争取优惠条件，不惜向社区施压，从而获得奖励和减税。如果有机会降低做生意的成本，它们会毫不犹豫地离开社区。

使命驱动型公司的存在是为了对社会产生积极影响。它们在开展业务的同时改善了社区生活。即使它们不为慈善事业捐款，或者缺少企业社会责任部门，它们仍然通过核心业务对社会产生积极影响。

与社区建立联系并共享价值观的公司也可以成为强有力的慈善家。慈善事业不以牺牲投资者为代价；它有助于实现公司的使命，创造自豪感，提高组织在所有利益相关者中的声誉。这种良好口碑能够吸引新的客户、员工、投资者和供应商。

把社区当作利益相关者意味着什么？你要有一种真正的归属感，并渴望长期成为社区的一部分。在做出重大决策之前，你要咨询社区领导并征求他们的意见。公司对全球性问题和本地问题都很敏感，并更加重视社区的标准。你要承诺尽可能在当地寻找资源，并鼓励员工成为社区的积极成员。

1981 年，当全食超市唯一的商店几乎被阵亡将士纪念日的洪水摧毁时，第二天，社区成员出现在了得克萨斯州的奥斯汀。他们帮助清理商店附近地区，让附近的杂货店重新开张。这一行为提高了社区作为主要利益相关者的地位。时至今日，全食超市要求其 450 个营业点中的每一个都将其收入的 5% 捐赠给商店选定的当地社区组织。

秉持利益相关者共赢原则面对社区意味着公司有责任采取以下做法：

- 尽你所能，在你的专长和业务重点领域内，改善社区内的条件。
- 通过刺激创业活动等方式，在当地社区创造希望和机会。
- 承诺尽可能长时间留在社区，即使会面对短期压力以及搬到成本较低地区的诱惑。
- 与社区领导者和其他公司合作，改善商业举措。

你与你现在经营所在的社区的关系如何？为什么会这样？你和社区可以共同努力满足的社区需求是什么？

这种合作对你的业务有何影响？对你的员工有何影响？

你能在社区中的哪一个领域发挥作用？

作为利益相关者的社区共赢评估

受访者：高层管理人员（C 级主管）和社区事务主管

所需受访人数：10 个

问题		得分
1	我们可以满怀信心地说，我们的企业是站在社会正义一边的。换言之，我们公司创造了大量的价值，并为所在社区和整个社会带来福利	
2	我们的员工积极思考如何使企业行为与社会需求更加紧密地结合，并踊跃提出相关建议	
3	我们对环境管理的承诺远远超出了碳中和的范畴。无论我们身处世界何处，我们都力求改善自然环境的质量	
4	我们公司经常为从事既有利于我们的商业利益，又有利于社会利益的活动的组织提供财务支持，且支持力度大于业内其他公司	
5	当有需要时，我们贡献能力和基础设施为公共使命服务	
6	随着公司的发展，我们对社会的影响和承担的义务也在扩大。我们努力应对世界上的严峻挑战，利用重大机遇。我们通常与各国政府合作，有时也会与我们的竞争对手合作	
7	我们对社会的承诺深刻而诚恳，前高级管理人员和董事会也积极参与	
8	我们公司的领导生活在企业经营的社区中，作为公民积极参与社会活动	

续表

	问题	得分
9	我们与竞争对手和政府合作，支持建立公平竞争环境、以高标准要求商业行为，以及对社会产生积极影响的开明法规	
10	当我们采取新的行动时，我们会注意让社区成员在初期阶段参与讨论，以确保我们考虑到各方面观点	
	总计	

评分标准

5：我们在这方面特别擅长，以至于其他人应该向我们学习。

4：我们大部分时间都能做到这一点，但仍有改进的余地。

3：我们有时能做到这一点，但并不能一直坚持。

2：我们很少做到这一点。

0：我们似乎体现了这一点的对立面，或完全没有做到这一点。

把你的分数加起来，找出你的公司和理想情况（50分）之间的差距。你的得分结构如何？哪些地方让你吃惊？哪些地方在你意料之中？为什么？这意味着什么？

____

____

____

8.6 作为利益相关者的环境

21年来，我从来没有考虑过在我们的产品制造过程中，我们会从地球上索取什么，或者对地球做些什么。当时的我没有环保意识。除非我们能使地毯具有可持续性，否则我们可能无法在世界上立足。在这段旅程中的某一天，我突然意识到我管理英特飞（Interface）的方式是一种掠夺。掠夺那些不属于我，而属于地区上所有生物的东西。

——雷·安德森（Ray Anderson），英特飞地毯（Interface Carpets）已故首席执行官在纪录片《大企业》（*The Corporation*）中的阐述

回顾历史，企业往往将地球视为一个无限大的资源库和填不满的垃圾坑。它们仿佛认为大自然有着无限的不可再生资源，地球吸收有害的商业副产品（如污染排放物、有毒化学品或塑料废物）的能力也永无止境。许多公司现在开始认真研究其生态影响。真正觉醒的企业则更进一步，将环境视为关键的利益相关者。就像对待其他利益相关者一样，它们有意识地为利益相关者创造价值，而不仅仅是减少对它的伤害。巴塔哥尼亚公司在决定推出或销售产品时会考虑产品对环境的影响。随着时间的推移，它已经淘汰了对环境有损害的产品成分、颜料和材料。

据估计，如果全世界70多亿人口的消费速度和消费方式都与美国相同，我们需要数个地球的资源。当你认识到环境是一个利益相关者时，它会帮助人类释放产生积极影响的非凡的创新潜能。

可持续发展，良好的商业投资

作者：查克·福勒（Chuck Fowler），费尔蒙特·桑德罗矿业公司（Fairmount Santrol Mining）董事长

费尔蒙特·桑德罗矿业公司是北美最大的工业砂和增值砂产品生产商之一，服务于石油和天然气、铸造、玻璃、水过滤、建筑产品以及体育和娱乐市场。1986年，深知我们对所在社区的责任以及尊重社区的重要性，我与他人共同创立了这家公司。在我们公司的早期历史中，可持续发展（sustainable development，SD）对我们的经营

方式非常重要。领导团队认为，可持续发展是我们组织的必要组成成分。

随着费尔蒙特·桑德罗矿业公司通过收购发展壮大，领导团队进一步确立了可持续发展的传统承诺，进行欣赏式探询，而在我们合并组织的过程中，这种承诺得以延续。欣赏式探询源于凯斯西储大学（Case Western Reserve University），是一种基于优势的全系统变革方法。这种方法被世界各地的组织采纳，用于推动增长和发展。我们在费尔蒙特·桑德罗矿业公司将可持续发展和欣赏式探询植入企业文化中。我们不分等级，鼓励员工或者说“家人”群体多元化，聚在一个房间里为一个共同的使命工作。

我们家人的知识和观点对塑造公司及其未来至关重要。每三到四年，我们都会举办一次全公司范围的欣赏式探询峰会，邀请重要的外部利益相关者参加。我们在2005年举行了第一次大规模峰会，聚集了超过80%的员工。聚集如此高比例的家人是一项重大任务，因为这意味着我们必须停止工厂的生产。这次峰会的使命是共同制订我们的可持续发展计划——这项任务非常重要，因此我们认为有必要让尽可能多的家庭成员参与进来。在每一次峰会上，我们都采用欣赏式探询方法，鼓励家人发现我们共同的核心优势，为一个可能的未来勾勒蓝图，并设计一个计划来实现我们的愿景。基于这些满怀梦想的会议，在13支可持续发展团队的组织下，我们形成了正式的可持续发展项目。这些团队专注于零浪费、清洁用水、理想方案、可持续流动性、供应链、能源效率、植树、安全、社区志愿服务、健康和福利、培训和开发、新产品开发和创新。

最近一次的欣赏式探询峰会由凯斯西储大学的戴维·库佩里德（David Cooperrider）和罗恩·弗莱（Ron Fry）在2014年协助举行。在这次峰会上，近500名家人代表我们企业的各个职能领域，以及邻居、合作伙伴、社区领袖和客户等外部利益相关者在芝加哥附近集结。我们花时间大胆地共同探讨愿景，并确定实现这一愿景的必要步骤。在峰会上发起的讨论有力地促进了我们的协作驱动文化发展，使最初的贡献者成为可持续发展项目的领导者。这次峰会使我们的13支可持续发展团队进一步壮大，大约90名家人加入，组成了一支新的可持续发展团队。

每年，我们的可持续发展咨询委员会和可持续发展团队都会校正我们的使命，使我们的业务及周围世界都受益。在过去的一年里，我们密切监测和衡量我们使命的进展。为了表彰忠于承诺的家人，我们为组织集体实现可持续发展使命提供经济奖励，而20%的年终奖由我们的进展决定。

可持续发展使命对可持续发展的三大支柱——人、地球和繁荣产生积极影响。例如，2015年我们的一支可持续发展团队专注于培训和发展，最终使公司80%以上的员工完成了财务健康课程。

参与可持续发展团队，领导子团队，并最终成为团队领导者或共同领导者。这一系列行动为整个组织的同事提供了良好的发展机会和接触机会。通过参与可持续发展团队，家人可以挑战自我，深化技能，并与部门外的同事合作。这些团队通常每年至少开展一次面对面的会议来展望未来、确认调整使命。在年底，团队领导和可持续发展咨询委员会成员将举行年度会议，庆祝当年的成功并为新的一年做计划。

2016年的一些可持续发展成就包括：

• 公司在工时损失事故率方面低于行业平均水平，打破了公司年度安全事故率的最低纪录，提高了士气并降低了保险成本。

• 向员工生活和工作的社区投入了9 800多个志愿者。费尔蒙特·桑德罗矿业公司有75%以上的员工参与其中。志愿服务加强了宝贵的社区伙伴关系，支持了我们的商业活动。

• 在运营的31家工厂中，有27家实现了零浪费，包括位于伊利诺伊州的韦德伦（Wedron, Illinois）的最大工厂。

• 为了100%控制我们在2015年的范围1和范围2温室气体排放，费尔蒙特·桑德罗矿业公司资助种植了超过102 000棵树，其中有10%的树由公司的家人自己种植。

• 我们通过费尔蒙特·桑德罗基金会向社区捐赠了120万美

元，为儿童的健康和教育提供了很大一部分资金支持。

我们致力于成为受欢迎的雇主，为公司的家人提供一项关键福利：他们每年有机会进行40小时的有偿志愿者服务。自2011年以来，我们的成员已经贡献了超过7.6万个有偿志愿小时。而且，由于我们致力于良好地管理环境，为了抵消温室气体的排放，自2011年以来我们已经种植了近50万棵树。

为了提高透明度，维护我们可持续发展的承诺，费尔蒙特·桑德罗矿业公司自2006年起自愿制作公司社会责任报告。到2013年为止，在171个可能的全球报告倡议指标（主题）中，我们报告了161项。从那时起，全球倡议的实质性转变为我们的可持续发展工作增加了新的焦点与难题。费尔蒙特·桑德罗矿业公司在2014年第四季度进行了一次强有力的实质性评估，以确定我们组织和外部利益相关者最感兴趣的可持续发展主题的优先顺序。我们特别关注我们价值链中哪些重大的经济、环境、社会影响，风险和机遇能够对利益相关者的决策产生重大影响。我们的研究确定了17个优先领域，而我们一直致力于这些领域的发展，从而与年度可持续发展团队使命和2020年的远大愿景使命保持一致。费尔蒙特·桑德罗矿业公司计划每三年更新一次我们使用的实质性评估结果，以确保我们的努力对人类、地球和繁荣产生充分的积极影响。

费尔蒙特·桑德罗矿业公司坚定致力于为社会、环境和整体经济健康带来积极变化，这是我们公司确保所有利益相关者长期发展和繁荣方法的一个内在部分。可持续发展投资不仅使我们的家人、社区和地球受益，而且还通过节约成本和提高盈利能力推动我们的业务繁荣——我们称之为可持续发展回报的良性循环。每年，我们的可持续发展回报标准化委员会都会关注我们的计量方法，明确列出哪些类型的项目创造了可持续发展回报、要包含的可持续发展费用以及如何计算项目价值。这种做法有助于我们的业务和利益相关者清楚地认识到费尔蒙特·桑德罗矿业公司如何通过可持续发展创造价值。从

2011年到2016年，我们每年的可持续发展努力产生了大约500万~900万美元的可持续发展切实净价值。

我为费尔蒙特·桑德罗矿业公司的可持续发展成就感到骄傲，并想与学生们分享我们在畅想全新可能性方面的经验。毕竟，他们是未来的领导者。如果我们希望下一代拥有一个光明的未来，他们必须提高全球的可持续发展水平。这就是我的妻子查尔和我支持AIM2Flourish倡议的原因。它坐落在福勒商业中心（Fowler Center for Business），是克利夫兰（Cleveland）凯斯西储大学魏德海管理学院（Weatherhead School of Management）的世界利益代理（Agent of World Benefit）。

AIM2Flourish的使命是催化和表彰鼓舞人心的创新的范例，以应对人类最大的挑战。该计划把商学院教授的课程、AIM2Flourish.com

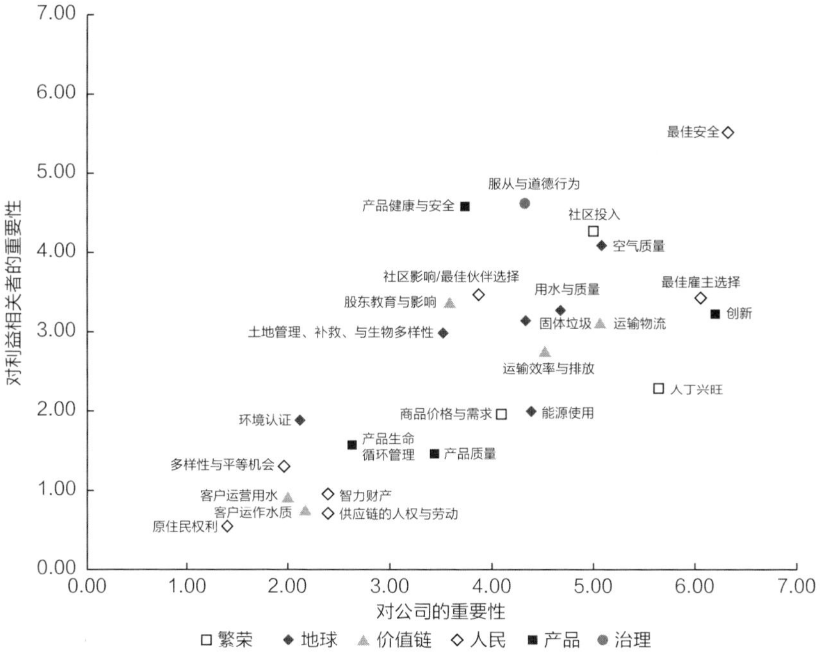

图8-2 费尔蒙特·桑德罗矿业公司可持续发展主题的相对优先级

故事平台和繁荣奖结合在一起。世界各地的学生们以联合国可持续发展使命的视角切入，与所在社区的商界领袖坐下来进行了一次独特的欣赏式探询访谈。然后，学生们根据自己的经历写故事，并将故事发布在AIM2Flourish上，从而激励其他人。

成功的AIM2Flourish计划可以帮助学生亲眼看到商业创新者是如何改善我们的世界的。更重要的是，学生们报告说，他们在毕业时也将成为这种类型的领导者。截至2017年5月，AIM2Flourish网站登载了超过535个学生撰写的故事，强调了费尔蒙特·桑德罗矿业公司关于领导力的座右铭："做好事。做得好。"2017年6月，在凯斯西储大学举办的第四届全球论坛上，2016年以来的17个最佳故事被授予繁荣奖，每一个故事各自代表一个可持续发展使命。这个年度奖项表彰全球发展最蓬勃的创新成果。查尔和我相信，世界各地的商界领袖，特别是年轻人，都需要了解相关信息。我们很高兴看到它的发展，我们全心全意地支持它。

自2014年费尔蒙特·桑德罗矿业公司成为一家上市公司以来，我们的家人一直被问及我们的可持续发展承诺是否会持续下去。答案很简单：是的。可持续发展是我们最重要的特点之一，是我们价值观和前景的核心。公司的家人在承诺经济、社会和环境责任的同时致力于超越期望。高参与度推动效率、创新、努力工作、承诺，最终创造经济价值和繁荣。费尔蒙特·桑德罗矿业公司致力于大胆、真实和以身作则，因为我们相信企业可以成为世界利益的代理。这是一笔好生意。就像我喜欢说的："照顾好土地，土地就会回馈你。"

没有一家大公司不会对环境产生显著影响。想想你的企业运营所使用的运输、包装和其他自然资源的数量。哪里有改进空间？你的企业会产生哪些环境副作用或外部效应？你怎样才能将这些内在化并减轻它们的负面影响？

外部因素：　　　　　　　从长远来看如何影响企业？

______________　______________

______________　______________

______________　______________

我们已经讨论过利益相关者重要的原因，下一步转而思考利益相关者为什么对你而言重要，以及在你的组织中坚持利益相关者共赢思维意味着什么。在接下来的两章中，我们将采取以下步骤来理解利益相关者的重要性：

- 评估你在利益相关者共赢进程中所处的位置。
- 确定利益相关者及其需求。
- 让利益相关者的概念深入组织。
- 确立利益相关者共赢原则，让人们在组织中的思考和行动取得双赢。

从本章中你能学到的三个要点是什么？

1. ______________

2. ______________

3. ______________

第 9 章

识别利益相关者并了解他们的需求

从根本上看，利益相关者共赢就是如何转变你看待业务的态度：从一个短期、交易性方式转向一个系统的，专注于为所有利益相关者创造更多长期价值的关系模型。图 9-1 的普华永道（PwC）呈现了这一转变。关键的转变是从考虑利润最大化转向关注利益相关者系统的价值最大化。这是关注点和思维模式的根本性转变。通过谋求在系统中创造最大价值，系统本身就会扩大，因此，由利润代表的价值份额对股东来说也就更大。

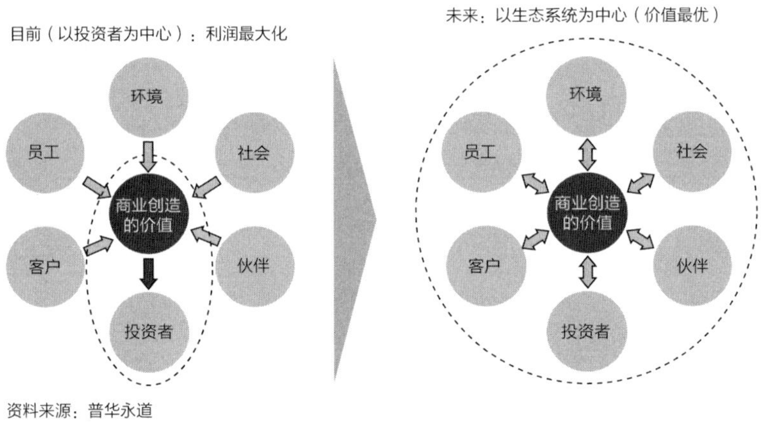

图 9-1　从利润最大化模型到利益相关者系统价值最大化模型

通过进一步明确利益相关者以及公司目前与他们合作的情况，你可以改变思维方式，同时也可以改变高层团队和组织其他成员对利益相关者的看法。我们将这种思维转变称为采取双赢的商业决策方法，这是企业实现可持续性利益相关者共赢的关键。在本章，我们将讨论如何理解利益相关者以及如何与他们就这一核心问题进行合作。在第 10 章，我们将说明如何将更广泛的组织方法转变为利益相关者方法。利益相关者共赢的文化可能需要数年时间才能形成。接下来的两章，我们将讨论可以加速这种转变的系统方法。

在本章，我们将帮助你弄清楚三个问题：

1. 目前你的组织在利益相关者共赢的发展过程中处于什么阶段？

2. 你的利益相关者是谁？改善利益相关者关系的机会有哪些？

3. 有哪些为需求尚未满足的利益相关者创造价值的机会？

如以下案例所述，巴西的一家公司明确了这三个问题并从中受益。

巴西一家大型汽车保险公司波尔图・塞古罗（Porto Seguro）开始了以保险经纪人为重点的利益相关者共赢之旅。当时该公司的首席执行官杰姆・加芬克尔（Jayme Garfinkel）知道，如果经纪人有好产品并知道如何将其出售给客户，公司就会很强大。在巴西的一次经济危机中，这家公司还差点破产。当时，该公司了解到美国一项研究表明第三个刹车灯能够减少 25% 的追尾事故。这一发现促使它推出新的保险计划。所有的保险经纪人都被邀请了解新计划，打算为所有投保汽车提供第三个刹车灯。每个经纪人都被要求开自己的车过来。在介绍新产品时，公司对经纪人的汽车进行了升级。最后，这次升级成了一个成功的营销工具。每个人都知道了装有第三个刹车灯的汽车有保险，而正如研究预测的那样，碰撞事故减少了大约 25%。

这家公司有一个长期坚持的惯例，即每月与经纪人会面一次。首席执行官决定每月与授权维修车间负责人开会，听取他们与客户互动的反馈。这些月度论坛引发了更多改进保险产品的想法。客户抱怨他们上班时需要开车，而一个星期无法用车会造成诸多不便。公司便决定在修理过程中借给客户一辆代步车。

客户抱怨的另一件事是他们在想办法把车拖到修车厂时浪费了很多时间。于是公司的保险业务又增加了一项改进措施：为各种汽车故障提供拖车服务。

接下来，公司开始每月与另一组利益相关者进行讨论：拖车司机。这也有助于公司发现更多有待改进的地方。一位拖车司机说，他喜欢为遇到车祸的人提供一瓶水，因为他发现此举可以减轻对方的焦虑。公司决定每辆拖车都要提供饮水，后来甚至还提供零食，因为大多数发生事故的人一直试图找出解决汽车损坏的办法而被困好几个小时。

随着时间的推移，公司明确了越来越多的利益相关者，而月度论坛已成为发展、创新和拓展业务的基础。

9.1 了解利益相关者及其需求

向你的领导团队介绍利益相关者共赢概念，完成以下练习，并思考如何将利益相关者共赢原则应用于你的组织。我们的目的是明确你的利益相关者并了解他们的需求。

下面的案例展示的这个过程，对你的团队来说是一个很好的热身练习。

一家销售义肢的公司的负责人对于可能进入市场的新成员感到担忧。作为探索利益相关者共赢的练习，请阅读下面的对话，然后在下一页绘制利益相关者地图。

你的客户是谁？

我把义肢卖给医生。

你从谁那里购买？

欧洲制造商。

你现在最关心的是什么？

我担心中国制造商会进入这个市场。

外人能进入市场销售义肢吗？

不太能。他们需要美国食品药品监督管理局（US Food and Drug Administration）的批准。

审批通过后，他们能销售义肢吗？

这需要海关的批准，可能需要专家的帮助才能通关。

好的，一旦你通关，就能把义肢卖给医生吗？

其实没那么简单。医生不能带着义肢到处走。义肢必须被送到医院，需要妥善保管。

所以一旦卖出义肢你就把它送到医院，对吗？

一般是的。除了紧急情况外，保险公司必须在我们送出义肢前批准手术。

我懂了。医生买入，保险公司批准手术，医院接受义肢，然后可以动手术了，对吧？

是的，但医院必须有一名技术人员随时待命，防止有产品相关的技术问题。手术后，我们有专门的理疗师帮助病人康复。

在整个讨论过程中出现了一些利益相关者。与你的团队一起找出他们，列在下面的空白处。

谁是义肢公司的潜在利益相关者？

1.____

2.____

3.____

4.____

5.____

6.____

7.____

将你们团队的答案与义肢公司列出的潜在利益相关者进行比较：

1. 患者
2. 美国食品药品监督管理局
3. 海关官员
4. 保险公司
5. 分销商

6. 医院
7. 医生

确定利益相关者

作为一个团队，花 10~15 分钟确定业务的主要利益相关者。大多数组织确定了 5~7 个。如果你有 7 个以上的利益相关者，想一想哪些是你的主要利益相关者，哪些是次要利益相关者。在本练习中，我们将只关注主要利益相关者。请记住，主要利益相关者是那些每天都会受到你的业务影响的人。次要利益相关者不会定期与你直接互动，但会对你的业务产生影响，如媒体、政府或你的竞争对手。使用图 9–2 中的图表列出你的主要利益相关者。

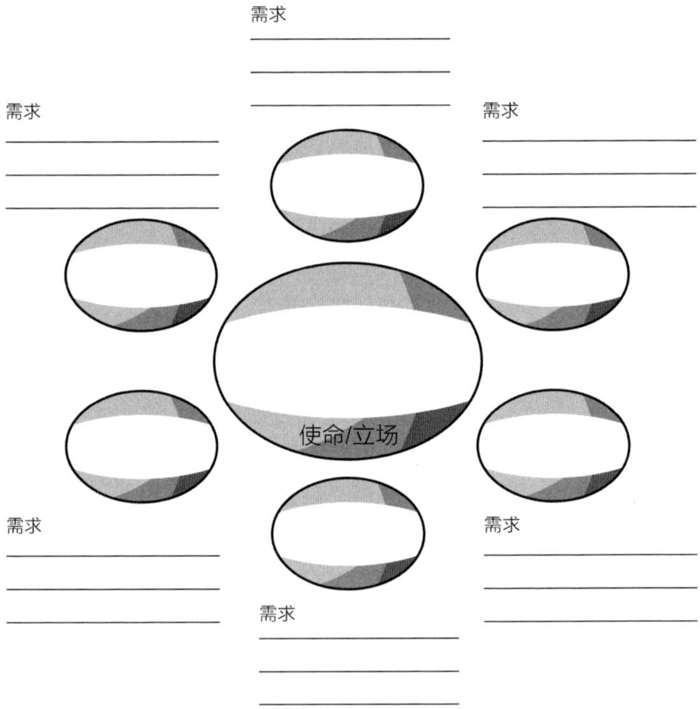

图 9–2　主要利益相关者导图

下一步是思考每个利益相关者的不同需求。这个练习的关键是把自己放在利益相关者的位置上。利益相关者的基本需求是什么？试着换个角度看问题，与利益相关者换位思考。

图 9-3 展示了第一联合银行（First United Bank）的例子。

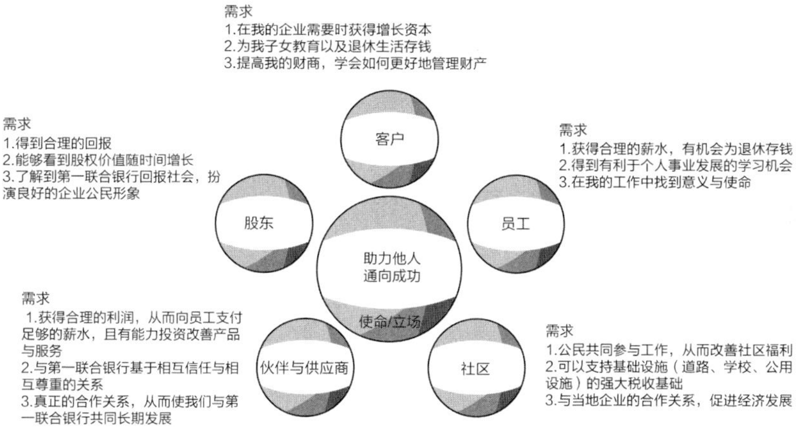

图 9-3 第一联合银行的利益相关者导图

现在和你的团队一起试试新的练习。在下面列出你的利益相关者。确定每个利益相关者的至少三种需求。

利益相关者：　　　　　　　　利益相关者的主要需求：

你和你的团队如何确认关于主要利益相关者需求的判断是否正确？下一步该怎么做？

既然你已经确定了你的利益相关者和他们的关键需求，和团队成员讨论一下他们认为哪些利益相关者的需求没有得到满足。

1. 你觉得哪个利益相关者最容易被忽视？为什么？

2. 找出一旦被强化，会对企业产生最大影响的利益相关者关系。

3. 是否存在我们没有考虑到的“沉默”的利益相关者？

值得深思：

所有利益相关者能否一直公平地获利？

我们是否曾经做出过没有使公司所有利益相关者都受益的决定？可能有过，但这从来不是我的初心。我通常会思考如何使一些事情让所有利益相关者受益。由于利益相关者相互依存，我并不喜欢这个问题，因为它让你用另一种我并不提倡的方式去思考。这意味着你开始考虑权衡折中，并且假设如果有人要赢，那么一定有人要输。人性的某些东西会让我们这样想，也许是因为竞技文化。我们倾向于认为，如果有人赢，那么一定有人输。但这种思考方式是受限的。利益相关者相互联系，就像你和朋友的关系或是婚姻。在婚姻中，不可能一方受损，另一方就有所收获。一旦那样，婚姻就会破裂。这对夫妇必须同时胜利，而且双方都要有收获。如果是这样，双方的关系就会加深发展。当你在婚姻、友谊或生意上开始剥削对方时，你就走上了毁灭的道路。相反，想想如何为所有利益相关者创造价值，以及如何建立双赢的关系。

——约翰·麦基，全食超市首席执行官

加深利益相关者的理解和参与度

在确定了你的利益相关者、他们的需求以及待改进领域和业务影响之后，你现在可以更深入地了解利益相关者以及与他们合作的方式。

使用下表测试你对每个利益相关者的了解程度。让团队一起来做这个练习有利于确保你们对利益相关者的了解程度一致。毫无疑问，领导团队中的一些成员将比其他成员更了解其中一些利益相关者。评估是分享知识、见解，使整个团队更了解利益相关者的良好机会。你可能无法完整地填写每个利益相关者的所有内容，但请尽最大努力。要注意团队对利益相关者的知识和理解可能存在较大差距。对每个主要利益相关者进行评估。以团队形式快速完成表 9–1，然后指派团队成员在下次会议之前跟进并填写表 9–1 会有很大的帮助。

表 9–1

	利益相关者名称：		
要检查的问题	需求 1	需求 2	需求 3
当前我们对该利益相关者采取的战略（用两句或三句话详细描述）：			
目前我们如何为他们创造价值？			
有什么机会改善我们与他们的关系？			
与他们一起创造更多价值的机会是什么？			
该利益相关者存在哪些风险或威胁？			

当你进行这个练习时，你很快就会了解到一些关于利益相关者的已知或未知信息。你还将弄清楚在哪些领域可以与某些利益相关者进行更紧密的合作以创造价值，以及如果并非通过不同的方式管理和联系这些利益相关者，哪些领域很容易受到影响而导致业务中断。

征集利益相关者并与他们合作

到目前为止，你已经从内部角度评估了你的利益相关者。下一步是直接与选定的利益相关者以及组织中可能更接近、了解他们的人一起验证这些假设。虽然对所有利益相关者采用以下方法明显有益，但我们建议你从一个或两个利益相关者开始。应当选择出一个或两个你最初认为对你的业务潜在影响最大，会创造价值或导致业务崩溃（有时两者兼而有之）的利益相关者。例如，你可以选择最大的客户和最重要的供应商。

征集过程的开始是与利益相关者的管理团队（或同等人员）举行非正式会议。你的使命是与这个利益相关者建立双向沟通。你既要向利益相关者传达你所追求的共赢使命，又要倾听和理解他们的需求，以及他们如何看待关系中的机遇和威胁。会议议程推荐如下：

- 向利益相关者介绍利益相关者共赢的概念。解释为什么这对你的组织很重要，以及通过在组织中与他们一起增强利益相关者共赢，你希望获得什么（价值协同创造、更紧密的合作、更高的效率以及双赢的机会和想法）。
- 探索并更深入地了解他们的需求以及你过去在满足其需求方面的表现情况。
- 向他们展示你对这段关系的初步分析，并讨论你们的共识、分歧及其原因。
- 集思广益，思考你们可以在哪些领域更紧密地合作，共同创造价值，改善关系，实现共同利益。
- 就下一步行动达成一致意见，并建立未来交流的日常程序。

会后，进行团队汇报。参考以下内容：

- 你学到了什么？什么在你的意料之外？
- 你的团队与利益相关者在机会和潜在威胁方面想法有什么转变？
- 这次会议之后，你下一步要做什么？

记录会议的结果，并与利益相关者分享，请他们补充可能遗漏的内容。将此报告分发给组织中与此次利益相关者交流的相关团队成员。

接下来，我们建议你组建一个内部团队来决定如何以及何时继续探索这些价值创造机会。这一步将流程从简单的良好对话转变为行动。在下一节中，我们将概述你的内部团队如何集思广益，讨论可以通过哪些行动或项目与这个利益相关者进行战略性实验。此外，你应该回顾一下还有哪些措施能加强与该利益相关者的沟通、联系和协调。让这个内部团队反馈关于下一步发展的建议。

在与不同的利益相关者进行练习时通常会产生新的使命感和机会感。在与那些不符合公司运营方式的利益相关者沟通时，讨论和做决定可能会变得困难。对一家公司来说，这一过程表明与之合作的一些金融机构对待公司客户的价值观和使命与这个公司并不相同。另一些金融机构则显然与该公司的价值观和使命一致。这一发现引发激烈的讨论，公司将投入更多的时间和资源来发展那些更为协调的关系，并去除那些不协调的机构。公司不断变化的关系得到了回报。其中一位被选中的合作伙伴对他与该公司的关系进行了双重评估，并将该公司纳入其战略合作伙伴计划，提供了最新的技术和优先定价。

与利益相关者一起创造共享价值的战略实验

在业务的特定领域中采用利益相关者共赢的方式，会获得巨大的实际战略价值。使命是确定可以进行小规模实验的领域，以了解如何为组织创造额外的共享价值。这些战略实验为组织提供了重要的创新机会。它们可以作为概念的实验场，之后再扩大规模，深刻影响多个利益相关者。

发现并进行共享价值战略实验

这个练习的第一步是需要执行团队确定几个不同的，可以与之合作创造共享价值的利益相关者。你需要具体说明你想要抓住的机会。执行团队应根据组织的战略重点审查利益相关者的需求。根据这份需求清单，执行团队需要采取以下步骤：

1. 集思广益，列出与单个或多个利益相关者合作创造共同价值的机会。

2. 针对提出的每个好想法，讨论两个关键问题：这对我们有什么意义？对他们有什么意义？

3. 根据潜在的业务影响力和利益相关者的利益协调难易度，对提出的想法和机会进行排序，创建一个包含 3~4 个可能实验的列表。

4. 成立战略实验小组，跟踪挖掘战略实验的潜力，提出开展战略实验的途径。一旦执行团队确定了战略实验团队的成员并要求他们参与本次练习，战略实验团队可采取以下措施：

- 邀请特定的利益相关者参与一个共享价值过程，从而开发和测试实验。共享价值过程要求双方各自回顾他们活动的领域，寻找可以通过共同努力创造额外价值的业务领域。实质上，这是在寻找共同创造价值的机会，而任何一方都不能只靠自己创造价值。也可能有机会引入第三方来帮助创造和实现价值。这项工作的核心是头脑风暴过程和超越传统的思维方式，即不要把组织独立出来看待问题。例如，如果我们是一个组织，可能存在哪些创造价值的新机会？
- 与利益相关者举行一系列工作会议，制订并完善试点计划。
- 介绍概念，收集反馈。
- 与执行团队一起，探索扩大努力的可能性。

在本章，我们试图使利益相关者共赢的概念与你和你的组织更密切相关。你已经确定了你的主要利益相关者及其最重要的需求。我们要求你关注具有最大改进空间的利益相关者，并思考应当怎样改善。

我们还要求你进一步调查利益相关者的需求，找出那些最有可能创造价值或使业务中断的需求。对于这些高度优先的利益相关者，我们针对如何使他们参与进来、制订有意义的行动计划提出了建议。

你的团队成员在进行这些练习时，无疑会增强他们对利益相关者共赢的认识和理解。在下一章，我们将讨论如何通过帮助人们理解这种共赢对个人的意义，以及他们要如何每天从共赢机会的角度思考，从而将这种观念深入整个组织中。

第10章

让利益相关者共赢在企业中深入人心

在确定了你的利益相关者及其需求之后，领导团队将采取下一步行动，通过与组织其他成员共享这些信息和思维方式，成为一家觉醒公司。除了帮助其他人了解利益相关者是谁以及他们的需求之外，团队还需要把这些信息与他们的日常角色联系起来。在这方面完成度高的组织则会更进一步，致力于帮助人们理解共赢的含义。

共赢是一个有点老生常谈的商业概念。然而，如果想要使这个概念在组织中成为现实，就必须培养员工以不同方式解决问题和做出决策的能力。他们需要以共赢思维看待组织的各个部门。培养共赢态度的一种方法是寻找在组织中实践共赢的实例。你需要确保组织中的策略和流程允许人们以这种方式行事。你需要检查是否存在奖励、绩效管理或其他措施，不利于利益相关者共赢型行为模式的培养。

本章重点介绍4种支持这种新思维并使其与组织中各级人员相关的措施：

1. 确保人们知道公司的利益相关者是谁，他们的需求是什么。

2. 让人们摆脱对利益相关者的敌对心态。摆脱这种传统商业文化固有的思维，以不同的角度看待你的利益相关者。

3. 让人们在日常工作生活中思考和寻找共赢的解决方案，从而使利益相关者共赢能更好地融入人们的生活。

4. 确保你制定的制度和政策与这种新的思维方式和行动方式保持一致并有促进作用。

10.1 拓宽组织对利益相关者的理解

当组织中的大多数人不理解利益相关者的需求或者仅仅有一个抽象的、毫无意义的概念时，我们很难满足利益相关者的需求。本节提供了一种使利益相关者共赢深入组织的方法。根据组织的规模，你可以将该方法集中到针对领导者和一线团队成员的现有培训计划中，也可以创建一个独立的培训模块。使命是确保组织中的每个人都了解利益相关者共赢，并且无论具体的角色是什么，每个人都能找到有助于满足利益相关者需求的方法。永久承诺追求共同繁荣；只要利益相关者获益，公司就会获益。这就是相互依存之美。

利益相关者共赢培训

你可以使用下面的大纲开发一个利益相关者共赢培训模块。本单元的使命是让参与者在他们的角色与更广泛的利益相关者问题或组织战略之间建立联系。

首先比较利益相关者方法和股东方法。使用第 8 章的材料简要介绍这个概念。

- 询问小组成员他们认为采取利益相关者共赢方法会带来哪些机遇和挑战。为什么？（根据团队的规模，可以把成员分成 4~6 人的小组，然后让小组与整体团队分享收获。）
- 让员工确定他们心目中的组织利益相关者。分享领导团队视角中的主要利益相关者及其需求。（使用领导团队在第 9 章“了解利益相关者及其需求”一节开发的材料，包括图 9–2，为了方便起见，我们在这里将其复制一份空白图，见图 10–1）。
- 询问团队：“为什么我们认为他们是我们的主要利益相关者？”团队成员是否忽略了部分群体？

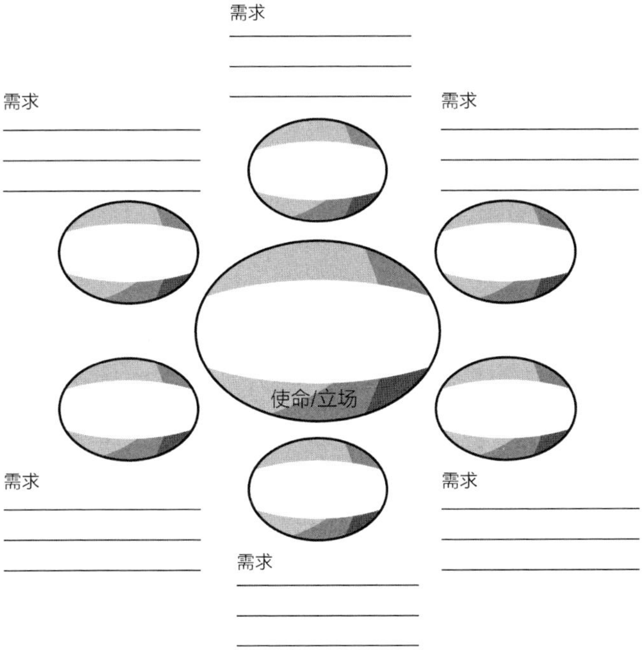

图 10-1　团队培训的主要利益相关者导图

向团队展示领导团队列出的主要利益相关者的一些需求。下面分成更小的小组，使每个小组的人数与主要利益相关者的人数相同，并为每个小组分配一个利益相关者角色。在房间四周墙壁上张贴挂图，上面写着每个利益相关者的名字，并让小组回答以下问题：

- 利益相关者的需求是什么？让小组用一条竖线将活动挂图页分开，并要求他们在左侧写下利益相关者的需求。
- 我们如何才能最好地帮助他们满足需求？在挂图页的右侧写下答案。
- 在哪些方面我们可以为满足这些需求更加努力？（注意：从每个研讨小组那里收集这些答复，并以综合和总结的形式提供给执行团队。）

下一步是把利益相关者共赢与公司里的个人联系起来。询问员工认为哪些人是自己工作中的利益相关者。让他们填写图 10–2 中的空白利益相关者，展示他们个人的主要利益相关者。

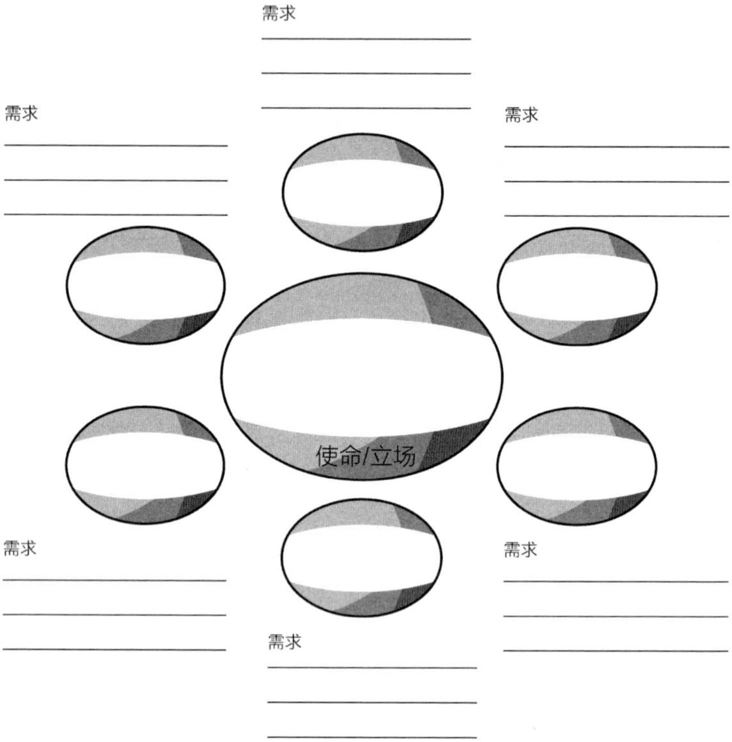

图 10–2　我个人工作的主要利益相关者导图

- 你在多大程度上满足了他们的需求？你最容易忽略哪个利益相关者？
- 你自己的需求得到满足了吗？
- 考虑到这些问题，想要改善你与利益相关者的关系，最重要的两项措施是什么？为什么？

值得深思：在工作之外的日常生活中做前面提出的练习。确定你个人生活中的利益相关者，并思考类似你刚才回答过的问题。

10.2 深化双赢思维

我们现在更深入地探究利益相关者共赢，并采取双重方法使双赢思维在你的组织中活跃起来。我们首先聚焦个人层面，并提供强化个人共赢思维的练习。这些练习可以与现有的培训计划交织在一起，也可以作为独立练习，与团队或参加非现场会议的大量人员一起进行。然后，我们将研究领导团队需要考虑的一些问题，以确保组织提供有力支持、巩固组织中的正确行为。

从根本上讲，双赢思维需要心态转变。我们习惯性地认为，任何讨论、谈判或业务关系都必然是零和博弈。你赢我输，我赢你输。输赢思维在我们很小的时候就已经根深蒂固了。20 世纪 60 年代绿湾包装工队（Green Bay Packers）名人堂教练文斯·隆巴第（Vince Lombardi）有句名言："赢不是一切，而是唯一的追求。"在觉醒商业中，根本转变是从这种态度走向包容和发展的心态。寻求互惠互利会让每个人的蛋糕变大；我们可以一起创造更多成果。这种思考始于深刻理解他人需求的能力。只有从相互深入了解开始，我们才能逐渐共同努力，集思广益，找到解决办法，以满足双方的长期需求。共赢的思维模式意味着我们要培养几个习惯：

- 将挑战视为机遇——思考在这种情况下，如何通过与利益相关者深入接触创造更多价值。
- 确定每个利益相关者的关键问题、兴趣和动机（而不是立场）。
- 重新审视你的视角。在组织中，我们很容易认为他人知道你每天面临着什么挑战。记住，你只能看到系统中你的那一部分。我们必须互相交流才能接近整体的真相。
- 从他人的角度看待挑战和机遇。他们能从中受益吗？

- 努力寻求双方都能完全接受的解决方案或使双方都能得到更多益处的方案。
- 寻找为了实现这些结果可能存在的新选择。你拥有的选择越多，就越有可能实现共赢。并非所有利益相关者都能同时平等地受益。这个过程是动态的，并随着时间的推移而变化。

10.3 创造共赢结果：牙买加丑橘练习

全食超市在其领导力发展计划中采用了以下利益相关者练习。这个练习旨在与团队成员一起证明：如果人们在更深层次上理解彼此的需求，他们就能找到更有创意的解决方案。

在附录 B 中你会看到谈判练习指示。其中有两个虚构的谈判者：琼斯博士（Dr.Jones）和罗兰博士（Dr.Roland），他们正在争夺牙买加丑橘这种资源。把两部分指示分别分发给团队的两组成员。要求一方不得与另一方分享信息。分开两个小组，并分别给成员约 10 分钟的时间来讨论他们希望对方回答的问题。最后，小组应该提出尊重其他团队使命的问题，而不是要求他们放弃所有信息。

作为主持人，你将安排每组代表（两人）之间的会议。每个小组的其他成员应出席会议，听取代表的意见，并随时与他们的代表协商或提供帮助。会议应该持续 5 分钟左右。

然后，这些小组回去讨论他们学到了什么，以及谈判中还可能存在哪些选择。他们选择一个最优解决方案，并把它写在挂图上，说明为什么这是最好的解决方案。

下面与大家一起讨论什么是共赢。每个小组只需要橘子的某一部分。通常，每个团队都太过专注于获得所有的牙买加丑橘，以至于没有意识到谈判双方需要的是果实的不同部分。对许多人来说，简单而公平的解决办法就是把橘子分开，每组一半。但是这不是最好的方法，因为你没有询问每一方需要橘子的原因。结果就是双方都会失去一半的橘子。

如果提出了正确的问题，谈判者就会走向共赢的局面，这是利益相关者相互依存和共赢模式的核心。通过充分了解彼此的需求，小组会认识到如果他们一起工作，两个小组都将在这种情况下得到他们所需要的一切。我们应该注意到冲突的不同层次，从支配地位到妥协的办法，最后到面对挑战的综合办法。

让每个参与者花几分钟时间写下这次团队活动带来的主要收获。两人或三人一组分享这些结论。

10.4　似乎无法实现共赢的时候

有时似乎不可能取得共赢的结果。然而，采用共赢的方式能够探索这种情况下的诸多可能性，并可能得到意想不到的结果。下面的练习就是检验那种认为不可能实现共赢的心态。正如我们所说，正和博弈方法完全取决于我们的心态和我们处理问题的方法。下面的练习说明了当我们以共赢的心态、用系统的方法解决问题时，我们可能会得到一个意料之外的结果。

在这个练习中，让团队成员分成 3~4 个人的小组。每个小组应思考什么情况下很难与利益相关者实现共赢，进行讨论并最终确定 2~3 种情况。在他们选择了这几个问题之后，确保小组清楚每种情况包含什么条件。在活动挂图（针对每种情况的单独活动挂图）上快速记录该情况中涉及的关键问题。接下来要求每个小组从三种情况中选择两种，并依照下面的练习填写活动挂图。在每个不同情况下使用单独的活动挂图。给小组成员 10~15 分钟完成练习。

	情况 1	情况 2
找出似乎不可能得到共赢结果的两种情况		
为什么看起来不可能实现共赢？		
障碍是什么？		
向着共赢努力，考虑以下问题：		
如何消除障碍？		
能够重新定义胜利吗？		
什么可以重新平衡损失？		
从长远来看如何？		
可能会出现什么意想不到的共赢结果？		

资料来源：The Conflict Resolution Network

现在把小组成员召集起来。让每组的一名成员选择一种情况，花两分钟时间向其他人描述练习的关键要点。在所有小组都展示了他们的收获之后，让所有小组作为一个团体回顾以共赢的方法来解决这些问题的策略。对他们而言发生了什么变化？为什么？

与威廉·尤里的谈话

罗杰·费舍尔（Roger Fisher）和威廉·尤里于30年前撰写的《谈判力》是谈判界的经典之作。它的核心使命之一是在谈判中寻求共赢。尤里在2015年写了一本新书《内向谈判力》。在这两本书间隔的几十年里，他思考的一个要点就是我们总是需要寻找第三种胜利。第三种胜利是一场更大的胜利；它为更大的社区，为生态系统，或是为了联系到某个共同使命而寻求某样东西。从某种意义上说，如果你能确定有关各方的共同使命或与之产生联系，那么你就转移到了谈判或讨论的另一层面。

然而，尤里说，开发共赢解决方案的能力受到个人对自身深层理解能力的影响。在这种情况下我需要什么？围绕这个问题，尤里和费舍尔探讨的经典概念是立场和需求之间的差异。大多情况下，人们受困于他们在谈判中的立场，而不是深入了解自己和其他各方的需求。根据尤里的经验，自我理解水平的提高有助于加深对自身需求的理解。通常，问题在于谁能满足你的需求。有时这是一个自我实现的问题；你可以自行满足自己的需求。这也意味着要对自己诚实，让自己更深刻地意识到什么对你来说很重要。当你完成这个练习后，你就可以从一个完全不同的角度与其他人进行讨论。

在我们的谈话中，尤里以两位多年来为一宗数十亿美元的收购案而争论不休的高管为例。真正的需求不在于金钱，而在于两个人都试图按照自己意愿行事的自由。一旦明确了这是双方在更深层次上的真正需求，双方很快在交易的经济方面达成一致。

尤里就有助于培养共赢思维的方法提出了一些建议：

- **“走上阳台”**：这样，你就可以从“舞池”上一个台阶，从舞池上方的阳台上看到大局。培养这种能力，让你离开眼前的事情，获得更广阔的视野，有助于你更好地了解各方的需求。
- **倾听语言之外的内容**：这种能力可以帮助你更深入地理解别人在说什么。这是了解他们需求的关键。
- **头脑风暴得出创造性方法**：头脑风暴和寻求特殊的方法可以帮助你找到解决眼前问题的创造性方法。为了以不同方式思考问题，你需要考虑几个假设的场景，想一想“如果……会怎样”。如果我们做了这样那样的事呢？

如果你又陷入了输赢思维，这意味着你在思考如何解决问题时缺乏想象力和创造力。共赢不仅仅是一种技巧，更是一种生活和思考的方式。只有共赢的方法才能达到共赢的结果。使命和手段必须相同。因此，共赢的方法源于积极主动的思维、参与者的个人成熟度、有良好基础且长期维持的关系以及目标导向、以原则为中心。如果没有这些，共赢的想法会很快在你的组织中引起冷嘲热讽。各级领导团队都要有共赢的心态，并把它作为“我们在这里做事的方式”，鼓励他人采纳。

10.5 在组织中培养共赢能力

在组织中深化共赢思想包括几个部分（见图 10–3）：

1. 在组织中明确共赢思想的价值——确保每个人都意识到这是我们开展业务的方式，并确保执行团队成为采用这种方法解决问题的榜样。

2. 确保员工接受相关培训，有渠道了解如何实施共赢思维。

3. 将共赢思想嵌入激励和奖励体系中。

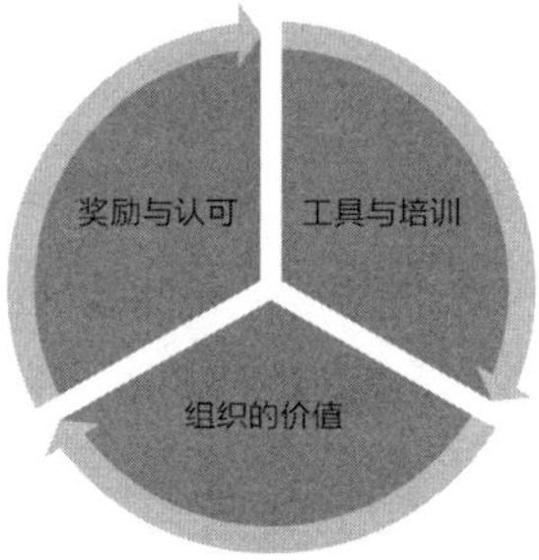

图 10–3　共赢思维框架

领导层必须强调共赢思想是企业的核心价值和关键方法，它是期望而非例外。领导者还必须设定共赢的预期，建立共赢的价值创造模式，而不是着眼于短期收益。

你可以采取以下措施为员工提供培训和工具，帮助他们采纳利益相关者共赢的方法：

- 创建检查表和其他便利的工具，提醒人们在面临挑战时采用这种方法。
- 招募经过培训的专家来思考共赢问题（如果需要可以使用外部培训资源），并让他们帮助指导人们解决难题，设计和开展培训课程。

最后，评价和奖励制度需要认可并奖励正确的行为。很多时候，尽管组织声称他们想要拥有长期的利益相关者视角，却在内部系统中奖励和认可业务的短期财务收益。

- 确保在绩效管理中纳入对利益相关者共赢实践的恰当认可。我们是否评估这方面行为？是否设定该行为的使命？当他们做得很好或者没能达到预期时，员工能否得到定期反馈？
- 通过正式和非正式的表彰计划奖励共赢行为。考虑每年举办一次利益相关者学院颁奖典礼。

10.6 领导团队的反思

- 关于利益相关者和共赢方法，我们在传达的内容是什么？这是始终存在于我们交流中的主题吗？
- 我们目前如何向一线员工强化这一信息？我们还可以通过别的方式做些什么？
- 作为领导者，我们能做些什么来成为榜样？我们如何将这种想法融入管理会议和决策中？最近一次我们有意识地以共赢思维思考是什么时候？
- 想想最近团队本可以采取共赢方法解决利益相关者问题却没有这样做的事例。指出我们本可以采取的不同做法。

利益相关者思考是一个持续的过程：全食超市的未来探索

用最高级的表达方式来阐述，当你与利益相关者为了帮助你的组织建立持续竞争优势，而共同创建战略愿景、提高运营能力时，利益相关者共赢就充满了生机。一个恰当的例子是全食超市使用的“未来探索”方法。“未来探索”最初是为社区组织开发的，是一项多日活动，将所有利益相关者群体的代表聚集在一起，共同“梦想未来”。它认识到外部趋势以及每个利益相关者的独特视角和动机。在这个过程的最后，团队就组织的最高使命、需要采取的行动以及衡量成功的标准达成了共识。组织与利益相关者合作畅想愿景、设定战略议程，从而在参与度和协调度两方面都建立起优势。他们更有可能使自己的战略愿景变成现实。全食超市一直坚持每五年举行一次这样的“未来探索”聚会。

10.7 立足利益相关者共赢展开领导

利益相关者共赢的最后一步是将其集成到你对企业的管理中。如果你要立足利益相关者共赢展开领导，那么你必须监控并报告你在这方面的表现。你需要清楚了解你与利益相关者的关系状况。介于管理层关注什么问题往往就会得到什么成果，一些关于利益相关者的关键问题应当被纳入考虑范围。

例如，你应该制订用于跟踪利益相关者的需求是否得到满足以及报告是否透明的指标。你可能已经采取了相关措施，如客户的净促销分数。将这种做法推广到供应商和其他利益相关者上。以全食超市为例，这家公司采用士气调查、团队领导调查和客户评论卡的方式。关于综合报告还有很多工作要做，包括环境、社会和治理方面影响力的测量。

此外，领导团队应建立定期收集利益相关者反馈的流程和机制：

- 建立收集、处理和分享利益相关者持续反馈的程序，例如，执行团队成员的调查或年度“脉搏检查”（pulse check）电话，即公司的每位高层领导每周给一个利益相关者打电话。这些定期的沟通会得到利益相关者的认可，并且是有关业务动态的宝贵信息来源。
- 确保依据这些反馈调整你的计划或解决质量等其他问题。如果你收集信息却什么也不做，只会浪费每个人的时间，并失去利益相关者的信任。

10.8 结语

利益相关者共赢从根本上讲就是改变组织中的操作系统，以便在快速变化和不断发展的业务环境中专注于创造价值和建立竞争优势。就像养育一个孩子需要一整个村庄那样，在快速变化的商业环境中，构建一个适应性强、反应灵活的组织需要一整个生态系统。没有哪家公司聪明到可以独立地了解商业环境中的所有机会和威胁。利益相关者共赢有助于企业建立显著的竞争优势。看似矛盾的是，归根结底，利益相关者共赢的方法却是股东获得最多利益的商业模式。在 21 世纪的商业环境中，21 世纪的思维和措施是成功的必要条件。利益相关者共赢以及这一点在组织中的执行是成功的关键部分。我们应该努力以人人都重要，人人都获益的方式进行商业活动。

回顾本章的内容，我们的三大利益相关者优先事项是什么？为什么？

优先事项：	原因：
______________	______________
______________	______________
______________	______________

在下一部分中，我们将讨论如何在组织中发展和维持觉醒的文化。

第三部分

觉醒文化

优质志愿者

如果我们真的想成为一家真正觉醒的公司，就必须关注公司文化。不论公司重视与否，每个公司都有自己的文化。我们需要以觉醒的方式建设并传承一种文化。

优秀的企业文化是员工敬业度和激情的源泉。它会促进创新，提高创造力，推动合作，提高生产力。人们会说（或感到）："太好了，今天是星期一"，而非"太好了，今天是星期五！"工作场所变成了一个充满关怀、意义和成就感的有趣的地方。强大的文化既能带来吸引力，又能发挥免疫系统的作用；它有助于我们引进那些非常适合这个组织的人，并劝阻那些不适合这个组织的人。

觉醒文化很重要，因为它创造了一种极难复制的竞争优势。大多数战略都是可复制的，但每个组织的文化都是独一无二的。彼得·德鲁克（Peter Drucker）有句名言："文化能把战略当作早餐吃掉。"战略很重要，但文化更重要。强大而积极的文化会产生优质志愿者（premium volunteer）：即充满激情和灵感的人，而非仅仅为了不被解雇，完成工作最低要求的人。你不能靠付钱或强迫人们消除这一差距；你只能激励他们。优秀的企业文化会培育出充满动力的员工，而他们的投入会对企业的业绩产生巨大的影响。

使命、品牌和文化必须共同努力，以确保组织长期持续的成功。使命影响组织的外部身份或品牌，同时也关系到组织及其文化的内在实际情况。

在这一部分中，我们将定义与阐释觉醒文化，并讨论这种组织文化的属性（本部分的摘要见图 P3-1）。我们将帮助你探索和理解你们的文化目前所处的发展阶段，以及如何使它朝着觉醒的方向进化。

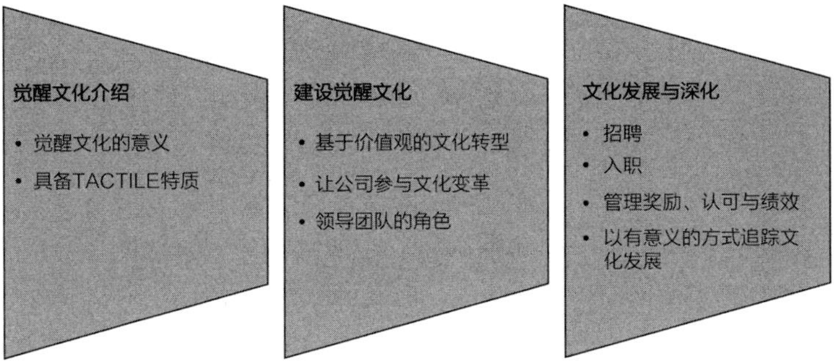

图 P3–1　本部分概述

企业文化评估

受访者：高层管理人员（C级主管）、高级人力资源主管和普通员工（每组分开回答）

所需受访人数：前两组各5人，员工20人

问题		得分
1	我们的企业文化在内部和外部都有高度的信任度。员工之间、员工与管理层之间、公司与外部利益相关者之间都十分信任彼此	
2	我们的企业文化强调真实；我们怎么想就怎么说，所说就是所想。我们不会美化艰难的现实情况，我们在所有事情上都高度致力于追求真实	
3	我们的文化真正关心、同情所有利益相关者。当公司面临困难时，我们不会减少对利益相关者的关心和同情	
4	我们的运作非常透明；我们的生意几乎没有秘密，也没有什么可隐瞒的	
5	我们公司讲诚信。我们严格遵循道德标准，并为我们的行为负责。我们相信应当公平和公开地与所有内部和外部利益相关者打交道	

续表

	问题	得分
6	无论是作为个体的个人，还是作为整体的组织，我们都努力学习，不断提升能力和觉醒水平	
7	我们公司的员工有权永远都做正确的事。我们广泛使用自我管理、自我激励和自我指导的团队来完成我们的工作	
8	维护和发展我们的企业文化是一个重要的优先事项。这需要高级管理人员的关注和员工的积极参与	
9	我们高度重视、表彰那些最能体现企业理想文化的组织内部人员和团队	
10	在我们的公司文化中有一种真正的利他主义——人们为他人做事，不期望得到回报、报酬或认可	
	总计	

评分标准

5：我们在这方面特别擅长，以至于其他人应该向我们学习。

4：我们大部分时间都能做到这一点，但仍有改进的余地。

3：我们有时能做到这一点，但并不能一直坚持。

2：我们很少做到这一点。

0：我们似乎体现了这一点的对立面，或完全没有做到这一点。

把你的分数加起来，找出你的公司和理想情况（50 分）之间的差距。你的得分结构如何？哪些地方让你吃惊？哪些地方在你意料之中？为什么？这意味着什么？

第11章
觉醒文化概论

我们所说的觉醒文化是什么意思？在这一章，我们描述了觉醒文化的品质，并阐释其重要性。第三部分后面的章节将讨论如何评估和改进企业文化。我们创造了首字母缩略词 TACTILE 来代表觉醒文化的品质：信任（trust）、真实（authenticity）、关怀（caring）、透明（transparency）、正直（integrity）、学习（learning）和赋权（empowerment）（见图 11-1）。这些品质是一个组织中长期维持的觉醒文化的产物。思考清单上的七个品质；确保你的公司具备所有要素。

T	信任
A	真实
C	关怀
T	透明
I	正直
L	学习
E	授权

图 11-1　觉醒文化的品质

公司培育觉醒文化的方法有很多种，而这七种品质代表了你想要达到的使命。当你走进公司，你会感觉到一个觉醒公司和一个传统公司的区别。通过观察人们之间的互动你就能够发现觉醒公司的 TACTILE 品质。

在本章中，我们将研究每一个品质，并提出一系列相关问题。我们还将提供这些领域的优秀组织案例。没有一家公司在所有七个方面都能达到完美。每家公司都会以独特的方式融合这些特质，在某些方面的得分会高于其他方面。依据这些要素从总体上评估你的公司，快速确定你目前在觉醒文化之旅中所处的位置。

人们经常谈论用来鼓励、推动组织中正确行为的胡萝卜和大棒。我们的朋友 R. 爱德华・弗里曼问了一个问题："受胡萝卜和大棒驱使的是哪种动物？"答案很清楚：驴或蠢驴。驴最突出的特征是什么？固执。驴只会做使它得到奖励或被逼去做的事。

我们充分地了解奖励和动机，知道当工作需要任何程度的创造力或创新思维时，如果奖励方式关注外在（金钱和权力等我们外部的东西），而非基于内在（激情、使命、意义等），其效果就会大打折扣。有关这一点的深入讨论请参阅丹尼尔・平克（Daniel Pink）的著作《驱动力》（*Drive*）。当觉醒文化挖掘这些内在的动机，展现出人们最好的一面时，就会收获优质志愿者。

现在的挑战是十分实际的。我们可以轻易谈起觉醒文化，但很难进行觉醒文化建设。不存在（能够瞬间解决问题的）银色子弹。如果人们有能力在一夜之间建设良好的觉醒文化，那么所有人都会这样做的。但这项任务的困难之处也正是觉醒文化成为可持续竞争优势的原因。

11.1 觉醒文化的意义

觉醒文化对员工敬业度的影响最大。积极的文化会降低员工流失率，提高绩效。盖洛普研究所（Gallup Institute）的数据显示，员工敬业度排名前 25% 的企业在盈利能力、生产率和客户满意度等诸多指标上的表现都比排名后 25% 的企业高出 10 个百分点甚至更多。

伟大的文化对商业有益。如果我们分析"《财富》100 强最佳工作公司"名单中上市公司的股价，从 1997 年到 2011 年，这些公司的绩效与标准普尔 500 指数呈现 3：1的比例（每年 12.32% 与 3.71%）。其他分析也反映了同样的趋势。不要把觉醒文化与高绩效标准对立起来，如上所述，伟大的文化能带来更高的回报。

11.2 培养 TACTILE 品质

我们建议你与团队一起完成这一部分。理想情况下，团队成员应该自己完成练习，然后大家聚在一起分享自己所做的事情。作为个人，我们对其中一些问题以及它们在我们组织中的表现方式往往存在盲区。就 TACTILE 的每一种品质进行坦诚的交谈是一个很好的起点。有的领导团队选择花一下午的时间聚集起来，一次性完成 TACTILE 部分的领导团队推荐。其他团队则每次用时一个小时，用几周的时间完成，每次研究一个 TACTILE 品质。本章结尾的使命是初步列出你在当前文化中最想实现的 3~5 种 TACTILE 品质。如果实现了这些要点，你和你的团队认为哪些文化要素对企业的影响最大？

信任

一切都始于信任。高度的信任渗透到觉醒企业内部以及外部所有利益相关者之间。在内部，纵向（领导者和员工之间）和横向（员工之间）都互相信任；在外部，公司与所有外部利益相关者（客户、供应商、商业伙伴、投资者、公司运营部所在社区以及政府）之间都有着坚实的信任基础。

诺德斯特龙（Nordstrom）的前首席执行官布莱克·诺德斯特龙（Blake Nordstrom）曾表示，相信人们会做正确的事情对于这家商店的成功至关重要。公司在职员入职时就讲清楚了这一点。新员工会收到一页声明，内容如下：

欢迎来到诺德斯特龙！

很高兴你能加入我们公司。我们的首要使命是为客户提供卓越的服务。为员工制订高远的个人使命和职业使命。我们坚信你有能力实现这些使命。

诺德斯特龙规则：在任何情况下都要采用最佳判断。没有额外的规则。

请随意向你的部门经理、店长或部门总经理询问任何问题。

把信任看作一条双向的道路可以为公司创造意料之外的机会。达拉斯的一家二手车零售商 Driversselect 改进了与金融合作伙伴的合作方式。它从与二十多家金融机构合作，转变为与少数几家金融机构深入合作。其结果是企业和合作伙伴之间建立了更紧密的工作关系和更深的信任。其中一家金融机构是一家主要的货币中心银行。它建议公司选择进行战略实验，以加快或改善二手车贷款的处理方式。基于对彼此的信任，双方都相信可以尝试一种新的合作方式。Driversselect 在这一领域确立了行业领先地位并从中受益。

在与高管讨论信任时，焦点往往是："我的员工信任我和我的领导团队吗？"这显然是一个亟待关注的重要问题。但同时，我们发现很少有人反过来问这个问题："我们信任我们的员工吗？"通过这样提问，我们逐渐开始把信任理解为一种关系，一条双向的道路。如果你不信任你的员工，他们怎么能够信任你？觉醒文化展现出组织中的关系信任。人们信任他们的领导者，领导者也信任员工。

重要声明：尽量使用客观的方法来收集信息。作为领导者，你可能会发现很难真正客观地评估人们的企业文化体验。针对本节中的练习，我们建议你思考以下问题，并以团队形式进行讨论。你可以轻松地将这些问题转化为快速的在线调查，并从组织中更广泛的人群中获得反馈。比较执行团队和组织内部其他人的得分会有很好的效果。

你还需要向参加调查的人保证调查结果是匿名的。这样做可以让人们放心，使他们提供真实坦诚的反馈，这是在组织内部建立信任的第一步。

在1~5的范围内（5是最高得分），你在多大程度上相信你的一线员工为企业做正确的事情？如果你的分数低于4分，请解释为什么你没有给出更高的分数。你的员工知道什么是正确的事情吗？如果不知道，为什么会这样？他们是否有资源，或者是否相信自己有资源去做正确的事情？如果没有，为什么？

____

____

____

在1~5的范围内（5是最高得分），领导团队是否得到组织的信任？如果你的分数低于4分，请解释为什么你没有给出更高的分数。人们是否乐于与上司或其他领导接触，他们是否经常就与业务有关或无关的事情沟通？

____

____

____

最高层团队内部的信任程度如何？作为一个团队，你如何定义彼此之间以及团队之间相互的信任（对于最高层团队来说，这通常是一次很艰难但非常有益的讨论）。你需要采取哪些措施来提高领导团队的得分？

____

____

____

回顾你针对上述问题给出的答案，以及作答之后进行的讨论。关于组织内的信任问题，你的团队最需要关注的事情是什么？填写下表，捕捉讨论和观点的要素。

哪些可行	哪些不可行	备选改进方案

真实性

人们和组织需要真实性。觉醒文化的特点是不存在诡计。内部和外部的交流是坦率的，不存在商业和政治世界中常见的虚假内容。

真实性是我们在与人建立互信关系时所看重的东西。当公司和领导者试图伪装时，人们可以看穿这一点。美捷步将其核心价值观印在求职申请的第一页。从一开始，公司就为自己所构想的未来感到自豪。这种真实性有助于吸引那些与组织文化契合的人，并劝阻那些与组织文化不协调的人。

“所见即所得”是我们公司文化的一部分吗？如果有一个我们非常想要的候选人，我们应当告诉他怎样的招聘故事？在这里工作的人是否体验了故事传达的精神？故事和现实之间有什么差距？在给雇主打分的网站上，我们公司会收到什么样的评论？

____

____

____

我们是否尊重组织中不同的观点和生活方式？对于那些在工作中和在工作之外保持一致的人们，我们的文化在多大程度上向他们开放？关于适合这里的人，可能存在哪些潜在的偏见或潜规则？

____

____

____

回顾你针对上述问题给出的答案以及随后的讨论，思考你的团队在组织信任方面最需要注意的是什么？填写下表，捕捉讨论和观点的要素。

哪些可行	哪些不可行	备选改进方案

关怀的

感受到关怀和关心他人是人类的核心需求。它们是强大的驱动力。觉醒文化的突出特征是真正关心所有利益相关者。关心催生关心，当公司关怀其利益相关者时，利益相关者也会反过来关心公司。在觉醒文化中，人们的行为方式是体贴、温柔、细心而富有同情心的。

关心从首席执行官和执行团队的高层开始。他们定下基调并身体力行。

几年前，有人在纽约市的一个公共汽车候车亭看到一个广告牌。广告上写着："如果你的公司真的充满关怀，它就会从事关怀行业。"这是一个求职网站的广告，它传达的信息很明确：绝大多数公司都不够关爱员工，而你的最佳选择就是寻找另一家同样不关怀员工、但可以让你过得更好的公司。

问题的核心很明确：一线员工是否相信公司领导关心他们？在文化中，关心会带来滴漏效应。如果一线的人感觉不到被关心，那么指挥系统的某个地方一定出现了故障。归根结底，关怀应该存在于各个层面，但检验标准在于一线的人们是否始终如一地，跨部门、跨职能地相信他们作为人类得到了关怀。

很难想象那些感觉不被关心的人会有我们之前提到的优质志愿者的热情与承诺。我们最近与一家公司进行合作。从员工氛围调查和焦点小组中可以明显看出，该公司有一种非常注重绩效的商业文化。组织中的人显然认为绩效是第一位的，人则是第二位的。尽管该公司从事令人兴奋的生物技术领域，但人们感到精疲力竭，公司的员工流失率随之显著增加。对人们而言，探索科学前沿的兴奋感能够鼓舞人心。然而，由于管理层和高级领导层缺乏对员工真正的关怀，公司的氛围过分追求业绩。在这种环境中，对科学的热情也无法与对业绩的执迷相对抗。这种氛围也开始影响公司的招聘能力。其他业内人士则将其形容为血汗工厂。考虑一下，当你试图招募世界上最优秀的人才为公司成功作出贡献时这意味着什么。

许多人错误地认为，公司文化要么充满关怀，要么由绩效驱动，但不能两者兼而有之。这是错误的二分法。尽管同时发展这两端对领导来说极具挑战性，但那些感到被关怀的人也可以适应高标准要求。作为父母，我们都关心我们的孩子，希望他们达到一定的行为预期。在许多情况下，正是因为我们关心他们，才为他们制订了如此高的标准。自相矛盾的是，人们往往把关心他人的态度和高绩效标准的关系看作对立权衡，而不能意识到持续实现高绩效的方法就是让人们感到被关心。

大多时候，人们认为关怀是孤立的。缺乏责任的关怀，缺乏赋权的关怀，缺乏鼓舞人心的愿景和良好执行力的关怀，最终都毫无意义。因此，领导层面临的关键挑战是要在文化建设中把关怀与其他有助于提高企业绩效的因素结合起来。

当比尔·乔治（Bill Gorge）成为美敦力（Medtronics）的首席执行官时，他发现公司的文化充满关怀，但缺乏责任感。人们无法满足他人和公司的期望。在不减少关怀的前提下，乔治努力在美敦力文化中增加责任感。

百威勒公司董事长兼首席执行官鲍勃·查普曼将企业中的领导层比作为人父母：你非常关心员工，但你也有很高的期望和责任感。有些人会把这理解为一种剥夺权力、家长式的做法，但事实并非如此。你可以同时赋权和关心。我们需要授权、信任、关心、设定限制，让人们对自己的行为负责，明确指出什么是可以接受的，什么是不可以接受的。你需要在对组织重要的东西周围设置护栏，然后允许人们在边界范围内体现文化，就像人们必须在网球场的边界内打球一样。

在 1~5 的范围内（5 是最高得分），你所在组织的一线员工在多大程度上感到被关怀？你怎么知道他们是否感觉受到关怀？如果你的回答是 4 分或更低，解释为什么他们感觉不到更多的关心。关心组织中的人意味着什么？这个想法定义得有多清楚？上一次你与中层管理者讨论其意义以及表现方式是在什么时候？

____

____

____

你的团队把什么视为关心他人和绩效驱动文化之间的对立？你能做出什么改变来确保兼顾二者？

____

____

____

回顾你的答案以及随后的讨论，思考关于组织真实性，你的团队最需要关注的事情是什么？填写下表，抓取讨论和观点的要素。

哪些可行	哪些不可行	备选改进方案

透明

我们生活在一个透明的世界里，许多有价值的信息很快就会为人所知。觉醒的文化接受这种情况并从中受益。觉醒文化中几乎没有秘密，因为没有什么可以隐瞒的。问题就在于，整个组织的人都清楚公司是如何经营和赚钱的吗？

在全食超市，所有团队成员共享薪酬信息。与多数公司不同，全食超市的财务账簿开放，人们广泛讨论并传播战略计划。因此，公司更多的团队成员参与企业发展，主动性和领导力得到了提升。

一种很好地体现透明的方法是开卷管理。要想成功使用这种管理形式，一个关键点是让人们了解你的商业模式。如果他们不清楚企业如何赚钱，他们就无法帮助提高企业业绩。如果人们不清楚“如何为公司作出贡献、带来改变”，那么他们得到的信息只会使他们感到焦虑和困惑。因此，与信息共享密切相关的是使人们了解这些信息的含义，并授权给人们利用这些知识做一些事情。

我们的一个主要零售客户在负责采购、安装和维护商店固定装置的商店建设部门中实施了这种商业模式。该团队的一位成员告诉我们，这个部门在所有商店中节省 5% 的固定设备费用，而每年节省的费用足以为新店的开业提供可观的资金。这令我们印象深刻。团队成员认为自己不仅仅是在节省成本，而是在支持公司的发展战略。

透明度的另一个关键因素是沟通。领导团队对组织的解释清晰和公开程度如何？透明的沟通包括分享组织的运营方式，以及在宣布重大计划或变更时给出解释。一个组织越透明，领导层就越能坦然面对自己的决定以及做出决定的原因。这里还有一个有趣的悖论。领导者常常担心过多的交流会分散人们的注意力，使人们担忧甚至害怕那些他们无法控制或需要知道的事情。但这种情况真实发生的概率有多少？通常，部分宣布或完全不宣布会导致小道消息甚至谣言传播，并引发更多担忧：“管理层隐藏了什么？为什么？事情比他们说的更糟吗？还有坏消息吗？”

要明确这一点：你需要意识到告知他人你掌握的信息是透明度的关键要素，这会迅速增强其对领导团队的信任。如果你想让你的员工表现成熟，对企业的业绩拥有所有权，并在帮助你实现使命的过程中充分发挥作用，那么你就需要把他们当作有责任心的成年人来对待，认识到他们有能力面对事实。重要的是，当组织中的人能够清楚地了解真实情况时，他们就能够有效地采取行动来解决公司面临的问题和挑战。否则，他们就只能以半盲的状态飞行，无法帮助你安全着陆。

组织中的每个人对你的商业模式和赚钱方式的理解程度如何？人们能向外人解释清楚他们是如何帮助公司赚钱的吗？

____

____

____

你与组织的沟通有多透明？上次你向组织发布一个重要公告时，你对为什么要进行改动以及预期的影响有何解释？如果你问一线员工对你的声明理解程度如何，他们会怎么说？

____

____

____

在未来，你如何才能更透明地沟通并保证双向对话，从而得到反馈，了解他人如何理解你的信息，以及信息与一线人员的相关性如何？（它对你有什么影响？你能帮什么忙？）

____

____

____

回顾你给出的答案以及随后的讨论，思考你的团队关于组织透明度最需要注意的事情是什么？填写下表，捕捉你讨论和观点的要素。

哪些可行	哪些不可行	备选改进方案

正直

觉醒文化的特点是严格遵守说实话和公平交易的原则。保持诚信远远不止是遵守法律和公司规则那么简单。而是不能容忍对事实的扭曲或粉饰。人们怎么想就怎么说，所说即所想，语言就是连接人们的纽带。

要提出的重要问题是：我们在什么问题上拒绝妥协？我们不会放过什么行为？这些问题迫使领导团队在沙地上划出一条众所周知的界线。一家从事多元化项目的专业服务公司充分贯彻了正直的理念。一位受人尊敬的高级合伙人一向不认同这项行动计划，他说："这与我的客户有什么关系？"尽管他在发展业务和与公司的一些大客户建立联系方面表现卓越，但他不愿意加入该计划，甚至毫不掩饰地阻碍这一项目。因此，执行团队做出了艰难的选择，要求他提前几年退休。

你不愿意在什么问题上妥协？为什么？上一次高层团队基于公司的诚信做出艰难抉择，不愿意在公司核心价值观上妥协的情况发生在什么时候？你能指出最近错过了哪些坚守原则的机会吗？

依靠正直解决什么问题最能帮助组织确立其最重要的原则？你愿意在这个问题上毫不妥协吗？为什么？为什么不？

回顾你给出的答案以及随后的讨论，思考关于"正直"，你的团队在组织中最需要注意的事情是什么？填写下表，捕捉你讨论和观点的要素。

哪些可行	哪些不可行	备选改进方案

学习

作为有生命力的和自我组织的社区，觉醒组织不断地进化到更高的集体意识状态。正如全食超市所说："我们的许多团队成员都踏上了终生成长和发展之旅。持续发展不仅是可以接受的，也是可以预期的。随着团队成员的学习和成长，整个组织也是如此。"

学习有时被视为一个"十全十美"的事情；毕竟，谁会反对学习？然而，在大多数公司，言辞和实践之间存在着明显的差距。在接受学习的组织中，每个人每年都有一个个性化的学习日程。公司应该确定每个人想要和需要学习什么内容，并支持他们进行学习。

在密歇根州著名的"小巨人"（small giant）约翰逊香肠公司（Johnson's Sausage），只有一种严重违规行为，即员工在一年内没有学到任何新东西。公司在员工年终评估时提出的关键问题是"你今年学到了什么？"

觉醒的公司鼓励员工制订一个明确的学习和发展计划，并要求他们对计划负责。问责意味着公司通过不断学习来评价员工，并对他们进行奖励。在觉醒文化中，帮助人们在组织中发展和成长是非常重要的，领导者和其他实现这一使命的人也因此得到认可。

你做了什么来帮助组织的一线成员学会更好地完成他们的工作？为了实现这一使命，公司有相应的系统和支持吗？你是否协助他们学习有益于工作和生活的技能？

今年公司高层团队的集体学习之旅是什么？你们每个人都有自己正在学习的领域吗？你们就这个问题分享过经历吗？如果没有，为什么？

公司的评估手段和发展过程的联系有多紧密？员工今年有他们自己个性化的学习计划吗？当你进行绩效评估时，是否评估了员工的发展和学习计划？这在个人评估中所占的权重大吗？

回顾你给出的答案以及随后的讨论，思考你的团队在组织学习中，最需要注意的事项是什么？填写下表，捕捉讨论和观点的要素。

哪些可行	哪些不可行	备选改进方案

授权

如果你雇用的人与公司文化十分契合，你可以坚信他们会在为组织及其总体使命服务的过程中采取有智慧、经过深思熟虑的行为。觉醒企业的每一个团队成员都应该是整个企业的缩影，有权代表整个企业的利益行事。

问题的关键是，一线员工和经理是否有权代表整个公司的利益行事？这种授权思维通常表现为面对客户投诉时，员工个人可以采取的行动。他们在这些事情上有多少回旋余地？领导团队必须考虑几个问题：我们是否授权组织中的人做出我们认为对组织负责的决定？我们是否信任我们的员工，并让他们知道在我们的组织中做正确的事情意味着什么？作为领导者和管理者，我们是否用自己的行动展现了什么是做正确的事情？

下一组问题涉及我们如何授予人们权力。例如，花费过多时间的开支报告系统表明信任和授权的缺乏。你组织中的其他哪些系统可能会剥夺员工的权力？最好的办法就是去问问员工。大多数公司都有过多规则，导致自由度降低。正如多夫·塞德曼（Dov Seidman）所说，“少数共同价值观胜过一千条规则。”

根据我们的经验，授权的关键在于组织高层的心态。如果领导者能够在为团队制订标准和授权团队交付成果之间找到平衡，那么企业采取的管理方法就更倾向于雇员式领导共赢，而不是传统的指挥和控制方法。我们将在讨论觉醒领导时再次回到这个问题上来。

未经许可，你的一线经理可以做出哪些关键业务决策？

在1~5的范围内（5是最高得分），在你的组织中，一线员工感觉自己有多少权力？中层管理人员呢？拥有这种感觉的原因是什么？如果答案低于4分，使两组都达到4分或5分需要付出什么？在一线员工直接影响的关键业务问题上，你是否鼓励他们做出自己的决策？例如，客户服务员工有权做出决定吗？生产线员工有权做出决定吗？想想丰田是如何让员工在看到问题时停止生产线的。你在这方面的措施是什么？

作为一个领导团队和一个组织，授权之后你可能面临什么影响？你必须做什么才能使更接近一线的人做出决策？授权更多一线员工对公司的系

统和流程有何影响？对于招聘、入职、培训和发展分别有什么影响？

____

____

____

回顾你给出的答案以及随后的讨论，思考你的团队关于组织授权，最需要关注的事情是什么？填写下表，捕捉讨论和观点的要素。

哪些可行	哪些不可行	备选改进方案

11.3 结语

在 TACTILE 的所有部分中，我们在哪方面最强？

我们认为我们在哪方面的改进空间最大？

当我们回想本章时，什么问题让我们夜不能寐？

如果我们只关注其中的一个领域，哪个领域对我们的业务影响最大？我们该怎么做才能在这一领域做出改变？

在本章，你评估了你的文化现状。在下一章，我们将围绕最令你感到自豪和幸福的文化前景展开，并围绕你的组织如何朝着这一使命前进给出一些具体建议。

第12章

建设觉醒文化：觉醒文化手册

在本章，我们将要求你回顾一直在回答的问题和完成的自我评估，以及这些内容对组织的意义。毫无疑问，你发现了许多需要改进的地方。这是正常的；改变需要时间，很少有公司能做到在TACTILE的各个方面都出类拔萃。

想要建设觉醒文化，首先要弄清楚：觉醒文化对于你的组织来说是什么样的，并确定哪些价值观会推动该使命的实现。在开发并向整个组织展示所谓的觉醒文化手册时，这些任务会结合在一起。显然，高层团队必须在这个问题上保持一致，但是单凭领导者对觉醒文化的渴望不足以取得成功。随后，团队需要进行讨论；组织将关注你的所作所为，而不仅仅是你说的话。此外，觉醒文化手册应该人手一本，且印在每个人的内心和头脑中。你必须在这些价值观和行为与人们之间建立联系；觉醒文化需要成为“我们在这里做事的方式”。通过手册，你可以分享你为何在组织中推行这种普遍行为，以及你是如何这样做的。不要将这些想法保密。

以关怀为核心：百威勒公司文化

非凡的文化建立在真正人文关怀的基础上。觉醒公司的特征都是高参与度、热情、承诺、创造力、弹性和关怀。很少有公司能比百威勒公司更好地诠释这些特征。百威勒公司是一家有着130年历史的工业机械制造公司。其总部位于圣路易斯，在美国和其他几个国家的许多地方都有业务。通过有机发展和约80次收购，公司的年收入已经从1975年的2 000万美元增长到现在的25亿美元以上。

百威勒公司收购了有类似或互补业务的小型制造企业。在被收购时，大多数公司都在苦苦挣扎，有些公司甚至奄奄一息。这些被收购的公司面临着一些类似的问题：没有远见、不健康和不正常的文化以及自私的领导层。相反，百威勒文化的基础是对人们进行人文关怀，通过共同的愿景来激励他们，认可并赞扬人们的优点。例如，当百威勒收购一家公司时，它使人们能够掌控自己的生活和工作。它给了人们很多帮助，并说："我们知道应该怎么做。你要从事这项工作，我们就会来帮你。"完成事情的期限并不紧迫；它展现出所谓的"勇敢的耐心"。这个公司并不依赖裁员，而是表示，"每个想参加工作的人都可以来。我们认为你们都可以成为这个新体系的一部分，不是只有对公司有坚定信念的人才有机会。最终每个人都会理解，只是理解的速度有所不同。"这是一种独特而有力量的方法，值得效仿但很少见。很少有公司有那么多的耐心或对人们的福祉有如此坚定的承诺。这一承诺体现在百威勒公司的口号中："我们以改善人们生活的方式来衡量成功。"

百威勒公司还引入了精益制造方面的深厚专业知识，并介绍如何在影响人们生活的业务上授予他们权力。但取得非凡成就的关键并不是百威勒公司的制造业知识，而是公司影响其文化的方式。它赋予人们责任下的自由，让人们对自己想要创造的生活负责。

百威勒公司通过以下三个关键要素改变了其收购公司的文化：一是确保人们了解关爱他人的重要性；二是围绕一个令人信服的愿景来激励人们；三是认识和赞扬人们的优点。

有力的证据表明，这种方法将健全的战略与对人们福祉的坚定承诺相结合，可以创造更多的价值。植根于关怀的长期共赢行动最终呈现出持续的卓越表现。百威勒公司的财务绩效非同寻常；16年来，股价以15.5%的复合年均增长率增长。该公司从未出售过其收购的公司。创造这样一个纪录需要有力的领导者，他们要有勇气坚持自己的信念，相信无论如何都要善待他人，给予人们责任下的自由，让员工承担任务。随着时间的推移，如果你始终如一地这样做，人们就会大胆迎接挑战，卓越绩效也随之而来；普通人能做不普通的事情。一开始最愤世嫉俗的人最终往往会成为你最热情的拥护者。这种情况在百威勒公司多次发生；今天，最鼓舞人心的领导人中的一部分就是那些曾经长期拒绝妥协的人。

百威勒公司首席执行官兼董事长鲍勃·查普曼提出以下行动要求：

我们要成为真正能体现人性的领导者，将管理员工视为自己的使命；不把这些委托给我们的生命看作工具，而将其视为“某人的宝贝孩子”。要明白，我们行使这种领导特权的方式将对这个人产生深远的影响，也会影响这个人对其他人及其家庭、社区和世界的影响方式。我们的做法是：

关怀：关怀不仅仅是友善、亲切、体贴。它意味着创造一个安全的环境，让这里的人们觉得自己的身份以及自己做的事情有价值。我们的业务和组织前景致力于使人们在关怀下发现、发展、共享他们在实现这一前景上的天赋，从而改善人们的生活环境。

激励：我们从“管理”转变为“激励”团队成员，让他们的天赋得到最大可能的发挥。

表彰：在这段旅程中，我们专注于积极的领导方式，寻找并且宣扬人们的优点，让别人看到、欣赏和效仿。

我们通过接纳领导力的真谛，创造一种让每个团队成员回家时感到安全、健康、充实的文化，从而促进打造一个更具爱心的世界，以此用商业的形式改变世界。

有关百威勒公司的更多内容，请参阅《共情：觉醒商业的管理》（*Everybody Matters*）一书。

12.1 基于价值观的文化转型

有几种方法可以让你在组织中建设你想要的文化。我们在这里提倡的方法以基于价值观的文化转型为基础。在改变或发展一种文化时，我们必须清楚地知道我们所鼓励的行为类型。这里概述的基于价值观的方法首先明确了反映期望行为的价值观。我们建议在领导团队和组织其他成员之间采用对话和迭代的方法来找出这些价值观和行为。这种方法确保了整个组织的主人翁意识和投入度。首先，高级领导团队围绕组织所追求的理想文化提供一个初步框架，然后让组织的其他成员参与讨论，讨论要在组织中实现未来理想的文化所需的内容。最后，为了更好地让整个组织参与进来，高级领导人将创建一个文化委员会，该委员会将在一开始帮助开发和推出新的觉醒文化手册，然后帮助保持文化的活力、推动文化发展。本章详细探讨了这一过程的步骤。

想象未来的理想文化

在这一步中，领导团队设想未来的文化可能是什么样的，然后介绍理想文化需要在组织中引入和鼓励的行为，从而阐明这一愿景。

第一步是可视化练习。让领导小组用椅子围成一个面对面的圈。首先，让每个人都花点时间坐到自己的座位上放松一下。沉默一两分钟后，让团队想象 3~5 年后组织的理想文化。一种方法是在地板上布置一组图片卡，让团队挑选两张代表未来文化的图片。

让每个人在下面写下两三个单词，描述所选图片代表的未来文化。两人一组，互相分享他们写的内容。

____

____

____

现在分成两组。让每个小组根据期望的未来价值观进行比较，列出参与者认为代表理想未来的 5~6 种价值观，并将其张贴在活动挂图上。

____

____

____

接下来，让两组人聚集在一起，创建一个综合列表，其中包含不超过 5~7 个理想文化的未来价值观（如果价值观多于 7 种，你通常就会淡化它们的重要性和影响力）。使团队成员明确对于他们想要创造的未来文化而言，最重要的是什么。

____

____

____

下一步是展开每条价值观。在活动挂图上的新一页顶部写上价值观名称。用简短的一两句话描述它。创建一个表格，第一列展示所需的行为，第二列写不需要的行为，第三列写领导者就这个价值观身体力行有什么意义。对每个价值观执行同样的操作。

下面的例子来自一个领导团队，该团队是在两个规模大致相同的组织合并后组建的。该团队将“一个全球团队”作为其价值观之一，价值观描述如下：“随着两个组织的融合，我们将放下过去并组成一个新的全球团队，为我们如今成为‘一个组织’的公司树立榜样。”

支持这一价值观的行为	不支持这一价值观的行为	领导者对此身体力行的意义
• 相互尊重 • 相互信任 • “我们” VS “我” • 团队合作 • 体贴	• 我们一直以来做事的方式 • “我” VS “我们” • 打造帝国 • 歧视 • 控制	• 我们追求作为一个团队获得胜利 • 我们奖励团队合作 • 我们试图弥合这两个组织之间的缝隙——把这两个组织的人聚集在一起 • 关注新实体的潜力，而不是现状

通过填写这样的表格，你可以开始确定一组围绕这个价值观的具体行为。针对领导团队提出的每一条价值观都重复这个练习。完成后，抄写活动挂图，并将答案汇总成一份文件——这就是公司的觉醒文化手册的初稿。我们进一步讨论文化委员会的作用时会再次提到这个文件。

12.2 让组织参与文化变革

下一步是让组织更深入地参与这个过程。要做到这一点有几种方法。你可以与组织中的许多焦点小组接触，以获得关于觉醒文化手册初稿的反馈。或者，你可以更积极地参与并组建一个文化委员会；委员会负责开发反馈流程，在组织中推广、维护和发展文化。接下来，我们将重点讨论文化委员会这种方法。

觉醒文化委员会

文化委员会使文化在组织中保持活力，是文化的守护者。这些委员会的成立向组织表明这一步十分重要；这也是使组织更深入地参与文化变革进程的第一步。

文化委员会由组织中关系良好、受人尊敬的、可以成为理想文化拥护者的个人组成。通常情况下，团队由 A 级参与者和联系者，即组织中人们视为榜样或影响者的人组成。他们说什么或不说什么都会对组织的总体情绪产生很大的影响。如果你能点燃他们的热情并得到团队内部承诺，那么这一步成功的可能性就大幅提升。其作用如下：

1. 帮助确定未来文化的实际定义，并使其真实、可操作、与组织中的人员密切相关。

2. 帮助维持变革努力并保持成果。

- 确保计划成功推出与启动。
- 明确并设计强化机制（流程、基础设施和政策）。
- 开发论坛和其他使新文化在组织中保持活力的工具。

虽然这个文化委员会最初应当是一个精心挑选的单个团体，但随着时间的推移，你应该在公司整体和局部两个层面上分别建立这样的委员会。局部委员会负责维持和鼓励各岗位的企业文化发展。他们在如何使局部的企业文化具有生命力这方面有一定自由并进行创新。局部委员会带来两个好处：

1. 在局部层面拥有文化拥护者，可以帮助企业在这方面保持活力。

2. 局部委员会可以决定什么样的环境最适合工作，从而充分运用对这一岗位影响最大的文化价值观。

文化委员会组织的局部活动可以很简单。例如，每月举行一次“文化星期五”活动，委员会提供一顿免费午餐、选出一个价值观，并推进讨论这一文化价值观的意义，以及人们如何在组织中落实这一文化价值观。美捷步采取了很多类似措施。例如，每个月，它都会挑选一个文化价值进行弘扬。在这个月里，人们每周都会就这一文化价值话题进行谈话。

在公司层面，文化委员会保持价值观和行为框架的一致性。正如第

13 章所强调的，他们寻找能够将文化在公司程序、绩效管理和人事政策中实现制度化的方法。企业文化委员会也扮演着一个传声筒的角色，让执行团队了解如何发展企业文化。

组建和聘请文化委员会

从各个部门和岗位选拔潜在的文化委员会候选人。一旦确定了这些候选人，你与管理团队就应该对委员会领导达成一致意见，并向他们正式介绍他们的新角色。这将有助于形成期望值。这不是为了设置“文化警察”，而是为了培养对组织的自豪感，创造会影响组织未来的机会。

候选人姓名	岗位	设置原因

下一步是让委员会成员深刻理解这些价值观以及将其作为行动原则的意义。要启动文化委员会，考虑与委员会在时长一天的会议上完成工作：

- 会见高级领导小组成员（委员会的实际发起人），讨论和确定委员会的作用。
- 委员会成员针对领导团队起草的价值观初稿提供反馈意见，说明哪些地方能使他们产生共鸣，哪些不能。向他们征集建议，使草案对组织更有意义。
- 共同设计和实施切实可行、有实际影响的文化干预和强化措施。
- 开始建设新的文化模型：“体现未来精神”。
- 确定委员会成员在工作的前三个阶段的任务，以及在第一阶段向前推进的下一个步骤（见下文）。

文化委员会将通过三个阶段来启动和推进文化变革。

第一阶段：确认与接触组织

这一阶段的使命是定义、激活文化的理想模式，并使其与企业密切相关。文化委员会将与领导团队合作，对理想文化进行具体描述。首先，委员会成员回顾并对领导班子的前期工作进行反馈。

接下来，他们将这个初稿运用到组织中以验证它的有效性，获得组织的反馈，并确定可能需要解决的问题。他们还要确定是否组织的每一部分都能够接受这种理想文化。

为了得到组织的反馈，每个委员会成员应该与5~10位员工进行交谈。这一群体应包括组织的正当代表：中层管理人员、一线员工和一线领导。焦点小组的示例问题包括：

- 这些价值观能够使你产生共鸣吗？为什么能或不能？
- 围绕这些价值观，你认为什么是良好行为，什么是不良行为？
- 领导者切实践行价值观意味着什么？
- 目前践行这种价值观的最大障碍是什么？

在与员工面谈后，委员会成员应以小组形式汇报他们得到的信息，特别是以下内容：

- 关键障碍和其他需要解决的问题。
- 组织中觉醒文化已经发挥作用的地方。

委员会将向领导团队提交调查结果和建议，并最终把它们总结到觉醒文化手册中。它还将制订一个推广计划，从而消除上述潜在障碍，并充分利用组织中契合新文化的地方。

觉醒文化手册

在文化委员会与执行团队分享其调查结果后，他们共同制定觉醒文化手册。针对团队选择的5~7种价值观中的每一种，觉醒文化手册都描述了所涉及的行为和领导层面的挑战。作为初稿，这一文件应与组织成员分享，以获得反馈。执行团队确定手册的终稿并发布。最终文件应包括以下重要内容：

- 组织目标、使命和愿景
- 价值观（简短、易于记忆和参考）
- 原则（描述价值观背后的基本原则）
- 期望的行为（针对每个价值观）
- 随着时间的推移，来自认可文化和表彰项目的真实例子

第二阶段：推出计划

在第二阶段，文化委员会制订并帮助执行计划，对组织进行文化价值观教育。为此，成员们将首先制订一个计划，向组织传达对价值观的初步理解以及价值观的重要性。他们可以采用传统的交流活动方式，举行类似员工大会，成立局部文化委员会，在内部或与领导团队或两个小组一起举行午餐研讨会。该计划应该利用社交媒体平台，从而清楚地解释哪些是期望中的行为，并围绕什么是“好”以及这种行为面对的障碍与组织进行双向对话。

设计一个使企业文化与每个人相关的项目：这对我意味着什么？这个项目通常包括部门或团队层面的讨论以及反思练习，以了解他们认为

由当前思维、行为向新的理想模式转变会面临怎样的挑战。询问他们这会怎样与他们的个人角色产生联系：对他们和他们的团队来说，良好的行为是什么样的？这方面的工作做得越细致，就越有可能使组织成员感到自身与文化相关，因此更能“拥有和理解”文化。

第三阶段：维持和发展

第三阶段的使命是确保这些价值观在组织中具有生命力，并在实践中不断发展。

正如一位客户向我们反映的那样，当人们就价值观的含义和应用方式进行激烈讨论时，你就会知道这些价值观依然存在于组织中。如果没有人讨论这些价值观，那么它们就不复存在。这种缺乏确定性的情况之所以出现，是因为你永远无法考虑到日常业务中出现的所有情况和行为。因此，人们需要不断地把价值观当作北极星来指导行为。有时，价值观可能不够清晰。因此，当组织中的人们开始谈论在特定情况下实现这种价值意味着什么时，你就知道他们已经内化了这种价值的重要性。例如，在全食超市，企业使用八个价值做出关键的决定。当重大问题出现、人们讨论各种情况时，决策的最后一步是根据公司的价值观考察这些情景，并讨论哪种方案最符合这些价值观。

开展教育活动，通过一些项目提醒和强化组织内的价值观。关键是继续教育人们如何使价值观具有生命力。如果人们不能每天践行价值观并争论相关问题，它们就不具备生命力。

西南航空如何维持爱（LUV）的文化

西南航空拥有独特而强大的文化，根植于三大核心价值观：

- 勇士精神
- 仆人的心

- 有趣且有爱的态度（西南航空将爱拼写为“LUV”，这也是它的股市标志）

“勇士精神”是指为创造良好的客户体验无所畏惧——愿意做任何事情来取悦这个群体。“仆人的心”就是把人放在第一位，关怀和尊重人们。第三条价值观意思很清晰：西南航空需要有幽默感、不把自己看得太重的人。这些核心价值观体现在赫布·凯莱赫身上，正是这位传奇领袖创建了这家航空公司并为其独特的文化提供灵感。

西南航空使用这些价值观来雇用员工，并以此对雇用的员工进行评估。对于能够体现其价值观的员工，该公司覆盖广泛的表彰计划，每年从公司内部或客户那里对员工进行近5万次表彰。在行业年均离职水平为10%~20%的情况下，每年自愿离开西南航空的员工只有2%。

维持一种独特的文化需要努力和专注。首席执行官加里·凯利（Gary Kelly）说：“西南航空的文化蓬勃发展，但这并不容易。”维持这种文化“既是我们最大的成就，也是我们最大的挑战”。西南文化遵循以下准则：

- 确保文化被视为每个人的责任。
- 创建文化委员会。西南航空既有局部文化委员会，也有企业文化委员会。
- 雇用和提拔体现企业文化的领导者。
- 把人们对文化的接受程度作为年度绩效评估的一项标准。

西南航空拥有一个独特的“文化服务”部门，包括近30名员工，负责监督文化委员会和其他培育公司文化的方式。文化服务部还负责公司每年举行的许多表彰活动。它还包括一个“内部客户关怀”小组，其工作是确认员工生活中的重大事件，如生孩子或严重的健康问题等。

从收发室工作人员到公司职员，全国文化委员会有一百多名志愿者。志愿者的任期为三年，委员会每年召开四次全天会议。志愿者要了解公司面临的主要挑战，并集思广益、探讨如何加强企业文化以及表彰员工。文化服务部的员工会审查文化委员会的候选人，以确保候选人是践行公司价值观的典范，并有时间从事委员会工作。每个成员每年都要在委员会实地工作三天，有时利用休息日。一旦志愿者完成三年的任期，许多人会加入后续团队，继续以各种方式支持文化发展。

12.3 领导团队的作用

显然，领导团队需要在这些价值观和行为上以身作则。他们有双重任务：以身作则，并不断向组织提及和解释示例行为。

- 将以下步骤作为管理流程的一部分：至少每季度一次（前六个月每月一次）花 30 分钟讨论公司的某一项价值观，探讨它如何影响团队和个人的决策，并举例说明。谈谈那些没有体现期望价值观，你或公司其他人希望重新处理的案例。讨论一下人们可以做些什么来代替原有的方案。
- 将这一步骤作为年度领导反馈的一部分：个人领导应该从团队同事那里获得关于他们身体力行情况的反馈。应该就“领导团队是否切实践行价值观”这一问题对组织中其他成员进行调查。

与组织一起

- 每次向组织陈述时，首先需要回顾某一个价值观。例如，在杜邦“安全”这条价值观极其重要，以至于组织中的每一次会议，无论地点在哪里，都以安全简报开始。（在办公室场景下，安全价值的陈述包括强调出口的位置，并向其中一位计划提出者指出：我们应该用胶带把幻灯机的电源线绑起来，以确保没有人被它绊倒。）

- 定期与团队一起表彰优秀行为范例。在这样一个组织性过程中，不能过度沟通或过度调整价值观和行为。

怎样才能使你的文化成为觉醒文化？

作者： 理查德·巴雷特（Richard Barrett），巴雷特价值观中心（Barrett Values Centre）主席兼创始人

你通过评估公司文化使它成为觉醒文化。这包括进行基线文化诊断（文化价值评估），包括每个业务单位、部门和团队的数据切割，以及性别和年龄等人口统计类别的数据切割（有关文化价值评估的更多信息，参见附录 C）。

价值评估的结果将帮助你确定组织的文化健康状况以及存在于不同业务单位、岗位、部门和团队中亚文化的文化健康状况。它还将准确地告诉你创建一个高性能的组织需要做出什么改变。

评估文化价值观的最佳方法之一是使用巴雷特价值观中心的文化转型工具。附录 C 中探讨了这些工具的工作方式细节以及公司使用这些工具来支持文化转型的示例。

一旦你确定了组织的文化价值观，并在价值观及其相应行为与企业之间建立密切联系，下一步就是在组织的系统和过程中使价值观制度化。下一章的重点将是这种文化价值观和行为的嵌入，从而确保你遵循了觉醒文化手册的建议。

第 13 章
发展与深化觉醒文化

在这一章，我们将重点关注文化实践这个要素，即“我们在公司的所作所为”能够反映出组织的文化特质。例如，全食超市的一种文化措施是每半年针对福利项目进行一次投票。考虑到组织中的授权和透明度，团队成员可以选择他们重视的福利以及愿意为这些好处支付的费用。领导者不是自上而下地做决定，而是问团队成员他们最看重什么，然后针对最受欢迎福利项目做出回应。

在第 12 章，我们谈到了如何让组织中的每个人都理解所选价值观的重要性，以及我们对人们的行为期望。在本章，我们将讨论“我们做什么”以及如何在组织中强化和支持这些价值观和行为。如果我们现有的系统和程序鼓励不同类型的行为，人们对新行为的接受就会受阻碍，期望行为的可信度也会降低。我们发现这种使命冲突在补偿和奖励方面最为明显。许多公司要求人们从长远的角度看待业务以及使命和价值观的实现，但采用的奖励制度却往往只关注短期财务绩效。

我们需要保证鼓励正确的行为，取消鼓励相反行为的制度和政策。这些制度、政策和程序是组织文化实践的一部分。它们必须与觉醒文化手册保持一致，才能使觉醒文化之旅获得成功。图 13–1 列出了全食超市的文化举措。

开放政策	组长调查
员工大会	团队建设
带薪休假	引导客户走向产品
赏识	工作对话
100%满意保证	未来探索
部落聚会	成员应急基金
小组访谈	团队投票
抽样政策	士气调查
展望日	团队会议
团队成员意识小组	休假
分享收获	

图 13–1　全食超市的文化举措

13.1　招聘

也许保持和深化公司文化最重要的一个因素就是招聘流程。西南航空公司的座右铭是“为适应文化而招聘，为技能而培训”。全食超市采用研讨组形式做出招聘决定，团队成员是招聘团队的一部分。

一些公司在招聘表格的第一页强调它们的文化和价值观。申请工作的人在填写就业申请表之前，需要签署一份声明，表明他们已经阅读并理解了文化和价值观。因此，他们一定会理解企业文化以及文化与组织契合度的重要性。

招聘的对立面就是何时让人们离开。允许某人转移到另一个更适合他的组织可以是一种富有同情心的行为。执行团队的成员应该就他们不会妥协的事情达成一致，确定哪些价值观和文化特征是不可谈判的。一家专业服务公司在探讨不能妥协的事情之后，让一位最高级的合伙人提前退休，因为他并没有践行某一特定价值观。每个人都知道这一点绝不能让步；当高层领导团队最终决定请那个人离开时，没有人感到惊讶或向组织提出强烈意见。

美捷步有一项独特的政策，如果员工在入职后的头两周辞职，他们将获得 2 000~4 000 美元（取决于招聘时确定的员工薪酬水平）。这样做是为了鼓励那些意识到公司文化不适合的人马上离开。文化契合度差的员工受到的损害会随着时间的推移而放大。越早评估是否与文化契合，效果就会越好。

你有什么样的招聘方法来确保招入的人与公司现有价值观契合？你能否回忆起出于文化或价值观契合不佳的原因，艰难地拒绝了一个高素质求职者的经历吗？如果没有，为什么没有呢？如果有，确定不契合的依据是什么？

___

___

___

你可以实施哪些新的招聘措施来支持更适合企业文化的候选人？

___

___

___

13.2 入职

第一印象只有一次。当你考虑以价值观和文化契合度为准则雇用合适的人时，与他们的下一次重要互动就是员工入职。这是一个很好的机会，可以与人们分享企业价值观以及这些价值观为何、怎样转化为行为。就像 Qlik 软件服务公司的首席执行官拉斯·比约克（Lars Björk）所说："我们让每一个新员工都到瑞典隆德（Lund）。他们在那里度过两个星期，就能直接了解企业文化。他们可以学习制造产品，并学会与其他员工一起销售产品。不管是行政助理还是首席财务官，所有员工都需要这种共同经历。"

在入职培训中，你有机会对员工进行培训，让他们了解企业的使命、价值观、预期行为规范，以及你期望他们以怎样的方式实现以上要求。此外，你可以向他们介绍企业的商业模式（企业如何赚钱），并帮助他们将自己的角色与组织的成功联系起来。此时，新员工可以了解公司的历史以及发展方向。当首席执行官花上三四个小时与新员工一起回顾公司的价值观时，员工会感到强烈的吸引力。这种行为从一开始就传递了一种信息，表明组织重视什么事物及其原因。

除了正式的入职培训计划（可以持续三天到两周）以外，觉醒公司还需要关注员工担任新角色前 90 天的情况。90 天是进行考察、看看事情进展如何的时间段。这是进行校正的良好机会，还可以收集有关某个人适应情况的反馈。理想情况下，考察始于新员工的自我反思，然后进一步从与此人共事的员工那里收集正式或非正式意见。对这个人来说，这是一个关键的教学时刻。

有些组织更进一步，将前 90 天定为试用期，以确保此人契合公司文化。例如，在全食超市，门店员工被雇用到店内团队中，其面试过程中，团队进行大量投入。随后在 90 天的试用期后，新员工需要通过团队 2/3 的投票才能得到全职职位。这种安排确保了团队对于招聘以及试用期后的配合都负有责任。

13.3 管理奖励、认可和绩效

如果一家公司声称价值观和行为很重要，却在评估员工或进行年度反馈时忽略了这些因素，就会出现严重的脱节。因此，保持和深化文化的一个关键部分就是认可并奖励在体现文化方面突出的员工。可以采取正式审查的形式，向当事人提供将他或她的个人表现与期望值进行比较的反馈；也可以采取正式和非正式奖励表彰计划的混合形式。最简单的情况是，在全方位年度回顾中，你可以问这个人是否在行动中落实了价值观。让人们围绕下一年如何践行价值观设定使命。

你的组织必须让人们了解公司做事的方法，而不仅仅是知道它取得了什么成就。这二者不是对立关系；使命应该是做正确的事情并且取得良好成果。确保被提升到领导职位的人（尤其是那些引人注目的领导者）都通过了组织的价值观和行为的“取样测试”。无法在文化方面做出榜样的领导者会对企业成功造成巨大阻碍。

薪酬管理方法应该包括反馈意见的收集和针对工作是否符合公司价值观的评估。检查包括奖金和加薪在内的奖励是否符合你所追求的价值观和行为。如第 2 章所述，饮料公司 FIFCO 在提高公司觉醒水平时调整了其薪酬政策。

在正式的评估过程之外，觉醒文化包括能够强化价值观及正确行为的正式和非正式的奖励和认可程序。美捷步和生活美好（Life is Good）等公司每年都会出版企业文化书。在生活美好，其文化书围绕该公司如何践行企业文化及价值观，汇集了来自员工或客户的信件与故事。我们知道的一家公司每年都有文化学院奖。这项活动使组织充满活力；基层提名程序之后是全公司投票。

百威勒公司拥有一支豪华跑车车队，用于对最能体现公司所重视的文化和领导特征的人进行为期一周的奖励。很多人都在思考这个象征性的举措有多么重要。这种成功的措施表明经济奖励通常不是表彰员工的最佳方式。来自同龄人的认可与真正的欣赏可能更有意义。

巴西一家零售商 Reserva 被《快公司》（*Fast Company*）杂志评为 2015 年拉丁美洲最具创新精神的零售商之一，它用于识别员工行为是否符合价值观的方法非常简单。每位员工在加入 Reserva 时都要写下三个能够实现的愿望，即一旦员工拥有多余的时间和金钱，就会自己去完成的那些事情。公司把这些答案添加到人力资源部员工的个人档案中。

随着 Reserva 的发展，人与人之间的距离也在拉大，无论是从物理意义上讲（在不同地点的工作），还是从社交层面上考虑（员工人数从公司成立以来增加了 10 倍）。每当某一个部门的人做了一些反映 Reserva 价值观并有助于改善工作环境的事情时，该公司就会把他的事迹张贴在一个公告栏上，让每个人都能看到。公司每月会选出一个最能代表公司价值观的故事。对于践行这项价值观的那个员工，公司会像变戏法一样帮助他或她实现三个愿望之一。这种经历极大地提高了公司士气。这种举措在产生积极事迹、推动相关讨论、增加员工兴奋度等方面所产生的影响远比经济奖励所带来的更为深远。

13.4 以有意义的方式追踪企业文化状况

正如我们在开始文化之旅时就对所处位置进行评估一样，继续跟踪我们取得的进展状况同等重要。要实现这一步可以采取几种不同的方式。

你需要一个工具来创建基线和一种评估方法，确定我们在践行企业文化生活过程中的进步与不足。可以通过定期调查某种特定文化元素的方式完善这一工具。这些调查可以是你经常问组织成员的十个问题，也可以是围绕每个价值观的几个问题。你应该每年进行一次深入调查，并通过每季度一次的工作评估来补充调查结果，我们强烈建议在文化计划的早期推行阶段采取这种方式。你需要着眼于微小的进步，并感受到一种吸引力。通常，这些调查工具还能使你按业务单位或部门的区域和地理位置细分结果。分解结果可以帮助你发现组织中哪些部分做得比其他部分更好，了解他们的做法并将其推广到组织的其他部分。相反地，当你发现领导者无法很好地引导团队时，高级领导者和文化委员会可以发起及时的干预。

领导小组成员还应花足够的时间讨论调查结果，以及他们愿意作出怎样的承诺来解决发现的问题。他们应该制订一个后续计划并将其传达给组织成员。我们建议你在调查后的 30 天内完成。及时的沟通可以让组织知道你十分重视调查结果，并且正在为回应做准备。

最后，参与调查的程度表明调查的可信度。随着时间的推移，应答率应当从初始的 50%~60% 上升到 80%~90%。参与度的关键是认识到这些调查的重要性。

我们已经讨论了一种定制的调查方法，还有其他有助于此完善的组织和文化调查。其中包括巴雷特价值观中心的文化转型工具（详见第 12 章和附录 C）、理想工作场所调查以及盖洛普敬业度调查（Gallup Engagement surveys）。一些新兴的工具也可用于实现这一使命，如文化智商（Culture-IQ）、文化放大器（Culture-Amp）和 Peakon（两者都是员工调查类平台或公司）等。这些工具可以让你了解同行在这方面的基准水平。这些基准促使你思考你追求的使命以及目前的进展。

文化状态更新

每隔一年或两年，你应该后退一步，评估整体文化为企业服务的程度。当你刚刚开始文化变革时，你应该每年评估企业进步。之后可以每两年进行一次。评估可以包括非现场程序，让高级团队进行调查，并从员工、焦点小组和其他利益相关者那里收集关于文化有效及无效方面的反馈。一种简单的方法就是由你和你的执行团队填写下表：

继续做	不再做	开始做

注意差距

现在，你和你的领导团队面临的关键问题是：

- 你所追求的和现状之间最大的差距是什么？

• 解决哪些问题会对业务产生最大的影响？

• 在接下来的 12~18 个月里，你的文化中有哪三个方面会产生最大影响？列在下面。

____

____

____

这时，你就拥有了建设觉醒文化的路线图，清楚维持、发展这种文化所需的步骤。在第四部分中，我们将探讨觉醒领导力：如何在组织内培养觉醒的领导者。

第四部分

觉醒领导力

领导力很重要，在当下这一点尤为突出。过去的领导方法已经走向衰微。当今领导力必须以使命、灵感、关怀和同情心为基础。觉醒领导力是充分体现人性的领导力；它使男性与女性、情感与思维、精神与灵魂合为一体。它融合了西方的系统和效率与东方的智慧和效力。

几千年来，大多数领导者都是出于对权力或财富的渴望而争取这一职务。他们利用恐惧、恐吓，甚至野蛮的方式来实现使命。但不可避免地，他们的成功片面而短暂，因为他们的行动不断地为下一次动乱、下一场反叛、下一位无情的领袖播下种子。

如果致力于为人民服务、为公司更高使命服务的人们成为领导者，他们会通过发展和激励他人的方式领导公司。借用弗雷德·科夫曼（Fred Kofman）动人心弦的语句，他们会带来“个人的和平与幸福，社区的尊重与团结，以及组织使命的实现”。

本书这一部分的四个章节将帮助你成长为一个觉醒的领导者，并为组织培养未来的领导者（章节摘要见图 P4-1）。我们将探讨为什么觉醒领导力对组织的未来很重要，深入探究无私领导者的特质，并提供一系列措施来帮助你超越自我。最后，我们会就如何将这种领导方法推广到整个组织给出建议。我们将分享一些现实生活中的例子，帮助你在组织中培养领导力。

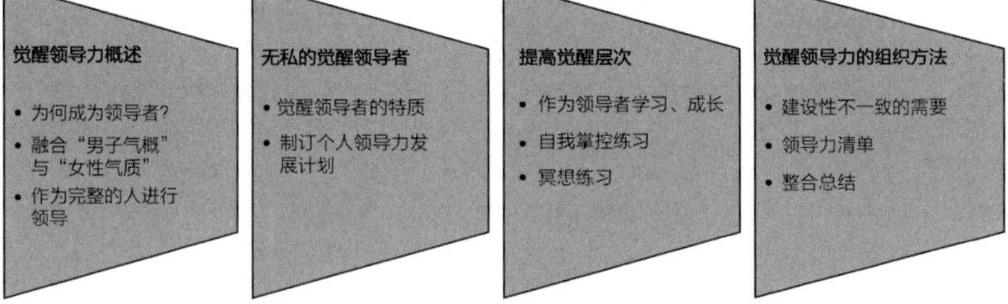

图 P4-1　本部分概述

领导力整体评估

受访者：高层管理人员（C 级主管）和董事会成员
所需受访人数：10 个

	问题	分数
1	我们的领导者都是有很强自我意识的人。他们之所以担任这一职务，是因为他们坚信我们组织的使命并为我们的员工服务	
2	普通员工和公司高层领导之间有一种透明的沟通文化	
3	我们的领导者既是直觉系统的思考者，又是系统的感知者。换言之，他们不仅从系统的角度思考问题，而且还能感受到利益相关者之间的联系	
4	在我们公司，权力和品德相辅相成。我们有意识地提拔那些最正直、最具关怀和同情心的人	
5	当我们雇用或提拔高级领导人时，我们尽量从情感和精神两个维度评估他们的智力	
6	我们公司的大多数高级职位都是由内部晋升来填补空缺的	
7	我们的领导者热衷于指导和激励未来的领导者	
8	在我们公司，员工和经理之间的责任是双向的；通过绩效表现，员工对管理者负责，管理者则负责确保员工拥有做好工作所需的资源	
9	我们的高层领导以一个紧密团结的团队形式工作	
10	大多数情况下，公司通过达成共识做出战略决策	
11	在我们公司，各级员工都能为公司的战略方向作出贡献	
12	当公司任命新的领导时，其他曾有可能担任该职位的领导通常不会离开公司	
	总计	

评分标准

5：我们在这方面特别擅长，以至于其他人应该向我们学习。

4：我们大部分时间都能做到这一点，但仍有改进的余地。

3：我们有时能做到这一点，但并不能一直坚持。

2：我们很少做到这一点。

0：我们似乎体现了这一点的对立面，或完全没有做到这一点。

把你的分数加起来，找出你的公司和理想情况（60分）之间的差距。你的得分结构如何？哪些地方让你吃惊？哪些地方在你意料之中？为什么？这意味着什么？

第 14 章

觉醒领导力概述

《伟大企业的四个关键原则》一书描述了什么是觉醒领导力以及如何培养觉醒领导者的某些特质。然而现在我们要额外强调三点。首先是一个关键问题“你为什么要成为领导者？”其次，即便现在人们的个人能力已经大幅提高，但良好的领导力与以往同样重要。最后，我们要更深刻地理解融合传统意义上男性与女性特质的必要性。只有这样，我们才会成为完整的人，而不是片面的人。

14.1　为何成为领导者

为什么人们委托你做领导者？对太多人来说，成为领导者的主要动机是地位和权力——不断提升地位，并获得通常会随之而来的物质回报。但如果这就是你成为领导者的动机，你不太可能成为一个觉醒的领导者。你会屈服于利用他人达成自己使命的诱惑，使他人为你或你的使命服务。

这些使命或许会与组织中所有利益相关者的福祉一致，但往往事实并非如此。如果你强迫别人做那些你认为只对自己有利的事，你就不是一个真正的领导者，那是暴君的行为。

我们做事的动机非常重要；真正的领导者渴望成为领导，从而勾勒出一个鼓舞人心的未来愿景，并让大家共同奔赴。他们能够充分发挥他人的长处，建设一种文化，使越来越多的人希望成为这样的领袖。西蒙·斯涅克在他的书《团队领导最后吃饭》（*Leaders Eat Last*）中提及美国军队的一个传统：吃饭时，每个人都按资历的倒序排队；士兵们比将军们早吃饭。核心思想就是这样：领导者必须确保他们领导的人首先得到照顾。这是类似仆人式的领导心态。

14.2 觉醒领导力为何重要

正如我们所说，领导在今天是必不可少的。在当今世界，受过高等教育的普通人见多识广，觉醒自我意识，并很快变得越来越聪明。但民众自我意识的提高并没有削弱领导的重要性。

彼得·德鲁克指出了领导力仍然很重要："组织中只有三件事是自然发生的：摩擦、混乱和表现不佳。其他一切都需要领导力。"只要在一个两人以上的任何规模的团队中，负面事情就会发生。人们会为不同的使命工作，产生摩擦、混乱和不良表现——除非有人愿意承担起令人敬畏的领导责任。

相比过去，目前的个人内在力量和潜力更加强大。觉醒领导力的不足会导致比以往更严峻的负面后果。好的领导能使"平凡"的人达成非凡成就；领导能力差或缺失使人们难以创造价值，甚至造成巨大的伤害。

14.3 融合"男子气概"与"女性气质"

考虑一下人类历史上，人们都是如何看待与运用领导力的。在大多数文明中，几乎每一个机构都由男性领导，以一系列有限的、传统上被视作"超阳性"的价值观为原则。尽管这些品质，如支配、侵略、野心、冷酷、残忍、不惜一切代价取胜、短期视野和你死我活的心态，与力量、洞察力、专注、纪律和勇气等"成熟"的男性美德共存；但前者占了上风。所谓的女性特质，如养育的天性、同情心、考虑共赢结果的倾向、长期视野和积极向上的态度，都受到压制，基本上被排除在领导力之外。

我们现在认知到社会对所谓女性价值观的重视程度大大提高。发生这一转变在很大程度上是因为我们生活在转型时期，世界各地的妇女获得教育、就业和机会的渠道比过去大幅增加。在美国，目前女性劳动力的数量已超过男性。妇女接受高等教育的机会迅速增加。一个世纪前，只有不到 20% 的大学生是女性。如今，在美国的大学生中女性占了近 60%。其他工业化国家的比例类似；事实上，除了南亚和非洲撒哈拉以南以外，世界各地的女大学生人数都超过了男性。平均而言，女性在学业上的表现也更好。因此，大多数白领职业很快就会在数量上被女性主导，尤其是在法律、医学和教育等领域。

我们知道男性和女性都同时拥有所谓的男性特质与女性特质。这些都是人类的品质，尽管有些品质通常在男性身上更明显，反之亦然，但我们所有人都拥有这些品质。几乎历史上任何阶段都缺乏对所谓女性特质或相关品质的欣赏和认可。

约翰·格泽马（John Gerzema）和迈克尔·德安东尼奥（Michael D'Antonio）在《雅典娜主义：女性（以及与她们想法相似的男性）将如何统治未来》[*The Athena Doctrine: How Women (and the Men Who Think Like Them) Will Rule the Future*] 一书中，对 13 个国家的 6.4 万人展开调查，发现女性特质与更有效的领导、更高的幸福感和更高水平的道德水平密切相关。2/3 的受访者认为，如果男人更多地用女性方式思考，世界会更美好。

觉醒商业 CONSCIOUS BUSINESS

关于雅典娜主义的 TEDx 演讲

在一项全球调查中，约翰·格泽马发现女性特质与更有效的领导能力、幸福感和其他积极影响密切相关。

14.4 作为完整的人进行领导

卡尔·荣格（Carl Jung）提出每个女人的内心都有一个男人，每个男人的内心都有一个女人。我们怎样才能接触到自己角色的另一面，并学会如何驾驭它，从而成为完整的人？如果一个人不完整，就会支离破碎，充满恐惧和不安全感。不完整的领导者是危险的。想要成为完整的领导者，不论男性还是女性，都需要挖掘和整合我们与生俱来的“男性”和“女性”特质。

我们还必须学会随机应变。某些情况显然需要更多的“成熟男性”能量；这时你必须介入，做些什么。这样做可能会造成短期的痛苦，但你不能让痛苦阻碍你的行动。还有其他一些情况需要富有爱心和同情心的回应。领导者需要培养审时度势和适当应对的能力。但首先，我们必须学会如何培养所有这些品质。

你可以从了解自己的领导风格开始，看看你倾向于站在男性这边还是女性那边。然后你可以学习如何培养另一面的品质。图 14–1 帮助你确定你的状态和需要关注的领域。

浏览一下图表，把图表中的五个领域得分加起来得出总分（其中 +3 是最“男性化的”，–3 是最“女性化的”，0 是中性的）。得分越高，你的领导风格就越“男性化”。

现在想想你所面临的困境。图中五个领域中哪一个与你的困境有关？要解决这个难题，你应该向哪种风格转变，刻板意义上这种风格是男性化的还是女性化的？

男性化 ←——————————————→ 女性化

1.结构
（你如何组织团队和工作）

等级	___ ___ ___ ___ ___ ___	网络
层级和地位重要	___ ___ ___ ___ ___ ___	关系重要
清晰、独立的角色	___ ___ ___ ___ ___ ___	重叠的角色
自上而下的权利/信息	___ ___ ___ ___ ___ ___	共享的权利/信息

2.定位
（为了完成工作，你关注哪些方面）

使命/结果	___ ___ ___ ___ ___ ___	过程
抛开分散注意力的想法	___ ___ ___ ___ ___ ___	收集多方信息，对相关问题进行权衡

3.影响
（你怎样让他人做对你而言重要的事情）

命令	___ ___ ___ ___ ___ ___	说服
给出指令/告知	___ ___ ___ ___ ___ ___	提出请求/询问
直接/清晰	___ ___ ___ ___ ___ ___	间接/礼貌
利用逻辑/证明	___ ___ ___ ___ ___ ___	运用情感/激励

4.动机
（与他人一起工作时，是什么激励或驱使着你）

竞争	___ ___ ___ ___ ___ ___	合作
工作是一场需要赢得的比赛	___ ___ ___ ___ ___ ___	共同创造/属于大家的机会
关键是脱颖而出	___ ___ ___ ___ ___ ___	关键是团队参与、权力共享

5.冲突
（你如何解决意见冲突）

直面问题	___ ___ ___ ___ ___ ___	间接接近
事实优先	___ ___ ___ ___ ___ ___	情感和事实都重要
力图停止	___ ___ ___ ___ ___ ___	力图平复
业务性 （不针对个人）	___ ___ ___ ___ ___ ___	情感性 （感到受伤/痛苦）
	+3 +2 +1 0 -1 -2 -3	

资料来源: Adapted from Caroline Turner, “A Balance of Both Masculine and Feminine Strengths: The Bottom-Line Benet,” Forbes.com, May 7, 2012, www.forbes.com/sites/womensmedia/2012/05/07/abalance-of-both-masculine-and-feminine-strengths-the-bottom-line-benet.

图 14-1　男性化和女性化评估图

第 15 章

成为一个无私的领导者

人道主义者、诺贝尔和平奖得主阿尔伯特 • 施韦策（Albert Schweitzer）曾经说过：“我不知道你的命运是怎样的，但我知道，只有那些探索、明白如何为他人服务的人，才会感到真正的快乐。”觉醒的领导者敏锐地意识到服务他人对于帮助组织发挥最大潜能的重要性。他们也知道帮助他人会带来更高的个人成就感和幸福感。

这样的领导者已经掌握了帮助他人的快乐秘诀：我们让别人快乐，自己就会感觉良好。仆人式领袖遵循超越个人的价值观——善良、正义、真理、爱、减轻痛苦、拯救或启迪他人等。这些价值观都将提高领导者的觉醒水平。

穆罕默德 • 尤努斯论无私

利益共赢只是个人的一种共赢。同样，对营利感兴趣的人也可以是无私的。我不是在说商业理论是错误的，而是认为它没有得到充分的解释和实践。人类无私的部分被压制，结果就是我们创造了一个以金钱为中心、以一维人类为基础的商业概念。但真正的人类是多维的。

人们爬上珠穆朗玛峰的顶端。他们的动机是什么？赚钱是一种激励方式。但让别人快乐是一种很多人没有探索过的超级激励方式。我邀请你尝试一下。如果你愿意的话，你会做出自己的选择。我试过并且发现这样做比赚钱更加令人兴奋。

我们过去把创造力专门用于赚钱，把它当作唯一的选项。但实际并不是这样，我们还有更加激动人心的选择。

觉醒领导者的基本特征可以用一个词来概括：无私（SELFLESS）。以自身利益为首要使命的领导者自然会将他人视为达到这一使命的手段。如果处在那种境界上，你就不可能成为一个真正的领导者。

伟大的奥地利精神病学家维克托·弗兰克尔（Viktor Frankl）将“自我超越”描述为一种超越自我实现的状态，这就是马斯洛需求层次的最高层次。对于一个自我实现的人来说，当他成为一个领导者的时候，这种感觉就变成了“你的伟大”：你把别人视作你的自我实现旅程中的小角色。

自我超越不是失去自我；而是强调不要被困在那个层面。也可以说这意味着考虑大我，认识到我们都是相互联系、相互依存的，都在为集体自我服务。通过思考这个更大的自我，你将成为一个更强大的领导者，为比你自己更伟大的事务服务，为所有生活受你行为影响的人的福祉服务。无私可以完美地概括这种觉悟。无私（SELFLESS）包含的八种品质分别是力量（strength）、精力和热情（energy and enthusiasm）、长期主义（long-term orientation）、灵活性（flexibility）、爱和关怀（love and care）、情绪智力（emotional intelligence）、系统智力（system intelligence）和精神智力（spiritual intelligence），见图 15-1。

S　力量（strength）
E　精力和热情（energy and enthusiasm）
L　长期主义（long-term orientation）
F　灵活性（flexibility）
L　爱和关怀（love and care）
E　情绪智力（emotional intelligence）
S　系统智力（system intelligence）
S　精神智力（spiritual intelligence）

图 15-1　SELFLESS 领袖的品质

15.1　力量

我们从力量开始探讨，因为领导者必须坚强果断。他们必须有道德品质、信心和坚定信念的勇气。他们必须是不可动摇的，能够与质疑者或受低级本能驱使的反对者对抗。他们自信而不傲慢。关键是他们的力量被用来服务于崇高的使命：他们所领导和接触的所有生命的绽放。这种力量同时来自内部和外部。他们利用自己团队的优势（而不消耗团队的优势），并挖掘世界上可以为任何做出真正正确行动的人所用的道德优势。正如马丁·路德·金的名言："道德宇宙的弧线很长，但它总会趋向正义。"试图使这条弧线偏离正义的领导者最终会发现自己的努力受到阻碍，而那些从事正确行动、追求崇高使命的人则会感到如有神助。

觉醒的领导者不受个人优势的限制。他们认识到自己的弱点可以由领导团队中的其他人加以弥补或补充。你应该从你的优势出发，但要认识到某些特定情况下需要的事物可能并不是你所擅长的东西。因此，你将需要组建一个具备推动组织发展的必要素质的团队。

在下面练习的第一栏中，探索你作为领导者的优势。在第二栏中列出你的弱点，在第三栏中，列出领导团队中可以增强你的优点或弥补你的不足的个人的姓名。

优势	劣势	领导力互补

15.2 精力和热情

觉醒的领导者可以利用无限的力量来源，因为他们致力于实现更高的使命，走与天性相协调的正义道路。这种力量给了他们巨大的能量和热情。这并不意味着所有的领导者都必须外向。许多研究发现，内向者也可以成为出色的领导者。当你与你的使命一致时，你会情不自禁地充满热情。没有激情的人很难伪装出这种假象。

请在下面的空白处，描述上次你对团队业务非常热情的经历。是什么让你如此热情？你能做些什么来更经常地获得这种体验？

还有一个实际的方面就是照顾好自己，这样你就有精力去完成你最关心的事情（见图 15–2）。来自精力项目（Energy Project）咨询公司的托尼·施瓦茨（Tony Schwartz）认为精力是 21 世纪新的时间管理项目。如果我们想每天出现在公司、满怀热情地完成我们的使命，那么我们的精力管理和开发能力至关重要。睡眠也越来越被认为是能量的关键组成部分。当我们因睡眠不足而筋疲力尽时，作为觉醒领导者很难发挥出最好水平。

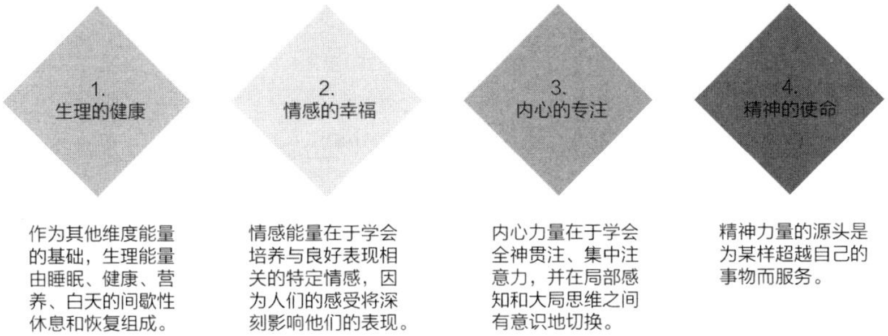

图 15–2　觉醒商业之旅的能量

15.3　长期主义

觉醒领导者工作的时间范围超越他们作为领导者的任期，甚至超越了他们自己的一生。他们在努力完成一些有意义的事情。乔治·华盛顿（George Washington）和富兰克林·罗斯福（Franklin Roosevelt）等领导人采取了具有长远意义的行动。美国的奠基者们以一种长远的眼光领导着这个国家，提出了可以延续几个世纪乃至几千年的思想和原则。

衡量一个领导者成功与否的最好标准是看看他或她离开后会发生什么。该组织是否继续按照领导建设的水平运作？如果是这样的话，那么说明领导者成功地使基本要素建设到位，使它们成为组织 DNA 的一部分，并确保合适的领导者接手。杰里·波勒斯（Jerry Porras）和吉姆·柯林斯（Jim Collins）在他们的书《基业长青》（*Built to Last*）中将这些“时钟构建者”领导人与“报时员”领导人进行了比较。即便领导者离开，时钟构建者创建的组织也能维持下去，而不是必须依靠领导者才能“报时”。好的领导者制造时钟的使命是让每个跟随他们的员工也能报时。

从个人视角思考你对所领导企业的长期定位，请列出只有你才能完成的三项长期举措，从而确保组织经得起时间的考验。

____

____

____

什么会威胁到这些举措？怎样才能减轻威胁？你的下一步要做什么？

____

____

____

15.4 灵活性

灵活性是领导者的一种基本能力。我们对它的定义是：“根据情况或环境的需要，无缝切换模式，弯而不折。”竹子是灵活性的良好代表。它已经成为各种神圣传统的中心，因为它体现了正直、坚韧、优雅、简洁的特质。竹子在条件允许的情况下会弯曲和摇摆，但不管风有多大也不会折断。领导者也需要做到弯而不折，在坚守原则的前提下适应环境，而不牺牲自己的核心价值观。

就像一个拥有许多球杆的高尔夫球手一样，每个领导者都需要开发一个工具箱。你必须在每种情况下确定恰当的方法以及如何实施。特别是在关于“男性化”和“女性化”的问题上，觉醒领导者必须知道如何根据情况需要在二者之间进行调整。我们大多数人往往会陷在一种模式中，不知道如何切换到另一种模式。这就是思维的惯性本质。瑜伽、中国武术和太极、气功等技巧可以帮助我们克服这种僵化困境；当你让身体变得灵活时，大脑也会变得灵活。

我们的朋友［《萨克蒂领导力》（*Shakti Leadership*）的合著者］尼利玛·巴特（Nilima Bhat）用“充满强硬爱意的智慧愚人”来形容一个真正觉醒的领导者。这样的领导者可以同时体现出看似相反的品质，比如智慧和漫不经心，强硬和爱。在特定情况下，他们可以根据需要利用这些品质中的任何一种。领导者必须在每一个时刻都全神贯注，以辨别需要采取哪种方法。临场实践（将在第16章中进行描述）有助于领导者培养良好的临场感和深刻的洞察力。

当你不是在全神贯注的状态下工作时，保持灵活性可能会使你失去力量，表现为软弱、犹豫不决或缺乏作为领导者的个人信念。但是如果，如后面所述，你面对现场的问题并保持精力集中，你可以在不损失任何力量的情况下锻炼所需的灵活性。

15.5 爱与关怀

一种基本的领导素质是用爱和关怀行事的能力。纵观人类历史，伟大的领袖（如阿育王 Ashoka、林肯 Lincoln、甘地 Gandhi、金 King 和曼德拉 Mandela）以深远而积极的方式改变了社会，他们都拥有巨大的力量和强大的关怀能力。他们扩大了关怀的范围，将越来越多的人纳入其中，甚至包括自己的敌人。他们发自内心地关怀人类，并且有着清晰的是非意识。像亚历山大大帝（Alexander the Great）或阿克巴大帝（Akbar the Great）这样的领导人建立了庞大的帝国，征服了许多领土。这些领导人建立了疆域辽阔、军事强大的帝国，但他们为何这样做？他们是否从根本上把世界变成了一个更好的地方？在大多数情况下，他们没有，而他们的帝国在他们去世不久后就崩溃了。这些帝国缺乏根植于人类繁荣的崇高使命；他们被领导者永不满足的自我意识和对权力的渴望操纵。

真正伟大的领导人把世界变成一个更美好的地方。他们根植关怀，表现大爱。当你来自一个真正充满关怀、拥有强大力量的地方，你就会像一个和平的战士那样，为正义和正确的事业与一切困难作斗争。

爱的对立面是恐惧。觉醒领导者认识到从他们的组织中驱除恐惧的重要性。一个充满恐惧的组织天生就不具备真正的创造力和创新能力。其员工注定要生活在极度失调的压力与不幸福、不健康的状态之下。

当领导者将强大的力量与深沉的爱民情怀结合起来时，他们就会运用非凡的力量去做好事。正如金（King）所说："对权力的正确理解就是达到使命的能力。它是带来社会、政治和经济变革所需要的力量。如果能够正确使用，权力本身并没有错。权力的最佳状态是实现正义的爱，而正义的最佳状态则是更正一切与爱相悖事物的权力。"

一方面，在组织中获得对爱的认同从来都不是一件容易的事情。另一方面，恐惧则更容易确立。回顾你目前的措施，询问其中是否包含在组织中制造恐惧的措施。写下来，思考如何消除它们。

可能导致恐惧的措施：	消除或替代这一措施的方法：
______________________	______________________
______________________	______________________
______________________	______________________
______________________	______________________

从爱到恐惧

作者：凯西·希恩（Casey Sheahan），巴塔哥尼亚首席执行官

在我担任巴塔哥尼亚首席执行官两年后，我们开始陷入全球经济危机，形势十分严峻。当时所有的商界领袖都处于极大的恐惧中，担心未来商业发展会受到阻碍，害怕业务会陷入萧条状态，销售、订单，还有业务的其他方方面面都会受到影响。我当时与执行团队和公司的老板开会，试图想出下一步举措。

传统商业的最初倾向是削减成本。对大多数公司来说，最大的成本来自工资和管理费用。因此我想，生意发展会很艰难，我们可能不得不解雇一些人。但我不想这样做，因为巴塔哥尼亚是我的家，我想到那里的每个人都有上学的孩子、抵押贷款和汽车贷款。我真的很苦恼。那天晚上，我在工作中讨论完这些问题后回到家，和我当时的妻子塔拉（Tara）谈了谈。她问："你做这些决定的出发点是爱还是恐惧？"我说："当然是恐惧。生意状况可能恶化，我也不知道会发生什么。但我们需要做好面临暴风雨的准备，勒紧裤腰带，准备踏上极其艰难的旅程。"然后她问："如果你从充满爱的视角思考这个问题会怎样？"我想了想，说："我永远不会让任何人离开。我会找到其他省钱的方法；我会让商店里的工人和销售人员来洗窗户和打扫卫生，想方设法创造性地省下解雇一大群人所能节省的成本。"

这就是我学到的内容。当时的我可以采取基于恐惧的传统省钱方法，最优先考虑损益表和资产负债表，也可以用想出更具创造性的方法来挽救这个大家庭中的员工的工作。知道自己本来可能会失业但现在依然拥有工作，他们非常感激，并因此更加努力地工作。公司以一种创造性的方式团结一致，渡过了经济危机。与此同时，我们为一个寒冷的冬

天引进了美好的新产品线，销售额猛增。巴塔哥尼亚在接下来的五年里的市场份额争夺中取得胜利，成为一家比以前强大得多的公司。

当我做出充满爱的决定时，我能感觉到我意识和能量上的转变。做出这样的决定时，我感到平静和放松。我也很高兴能够运用我的思维，与团队合作开发出富有创意的解决方案，这是前所未有的体验。所以这实际上是一个非常激动人心的时刻。公司绝对从中受到了鼓舞。

任何公司都有一种集体意识。无论是通过听新闻还是看报纸，大家都知道商界的情况很艰难，尤其是在美国。华尔街的银行业确实受到重创，但我们公司通过应对危机的独特方式避免了那种结果。我内心充满了喜悦，尤其是当我们的办法起了作用，公司逐渐走向成功的时候。每个人都随之进步，包括认为我们是一家好公司的客户。

在工作中是否存在一段你本可以展现关怀精神却没有这样做的经历？请进行描述。

____

____

____

如果这次你能重新处理当时的情况，你会有什么不同的做法？

____

____

____

15.6 情绪智力

对于领导者来说，高水平的分析能力必不可少；当你接近领导的角色时，你必须证明你很聪明。过去，大多数公司只重视这种智力。但今天，我们认识到其他形式的智力更为重要，特别是情绪智力、精神智力和系统智力。好消息是尽管我们的分析智力（智商）在出生时就固定了，此后无法增加，但这些其他类型的智力都可以培养。情绪智力可以通过提高自我意识来发展。精神智力可以通过接触好老师，面对有意义、有使命的问题从而增长。你还可以通过研究自然系统，熟悉系统动力学的工具来提高系统智力。

情绪智力结合了内省智力（了解自己）和人际智力（了解他人），如图 15–3 所示。自我意识是情商的第一支柱。移情——感受和理解他人情感的能力是第二支柱。由于社会日益复杂，利益相关者多种多样，组织必须理解他们并进行有效沟通，因此高情商越来越被视为组织中的重要因素。

图 15–3　情绪智力的组成部分

一种经过时间考验的学习和成长方式就是苏格拉底所说的“认识你自己”。在其影响深远的著作《情商》（*Emotional Intelligence*）中，丹尼尔·戈尔曼（Daniel Goleman）把自我意识视为关键品质之一。自我意识的成长是持续一生的过程，因为我们内心有一个等待被发现的完整世界。我们可以通过感知自己的情绪，理解自己为什么会产生这些情绪来了解自己。问问自己：“为什么这会让我生气？”“为什么我对那件事感到兴奋？”“为什么我嫉妒那个人？”“为什么我对这件事感到高兴？”“为什么我体验到爱？”我们的每一种情绪都是一扇窗户，通常在潜意识层面上可以帮助我们了解自己是谁、关心什么。正如荣格所说：“只要你意识到自己的潜意识，它将指引你的生活，而你会称之为命运。”

如果我们不够了解自己的感受和愿望，就会随着自己的冲动，屈服于每一个欲望，而不知道自己为什么要做正在做的事情。情绪来自我们对情况和事件的解释。但我们大多数人没有意识到，我们可以自由地以不同的方式解释各种情况和事件。例如，愤怒的情绪建立在这样一种阐释基础上，即我们不知何故受到了冤枉，应当惩罚冤枉我们的人。然而，如果我们改变是什么让我们生气的阐释方式，我们很可能会发现自己的愤怒也会减少。我们可能无法完全控制自己的情绪，但我们当然可以更加了解情绪，对它们负责，从中学习，并在适当的时候超越它们。

你在哪方面最能提高？为什么？

____

____

____

描述你可以如何改进。

____

____

____

一方面，当我们更清晰地意识到自己的情绪时，我们开始明白其中许多情绪，如嫉妒、怨恨、贪婪、痛苦、恶意、愤怒和仇恨，并不能使我们更加幸福，对生活而言毫无意义。它们都是人类天生的情感，但陷入其中很难让我们的生活变得更好。另一方面，如爱、慷慨、感激、同情和宽恕之类的情感可以升华生命。我们需要有意识地培养升华生命的情绪，学会中和对生活无益的情绪。这是自我了解和情商的本质。

觉醒的领导者超越自我中心，培养同理心。大爱的潜力实际上是无限的，而它始于同理心。还是孩子的时候，我们自然以自我为中心。但随着成长，情感的增加，我们会发展出同情他人的能力。我们关心的对象不再仅仅是自己，从对家人和朋友的爱开始，然后发展为对我们更大的社区的爱。除此之外，几乎每个活着的人都是我们可以关心、同情、理解甚至爱的对象。更进一步，我们还可以爱动物，甚至可能爱所有的生命和存在。

现在想想上一次你的组织里有人来找你寻求帮助的情况。你是如何倾听的？你当时是否准备好回答，是否站在别人的立场上思考？

15.7 系统智力

系统思维或智力是领导者的另一种重要智力类型，是“一种整体分析方法，侧重于系统各组成部分之间的相互关系，以及随着时间推移，系统在更大环境中的运作方式。系统思维方法与传统的将系统分解为单独元素的分析方法形成对比”。

许多觉醒的领导者都是自然系统思想家。他们可以看到更大的图景，明白系统的不同组件如何随着时间的推移相互连接和运作。他们可以预见行动的直接和长期后果。考虑到他们对系统的直观理解，觉醒的领导者是优秀的组织架构师。他们了解问题的根源，以及问题与组织设计和文化的关系。他们设计出根本的解决方案，而不是采用仅仅针对现象的快速修复方法。

许多商界和政界的领导人在问题之间摇摆不定，一再任由形势恶化，直到问题积累到危急关头。然后他们采取激进的行动来化解危机，但应对措施往往不起作用。最优秀的领导者首先要防止问题的产生。他们的才能可能得不到承认，甚至得不到回报，但他们是最有效率的领导者，有着敏锐的系统思维和情感。

大多数社会上的人尚未认知、理解、鼓励或奖励系统智力这项才能。然而在 21 世纪，随着组织的复杂性不断提高，世界相互依存程度不断提高，这种智力的价值超出人们想象。

我们如何开发系统智力？首先，认识到它不同于分析智力，但也是对分析智力的补充。我们的分析能力用来比较事物并将它们分解成若干部分，从而进行分析。作为逻辑的基础，这是我们的教育系统努力开发的一种有用工具。但这还不够。

其次，开发系统智力的一种方法是研究清楚地体现系统原理的学科，例如，生态学这门关于生物体及其与环境关系的科学。这种智能使我们能够看到事物之间的联系。在商业环境中，开发系统智力的另一个好方法是锻炼利益相关者系统思维。企业的利益相关者都与企业、与彼此形成各种关系。觉醒的领导者知道，要做出每一个商业战略决策，都必须考虑它将如何影响每个主要利益相关者并为其创造价值。决策是否会以某种方式损害一个或多个主要利益相关者？我们怎样才能避免取舍？我们能否制定一个为整个相互依存的业务系统创造更多总价值的策略？

最后，发展情绪智力和精神智力的练习也能帮助我们发展系统智力。放慢思维是必要的；快速、易怒的头脑会分解问题，而不那么快速但注意力集中的头脑则更能专注于此时此刻，注意事物之间的关系，并意识到更大层面上的系统。

15.8 精神智力

觉醒的领导者通常具有高度发达的精神智力，这一点在由达纳·佐哈尔（Danah Zohar）和伊恩·马歇尔（Ian Marshall）合著的图书《心灵资本》（*Spiritual Capital*）中得到了很好的定义："精神智力是我们获得最深意义、价值观、使命和更高动机的智力。它是……我们的道德智慧，赋予我们与生俱来的分辨是非的能力。它是我们在生活中运用真、善、美和慈悲的智慧。"精神智力帮助我们在工作和生活中发现更高的使命。具有高水平精神智力的领导者有着非凡的能力，能够让组织与其更高使命保持一致。一旦事情开始偏离轨道，他们也展现出不可思议的洞察力。

生活在你的精神视野中

作者：凯西·希恩，巴塔哥尼亚首席执行官

与我共事的许多领导人都因为他们被雄心勃勃的男性能量模式束缚着而受到折磨。这种模式很残酷，因为你永远都不够好。因此，一方面你可以创造一个使命，你可以朝着它努力，但它似乎总是离你很远。失败的感觉真的很糟糕。你与其他人有明显分界；和他们作对，不惜一切代价赚钱。这对人们来说很艰难，而且会让他们筋疲力尽。

另一方面，你可以把你自己的精神愿景引入你的事业。它应该与你的工作相结合；如果你在合适的工作岗位上，你是怎样的人、你做什么、你喜欢做什么这几个问题应该没有区别。一切都是自然发生的。我热爱自己作为巴塔哥尼亚首席执行官的工作，因为每天早上我都会一次跳两级楼梯，看看有什么新的商业冒险在等着我。如果你能够正确预见自己的生活和工作并且忠于自己，那么当你醒来的时候，你就知道自己每天都在做什么。它与你的待办事项清单上的二十件事无关；而是关于你如何表现以及你将如何影响他人的。这确实需要付出努力，但如果它与觉醒领导力一致，那这就是你帮助他人充分发挥他们的潜力、成为他们所能够成为的最幸福的人的方式。这才是真正的意义所在。你有这样的机会；你可以选择是自己成为英雄，还是帮助支持地球上的其他人。这让我更加享受生活，我的事业也取得了巨大的成功。

《SQ21：21种精神智力技能》（*SQ21: The Twenty-One Skills of Spiritual Intelligence*）一书的作者辛迪·威格斯沃斯（Cindy Wigglesworth）把精神智力定义为“以智慧和同情心行事的能力，不论情况如何都能保持内在和外在的和平”。最简单的表述方式是：少活在“自我”中，多活在“超

我”中。你可以用别的方式称呼这个更高的自我：真我、精神、灵魂、觉者（Buddha）、自然或生命本源（Atman）。威格斯沃斯描述了21种精神智力技能：

精神智力的21种技能

超我意识与自我意识：	掌握超我与掌握自我：
个人世界观意识；生命使命（使命）意识；价值等级意识；思维复杂性，多种认知角度；自我意识及超我意识	致力于精神成长；超我主导；实现使命、践行价值观；困难时期坚定信仰；向更高层面的力量、精神或超我寻求引导
世界意识：	**社会掌控及精神存在：**
生命互联性意识；他人世界观意识；时间空间、广度认知；精神及世界规则意识；对精神和宇宙法则的认识；超然一体的体验	有一位智慧、有效的精神导师；成为一个智慧、有效的变革促进者；做出智慧而富有同情心的抉择；成为一个冷静、有治愈能力的存在；与生命的起伏保持一致

针对这21项技能进行自我评估，找出你最缺乏的技能。制订一个计划来提高这些较弱的技能。

精神技能：	培养计划：
______________	______________
______________	______________
______________	______________

15.9 制订个人领导力发展计划

个人领导力发展计划首先要对自己进行盘点，了解自己的长处和短处：在哪些方面你特别优秀、突出、平庸、糟糕。考虑伟大领导者需要具备的素质（如 SELFLESS）。拥有某些品质可以锦上添花，但还有品质是领导人必须具备的。你可以认识到你的盲点和明显的弱点，这些是你必须做出改变的方面，否则你就无法成为一个有效的领导者（或实际上成为一个成功的人）。一些弱点或许可以存在；它们对其他人几乎没有影响，你可以让你的团队成员弥补这些差距。一旦你意识到你需要培养什么，你就可以使用专门为帮助人们实现这些转变而设计的工具箱。

心理学家兼作家盖伊·亨德里克斯（Gay Hendricks）开发了一个被称为天才区（zone of genius）的框架。他提出我们在生活的各个方面占据四个区域：无能、胜任、卓越和天才。

无能区包括你完全不擅长的事情。你在这些东西上没有天赋，即使你很努力，似乎也无法取得什么很大的进展。总体建议是不要担心属于这个区域的活动，除非它们真的非常关键；你确实需要辨别哪些是关键的，哪些不是。如果不是关键的事情，你应该雇用其他人去完成那些你无法做到的事情，或直接放弃。

胜任区包括你可以做得很好，但无数其他人也可以做到的事情。从事那些事情是你的最佳时间利用方式吗？一般来说，你最好把这些活动外包给那些能做得更好、更快或所需成本更低的人。当然，你可以去修剪草坪或建立一个新的无线网络，但其他人可以在几分钟内完成你可能需要半天时间才能完成的工作。

卓越区包括那些你做得很好而且非常有价值的事情。这些活动曾经对你造成挑战、要求你拿出最好的水平去应对。但如果你持续做这些事，你就不会感到自我超越或成长。这太容易了，事情几乎可以自动完成。如果你被困在这个区域，你会遇到发展的瓶颈。

最后，是天才区：这是你最活跃的地方，会全神贯注、积极参与。这些活动让你舒展筋骨，挑战你，迫使你去创造，而不仅仅是复制。关键是要了解这个区域对你来说是什么，然后尽可能在这方面多花时间，努力将优秀与天才以健康、可持续的方式融合起来。而在另一端尽量放手。你会在天才区作出独特而持久的贡献，并收获最高的成就。

练习：针对 SELFLESS 的自我评价

在 1~5 分的范围内（5 是最高得分），从 SELFLESS 的每一个方面来评价你自己。思考对于得分在 3 分及以下的要素应当如何改进。

要素	当前评估	必要时采取的改进措施
力量		
精力和热情		
长期主义		
灵活性		
爱和关怀		
情绪智力		
精神智力		
系统智力		

第 16 章

提高觉醒层次

没有觉醒的领导者，就不可能有觉醒商业。想要成为一个觉醒的领导者，你必须是一个觉醒的人。这一章的重点是成为一个更加觉醒的人和领导者。这种改变将是终生的，我们在觉醒水平上的提升永无止境。

在本章中，你将采取几个步骤来成为一个觉醒的领导者：

- 消除你的恐惧。
- 进行正念练习。
- 进入一个关注当下、充满同情和爱的境界。
- 在自制概念下整合。
- 综合冥想练习，开发更深层次的觉醒意识。

16.1 领导者自我成长

如果一个企业的领导者，尤其首席执行官，没有学习和成长，那么这个企业就不可能真正地发展、学习和成长。如果公司的领导者在心理上和精神上都有缺陷，那么公司就无法进行关键性组织变革。例如，福特汽车公司在亨利 • 福特（Henry Ford）的领导下达到了很高的水平，对世界产生了巨大的影响。但最终，他固执地拒绝改变想法，无法适应不断变化的市场环境（例如，福特在道德层面上强烈反对分期购买汽车的做法），对公司产生负面影响。

领导力的缺乏会阻碍公司发挥最大的潜力。因此，领导者学习和成长的最佳动机在于他们的个人成长，这不仅有益于他们自己的生活，而且也有益于所有与他们互动的人的生活，包括公司和所有与公司相关的人。

只有充满抱负，才有可能真正成为一名觉醒领导者。如果没有高度的意愿，就无法实现这个使命。个人成长并不容易；当我们犯错误并从中吸取教训时，需要极大的努力和毅力。

持续学习

作者：凯西·希恩（Casey Sheahan）

为了成为一个更好的领导者、更好的人，我去了很多次印度，遇到了很多好的老师。我在观察我作为个体在这个世界上是如何展现的，我知道任何与我的自我中心性相关的个人痛苦都会影响他人。所以，我做这项工作是为了降低我的自尊心，成为另一种类型的、适合巴塔哥尼亚文化的领导者。这并不是说我以前没有融入这种文化，而是我开始展现一种不同的商业领袖身份，并从我个人的精神旅程中受益匪浅。我为自己设立了一个更高的愿景，从我自己和我的家人开始，然后是我的员工和我的公司，努力回馈我们的社区和世界其他地方，帮助它们变得更好。这个过程开始于观察我自己的情绪、想法、行动和状态，并意识到在什么时候我出于野心或其他私利做事。自我共赢的野心在公司领导中非常普遍，你会陷入这样一种思维模式：如果你有一份很好的工作，或者你正在取得成功，这都是你自己的功劳。当我改变了这种思维模式，我感觉比之前效率更高。这只是一种更好的表现方式。

人们需要仔细地说明他们旅途的起点在什么位置，并了解他们所处的状态。我们是人，这意味着我们不够完美。人类生活在利他主义关怀和内心黑暗、恐惧的阴影之间。由于我们是复杂的存在，需要调和自己黑暗的动机。

如果一个人总是缺乏安全感，感到恐惧，那么他不应该担任领导角色。如果我们处于这样一种状态中，就需要在重新成为领导之前努力解决这个问题。出于恐惧和不安全感而行动的领导人会对其他人和整个社会造成非同寻常的伤害。

有抱负的领导人首先必须努力成长为觉醒的人，开创一些能够在他们误入歧途时帮助他们回到这一境界的措施。《SQ21》的作者辛迪·威格斯沃斯开创了“SQ 捷径”，以一种简单的方式让我们面对事情时更具同情心和爱心（见图 16-1）。

当面对一个具有挑战性的情况时，这四个简单的步骤可以帮助你做出自己能力范围内的最佳反应

S	O	U	L
停下——停止过去的行为模式。呼吸。向超我寻求帮助	观察正在发生什么——唤醒你的见证/观察思维	理解总有你考虑不到的情况——从他人视角看待问题	做出有爱心的（充满同情心/智慧）回应，哪怕是简单地说“我会回来帮你的”

资料来源: Reprinted from Cindy Wigglesworth,SQ21: The Twenty-One Skills of Spiritual Intelligence (New York: SelectBooks, 2012), www.SQ21book.com/cindy@deepchange.com.

图 16-1　SQ（灵性智慧）捷径：通往灵魂的四个回应步骤

威格斯沃斯推荐的那些做法对作为领导者的我们而言必不可少，因为当我们做出影响他人的决定时，必须以冷静、关怀和拓展为基础。另一个例子是《萨克蒂领导力》一书中描述的存在练习。它包含了一系列的正念措施，旨在将你带入当下，让你远离消极的能量状态。这种做法有助于你回到当下的状态，否则你就无法成为一个有效的领导者。

“存在”练习

存在是一种深刻的当下意识，是我们体验平衡、完整、联系和满足的真正力量的源泉。大多数时候，我们并不完全存在；我们的注意力被分散了。我们不是在重温过去，焦虑未来，就是在神游。

全身心投入是一份你可以给予自己或他人的美好的礼物。想象一下在一个工作场所有多少能量场相互作用。其中大多数的运转状态都是游离的，而非存在的。通过全神贯注，你可以引导其他人进入他们的存在状态，而不是沉迷于他们头脑中的事情。

在一个安静的房间里，确保不被打断的情况下，尝试下面的练习。你可以单独进行，也可以和一群人一起进行。

舒适地坐在椅子上，闭上眼睛；双脚不交叉，牢牢地放在地板上；脊柱挺直；头部、颈部和肩部放松。保持手掌放松，掌心朝上或向下放在大腿上。

从存在的基础，即放松的身体开始。首先按压面部肌肉、头皮、头和颈部的所有部位。按压，按压，按压，然后释放。彻底放松这些肌肉，直到它们完全松懈。

现在按压肩膀和手臂，双手握拳，按压各个部位使其绷紧，然后松开。放松。接下来，移动到躯干。按压胸腔、腹肌、躯干、腹部、所有的内脏。绷紧所有部位，然后放松。

按压臀部、大腿、膝盖、小腿、脚踝、脚和脚趾。蜷曲脚趾，绷紧，绷紧，绷紧，然后放松。从头顶到脚趾间深呼吸，在你的气息经过身体各个部位时，把剩余的紧张气息冲出来。完全放松。

你现在准备好从放松的身体进入下一个存在阶段了，那就是均匀地呼吸。敏锐地感知你的呼吸。注意你的呼吸是否均匀。肩膀挺直，腹部放松。你的整个胸腔都可以进行全肺呼吸。吸气，扩张胸部，腹部充气，而在呼气时完全排空肺部，使胸部下沉。再次吸气，扩张胸部，鼓起腹部，呼气。以自己的节奏继续，直到你感到吸气和呼气均匀。

一旦呼吸均匀，再深一层。下一个存在的信号是清晰、冷静的头脑。意识到你的想法。想象你的大脑正在溶解成液体的、晶莹剔透的湖面。它位于一座高高耸立的山上，微风和温度都很完美。你在水面上看不到苔藓、涟漪或浑浊。这就是你的头脑：清澈而平静。向前走到湖边，往下看，你的脸倒映在水面上：冷静、安静、放松。你的整个身体都平静而放松。

现在开始向湖中移动，踏进清澈的心灵之水，你感觉精神抖擞、获得新生，直到水面到达心脏的位置。当那些凉水触及你的心脏时，敞开心扉。感受你胸腔里的这个器官。感受对这个器官的爱和感激之情，从你只是你母亲子宫里的一团细胞开始，这个器官就一直是你忠实的伴侣。它为你怦怦跳动，为你提供动力，为你敲击，为你保持生命的节奏。心存感激，敞开心扉。当你敞开心扉时，你仿佛可以跨过心门，进入另一边纯粹存在的状态。你已经从普通的外在意识转变为纯粹存在的状态。

这是你的状态。当你肯定以下事实时，你就会知道这一点，始于“这一刻的现实……就是……我没有什么要抵抗的”。为它注入深刻的意义和联系。深呼吸，让你的躯体了解真相；让它放松。接下来，说“这一刻的现实……就是……我没有什么要推动的”。深呼吸，让你的心了解这句话的真相。现在说“这一刻的现实……就是……我没有什么好害怕的”。深呼吸，让你的大脑了解这句话的真相。

进入你内心深处纯净的存在，并以深深的信念确认：“这一刻唯一的现实……就是……我现在在这里。”深呼吸，从头顶到脚尖，用脊柱固定自己。

从这里开始，意识到一种强大的光，就像一条从上面流过、穿过你的光之河。它强大而充满活力，能够完全恢复你的活力。它通过你的脊椎进入你所有的内脏器官，灌溉你的身体与全部思想，让你神清气爽，给你施肥、给你活力。当你成为这力量的通道时，所有多余的能量通过你的脚向下释放。用这条力量之河灌溉大地母亲。确认：

"我现在获得了力量。我所需要的一切都在我的内心，我所需要的一切都会来到我身边，我所需要的一切都会流过我。"

保持这个得到力量的存在状态，培养下一个存在的信号，即敏感声呐状态。感知环境。使你所有的感官更加敏锐。进入你的视觉、听觉、嗅觉、味觉和触觉。让所有这些感官都成为最敏感的声呐，从而接收你需要的所有内外部的关键信息，使你有影响力、能够帮助他人。

从敏感声呐的这种状态，变成一个充满能量的感应器，这样你就可以用你平静的存在影响别人。感觉你的能量场从你向四面八方扩展。在你的脑海里，拥抱左右的人，拥抱这个空间和你生活中的所有人。一切都受到引导，好像在一个温暖的怀抱中，进入你的存在。

你现在完全被锚定，并作为一个完全存在和强大的领导者被赋予力量。保持这种状态，把你的意识带回时空中的这一刻。扭动你的手指、脚趾，旋转放松你的肩膀。把你的头和脖子从一边移到另一边。继续保持存在状态。以你存在的力量流动。搓手使它们更加温暖，用双手盖住眼睛。慢慢眨眼，睁开眼睛，慢慢地把手移开。环顾四周，感受能量场的相互作用。注意你内心的感受，感受内心深处的感激之情。

全神贯注是我们作为领导者发展的关键。如果你能在第一天保持5分钟的完全存在状态，第二天坚持10分钟，第三天坚持15分钟等，存在状态就会逐渐成为你不可分割的一部分，并最终成为你的自然状态。你发展的存在状态越好，你就能对需要它的人们产生越大的影响。你可以帮助他们，而不是陷入他们的杂念中。

16.2 自我掌控

自我掌控或个人控制，是觉醒的人必须培养的一种基本素质，对那些处于领导地位的人尤为重要。实现自我掌控意味着你不能随心所欲，天马行空。我们可以用高我（智力）来观察日常生活中的每一天每一分钟，并在自己陷入某种模式时有所察觉。

心声是内心的谈话，或者像一些人所说的那样，是在我们头脑中一直在讨论的“委员会”。它通常充满批评与焦虑；很少有人的心声是积极的！这是正常和自然的，但人们头脑中不断的杂念可能会让人衰弱。关于自我掌控的第一个练习是开始意识到我们的心声，并学会认清它是什么。你开始认识到在行动中观察你自己思想的人和被观察的另一个自我之间的二元性。我们的使命是做一个观察者，而不是被观察的人。随着时间的推移，当你练习这一点时，你可以大大减少内心杂念以及它对你产生的影响。

最终，正如马丁·塞利格曼（Martin Seligman）的作品揭示的那样，我们可以展开更加积极的内心对话。在塞利格曼创建积极心理学之前，他的工作集中在习得的乐观主义，这与我们的默认解释风格有关，即我们如何对自己解释事情，如何理解事物。人们可以学会用积极的方式向自己解释事情。这个想法适用于三个 p 的情况中：个人的（personal）、普遍的（pervasive）和永久的（permanent）。如果人们对自己持消极或悲观看法，那么一旦他们犯任何错误可能就会立即想到“我真是个白痴；我永远什么也做不好。”这是个人的、普遍的、永久的。它适用于所有事情：“我什么也做不好。”它还可能是永久性的：“我永远做不好。”它是个人的：“都是我的问题。”这种看法自然会滋生悲观情绪，容易产生消极的自我观点。一旦你意识到这种倾向，当一些不好的事情发生在你身上时，你可以试着不让它针对个人。你可以说：“那当然是个错误，但它可能发生在任何人身上。”你可以让它变成非永久性的：“这是我做过的事情，现在我要从中吸取教训，我会努力确保它不会再次发生。”你可以意识到它只适用于特定领域，从而使它不具备普适性。有大量的实证研究表明，人们可以改变他们的解释风格，这样他们在乐观情绪量表上的得分会显著提升。

同样的道理，当积极的事情发生时，大多数人会走相反的路：他们倾向于淡化它。他们会说：“哦，我只是很幸运。”“你得奖了？”“哦，这不算什么。”在这种情况下，通常建议你承认自己在这方面有优势，并且有幸拥有这种特长，除非你是一个自恋者或者自大狂。你也可以承认为实现这一积极成果所付出的努力。换言之，承认你成功的驱动力是个人的、永久的、普遍的！

16.3 自我掌控练习

拉奥研究所（Rao Institute）的斯瑞库马·拉奥（Srikumar Rao）教授创造力和自我掌控课程，这是一门为现任领导者和有志成为领导者的人开设的热门课程。在他的允许下，我们很高兴能简略地提供他课程中的一些自我掌控练习：

- 平静的心声
- 变得更加专注
- 培养感恩和欣赏
- 生活在以他人为中心的世界中
- 福祸相倚

在这个过程中，你应该尝试记日记。写下你的见解、结果、感受，并回答每一个推荐练习的问题。

平静的心声

意识到你的心声，意识到当你从必须要做的事情中分心或者在精力集中时，你脑海中浮现的随机想法。尤其是当你早上醒来的时候，第一件事就是意识到你脑海中闪现的是什么。你的头脑是会流过一个像消防水龙带里的水流一样强大的单一想法，还是会有许多杂乱无章的思想不请自来，快速产生又快速消失？

随身携带笔记本。对白天攻击或欺骗你的心声进行分类。

首先要注意两大类：你的心声是不是把你带到了一个使你乐观、充满活力、对未来充满希望、精神饱满的地方？还是它带你到了一个黑暗的地方，那里充斥着恐惧和对即将发生事情的不安全感？察觉你的心声在多长时间内带你到一个充满希望、宁静、快乐的，你想去的地方，又在多长时间内带你到一个充满压力、焦虑、恐惧的，你不想去的地方。记录你在这些地方各自度过了多少时间。

当然，你的心声可能是中立的，但这很罕见。即使是一个像待办事项清单一样中立的心声也会把你带到上述两种地方中的某一个。要么你因为井井有条，觉得自己能够掌握生活，感觉良好；要么你一想到自己要做多少事，而且永远都做不到，就灰心丧气、不知所措。

然后了解你进行以下每项行动的频率：

- 你多久批评自己一次，因为以下原因自我贬低：自己做过愚蠢的事情，本应做某些事却没做到，应当拥有某些特征却没有，不应具有某些特征却拥有？你多久会无情地苛责自己一次？
- 你多久会有一次从头到尾，从衣着到举止到身体特征批评别人的行为？
- 你隔多久把自己与他人进行一次比较？当你考虑他们的成就时，你是否总体上觉得自己没有安全感，或者当你想到自己比别人好时，你是否感到幸灾乐祸？

- 当你被介绍给一个新人或者当你想到你认识的人时，你会注意到他们的优点和好的品质吗？还是你会纠缠于他们的缺点和弱点？还是你都会，那么其中哪一个是主要的呢？
- 你花了多少时间把生活中不愉快的情况归咎于他人：谴责你父母没有做他们应该做的事，谴责你的另一半在某些事情上不支持你，谴责你的老板、同事、朋友、孩子、老师，还有无数的其他人做了或者没做某些事情，而对你产生了负面影响？

意识到你的潜在情绪。是有一个主导一整天的潜在情绪，还是有两三个这样的要素，或是有许多同样强或同样弱的潜在情绪在不同时间占据主导地位？这些每天都会发生变化还是相当稳定？它们通常是消极的（愤怒、自我怀疑、焦虑、担忧等），还是积极的（希望、爱、信心等）？完全可以质疑这里被描述为消极的潜在情绪是否真的消极，反之亦然。这些潜在情绪如何影响你的行为？在某个特定潜在情绪的影响下，你是否在某项任务中表现得更好？当另一个占主导地位时，你会容易发火吗？

当你开始注意到这些潜在情绪时，它们会消失吗？这让你知道什么？尤其要注意强烈情绪的影响，如愤怒、仇恨和恐惧。情绪的强度是否仅仅因为你自觉意识到它而降低？

意识到你的本能反应。如果你的朋友得到了一份很好的工作，你是真心为他或她高兴呢，还是你会立刻感到嫉妒的刺痛，或者你同时有这两种感受？如果你遇到一个成就卓著的人，你为这个人的成就感到高兴是因为你无法达到同样的境界吗？你的情绪更加倾向于平静和安宁还是充满不安全感和焦虑？

如果你能在手机上设置每小时或者每半小时响一次的提醒会很有帮助。每次你听到闹钟响起，就有意识地察觉你的心声。注意坚持。练习会让你变得更好。

对你来说，意识到自己内心的精神状态，这容易吗？你对自己了解多少，这对你以后的生活有什么影响？

更加专注

在接下来的一周里，要有意识地、从容不迫地进行所有的活动。专注于你正在做的事情。请注意，从容不迫并不意味着缓慢，而是指做事时没有手忙脚乱的感觉，以合适的速度做事。许多研究表明，从时间上来看，用这种不慌不忙的方式实际上能够更快地完成任务。

不要进行多任务处理。浏览《华尔街日报》、查看电子邮件时不要打电话。对我们大多数人来说，生活中经常出现疯狂的忙乱。放慢速度。坚定而谨慎地做事。

专注于手头的工作，有条不紊。再次强调，要从容不迫，而不是缓慢做事。你的杂念往往会干预你的工作，让你开始考虑还有多少要做的事情，你做的事带来的后果，世界正在急剧恶化等。

放下。放下一切。每当你的杂念让你分心时，就轻轻地从中脱身，回到手头的任务上来。慢慢地、深深地、均匀地呼吸。试着以一分钟十二次或以更慢的速度呼吸。只要你意识到放慢呼吸，就能在很大程度上遏制杂念。

当你和别人说话时，专注十分重要。不要被卷入你的精神闲谈中，纠结于你要做出怎样精彩的回复，你想要展示出怎样的个人形象等。关注对方以及他或她所说的话。观察这个人脸上的表情。注意对方。认真听他或她在说什么。把你自己从这个场景中抽离。

如果你在打电话，闭上眼睛，专注于你所听到的内容。把它想象成一次蒙着眼睛的谈话经历。不要同时查看你的邮件或浏览新闻，或试图以其他方式“提高效率”。只需专注于谈话，并关注其中对方可能以非语言交流形式传达出来的信息以及他或她想要什么。你能做些什么来帮助这个人？

以生动的方式进行想象，你的生活就像一个沙漏。上面的沙子代表了所有你必须做的、压在你身上要求你注意的事情。无论你如何摇动沙漏，每次都只有一粒沙子穿过狭窄的颈部。

那粒沙子是手头的任务。因此，专注于这项任务。

下面是另一个你可能会觉得有用的意象：想象你自己从一个罐子里往一个容器里倒油。看看油是如何顺畅地流下来的，没有湍流或气泡。想象一下，油代表你的注意力和精力。把它和你内心的精华都投入手头的工作中。各种内心杂念都意味着动荡不安，去除杂念。

在一周结束的时候，思考以下问题：你对这个练习有什么反应？你发现你的效率提高了吗？你整个星期的情绪基调是什么？

培养感恩和欣赏

让自己懂得感恩和欣赏。我们中的大多数人在很多方面都很幸运，但我们往往察觉不到。一直以来，我们只是把所有这些都视为理所当然，而更加关注我们缺乏的、没有成功的事物。如果我们所有的注意力都集中在我们所缺少的东西上，那么这就是我们所能看到的一切，这种观点会影响我们的心态以及我们与他人相处的能力。这个练习就是简单地理解和认识生活中所有美好的事物，进行冥想，并学会意识到它们并不理所应当。这会培养一种谦虚和积极的心态，这种心态影响我们的生活，当然也会通过我们的领导影响他人。

坚持一整周，每天晚上在睡觉前试试以下这个练习。尽最大努力完成这个重要的练习。

让一种深深的感激之情充满你的内心。让这种感觉跃上心头。允许它主导你，包围你。传播这种感觉，把它当作你个人身份的沉默标签。如果你觉得自己是在演戏也没关系。尽你所能，用真诚和感情承诺完成这个过程。

毫无疑问，你可以找到很多感恩的理由：健康、家庭、事业、体验旅行的机会以及生活中美好的事物。以上所有这些都是表达感激之情的正当理由，但如果可以的话，请超越这些。欣赏并深深地感激，因为你有机会感到欣赏与感恩，因为你的心中唤起了这种情感。记住：无论你感谢什么、欣赏什么，都会在生活中得到更多这样的事物。

时机很重要。这应该是你晚上做的最后一件事了。特别注意你早上的第一件事——第二天的心声。报告你是否注意到前几周观察到的任何变化。

一天之中多次让这种感激之情成为你的主导情绪。不要强迫。轻轻地引入这种情感，如果可能，让它占领你的内心。如果没有，那也没什么坏处，但要不定期地尝试。这种做法会对你一天的精神状态有什么影响？

你会发现，利用你的身体和动作，你会更容易保持感恩之心。走路时脚步要轻快。即使你只是在休息的时候匆忙地去洗手间，也要让脚步充满活力。微笑，微笑，微笑。不要只是面带微笑，而是要发自内心地微笑。让笑声从你的内心开始，把你包围，再从你的脸上溢出。

每次你和一个人互动，哪怕是一种随意的互动，例如，从便利店买口香糖，也要真诚地祝愿收银员幸福美满。你可以默默地做这件事，我们不想让人们由于陌生人如此强烈的情感流露而感到不舒服。如果你的生活中有传递负能量的人，在内心希望每个人都幸福可能是一个挑战。但不管怎样都要这样做。

我们生活在一个忙乱的社会里，总是匆匆忙忙。你正急着往某个地方跑，一个熟人说："嗨，你好吗？"你一边走一边回头说："很好，你好吗？"请尽可能慢下来。认真看一看你说话的对象。观察他或她的面部表情和肢体语言，默默地、真诚地祝他或她一切顺利。

互动简短完全没有问题。有意识地散发出平和与幸福，就好像你的生命有赖于此。有趣的是，事实确实如此。具体注意以下几点：

你对人的感觉和你互动的性质有变化吗？

你是否察觉到其他人的感受和互动模式已经改变？

最后，这一周你的情绪基调是什么，和你做心声练习的那一周相比怎么样？你更容易入睡吗？你睡得更沉，更能恢复精力吗？你早上第一句话是什么？是不是不那么固执，变得更平和了？自己是否比以前更高兴地迎接新的一天？你观察到别人反应的变化了吗？具体是什么？

生活在以他人为中心的世界中

伟大的领导者成为领导者的使命是为他人服务，帮助他人发展和成长。通过服务，他们获得了深深的满足感和成就感。我们怎样才能培养这种面向他人的人生观呢？

在《沃顿商学院最受欢迎的思维课》（*Give and Take*）一书中，亚当·格兰特（Adam Grant）将人分为给予者、索取者和匹配者。在幸福和影响的层次中，索取者处于底部，中间是匹配者。给予者分布在顶部和底部之间。最快乐和最有影响力的给予者专注于为其他给予者付出。他们避免为索取者奉献，因为这种奉献会彻底耗尽一个人的精力。

我们生活在一个以自我为中心的世界里。无论事件离我们远近，我们都根据它对“我”的影响来评估。我们的配偶得到了一份很好的工作，我们会考虑这将如何影响我们的关系。我们的女儿有文身和耳洞，我们会考虑我们的朋友会有什么反应，他们会如何看待我们的教育方式。中东发生了更多的暴力事件，我们担心这会对油价造成什么影响，以及我们将不得不为燃气和取暖付出更多的费用。

就连我们的利他倾向也经常被误解。我们想为世界做好事并得到回报，但对我们来说，得到认可是很重要的。我们希望别人因我们的笑话而大笑，希望有人高调、反复地认可我们的贡献，希望他人征求我们的建议并将其付诸行动。

回顾你的心声，检查一下“我”这个词多久出现一次。我应该那样做，那样说，那样感觉。我做了那件事或没做某件事。别人会怎么看我的言行？我在对话中做出那样精彩的回应，我在他人意识不到某件事物的重要性时提出这条建议，我提供了重要帮助，我有多棒？为什么我不能像某人一样有魅力、机智、聪明、成功或富有？

心声中有一连串无休止的“我”和“我的”。我们生活中所有的压力都来源于世界从不关注我想要什么，而我们不愿意接受事实。

即使我们真的被怜悯、爱或同情打动，也会很快重蹈覆辙。世界上某个地方发生了悲剧，我要拨打新闻报道中的免费电话进行捐赠，随后质问：接线员怎么敢让我等待这么久？

暂停五分钟，思考这个问题。想想我们做的每件事如何在某种程度上成了“我”的纪念碑。

别为这事自责。认识到这一点然后承认就好。

用两个星期的时间练习在以他人为中心的世界里生活。在任何情况下，都要寻找服务的机会：你放弃排队的位置，给身后的人买东西，打扫他们的房间等。这类似于随意的善举，但超越了行为而成为一种存在方式：自我超越。其影响可能是惊人的。它会改变你周围的能量，尽管这不是你的初衷，但它通常回馈你几倍的好处。

以他人为中心的观点很难长时间保持，所以我建议你每天选择几个以一小时为单位的时间段。在你选择的时间里，你做任何事情的出发点都是你所交往的人的利益。在谈话中，你不会想到你将做出怎样的精彩回答。你将专注于这个人在说什么和感受什么，只考虑你如何为那个人服务。如果可能的话，匿名服务，或者为陌生人服务，这样就把“我”从情境中完全删除掉了。想想你如何为你认识的人、你几乎不认识的人和整个社会服务。

善用判断力！不要把你银行账户里的存款送给乞丐。毕竟我们并不清楚这究竟是否有意义。

要有创意！一个人给同事留下了糖果礼物和手写的匿名便条，表达了对那个人身上某些积极特质的欣赏。另一人为身后的人付过路费，并给收费员一页振奋人心的语录，让他或她交给后面的那个人。有人会将

（自己使用之后，但是仍然当日有效）纽约地铁票贴在旋转栅门上，并附上一张纸条，上面写着："这是今天的无限次乘坐地铁卡。它是为有需要的人准备的。如果你认为你符合条件，请拿走并使用。如果你用完后还有剩余时间，请用胶带把它和这张纸条贴到出口的旋转栅门上。"还有人会把她不需要的产品优惠券贴到存放这种产品的超市货架上。

每天，有意识而清醒地做一件让世界变得更美好的事情。当你看到购物车占用了超市的停车位时，你会生气吗？养成习惯，把它推走，然后放到门口的推车存放处。你在百货公司看到明显放错地方的毛衣了吗？把它放回正确的位置。

可能性是无限的。传播甜蜜和光明。这些行为类似随机善举，但不同的是，一旦有可能，就特定地向有这样需求的人提供帮助。你认识的人有在生活中的某个特定领域有困难的吗？想一件你能帮助那个人改善状况的事。哪怕是一张写着深刻名言的卡片也会有所帮助。

要提供实际帮助，善解人意。有一位女士的朋友，其丈夫突然去世，只留下妻子和年纪尚小的孩子。她想帮助这位朋友，询问"我能帮什么忙？"，并得到了礼貌的感谢。于是她想了一会儿，组织了一个朋友小组。其中一个去收集每个人的鞋子，为葬礼擦亮它们。三人安排好提供一周的早餐、午餐和晚餐。另一个人帮忙为最小的孩子做了几个小时的保姆。如果不是第一个朋友的安排，这一切都不会发生。

你帮助他人的态度很重要。如果你帮助某人，不要期望他会感激你。相反，你应该感谢那个为你提供服务机会的人。试试看。相比我们习惯的思维，这是一个非常特别的模式。不要因为别人不承认你帮了他们多少而生气。专注于感激使你有机会去帮助他人。

最后，每一天，都让别人过得开心！

你有没有过和一个人随意互动，然后让你感觉很棒，一整天都开心的经历？可能是一个售货员真诚地向你保证，你试穿的衣服真的很可爱。你能感觉到她在关心你，而不仅仅是为了达成交易而这样说。又或许是你旁边排队的那个快乐的家伙，那个开玩笑让你笑弯了腰的人。也许朋友一个意想不到的体贴举动打动了你。

每天出门时有意地让某个人一整天心情愉悦。只要一想到必须这样做，你的创意就会源源不断。对一些人来说，这也会引起恐惧。害羞的人会感到压力特别大。把点亮别人的一天作为克服害羞的杠杆，或者想办法匿名进行，但每天至少做一次。

最终你会想让这成为你生活的一部分，而不是一个需要完成的练习。所有这些练习都是这样！

福祸相倚

回顾你的生活。有没有起初你把某件事归为灾难，认为它特别可怕，而现在却意识到这是件好事的情况？选择某个你仍在努力解决的问题。你能看出为什么坏事可能其实是好事吗？甚至是件很美好的事情？在《你准备好成功了吗？》一书中，斯瑞库马·拉奥引用了一个古老的苏菲派故事来说明我们对生活中的事件归类的方法并不总能反映它们的本质。

一位老人和他的儿子住在一个青翠的山谷里。儿子是个英俊孝顺的青年。尽管贫穷，但他们依然过着田园诗般的生活，非常幸福，以至于他们的邻居产生了嫉妒。

这位老人几乎用他所有的积蓄买了一匹年轻的野马。马很漂亮，老人打算用它来配种。就在老人买下它的当晚，那匹马跳过围场，消失在野外。邻居们第二天早上过来表示同情。他们说："太糟糕了。"

"是福是祸，谁知道呢？"老人说。

十天后，那匹种马回来了，带来了大约十几匹野马。老人把它们都诱捕进了自己的修补好的围场，那些马再也逃不掉了。邻居们聚在一起说："多幸运啊！"

“是福是祸，谁知道呢？”老人说。

老人的儿子开始训练马。其中一匹马把他撞倒，踩在他的腿上。老人儿子的腿最终无法恢复，终生跛行。

邻居们说：“真不幸。”

“是福是祸，谁知道呢？”老人说。

第二年夏天，国王宣布战争开始。士兵们来到村子里，把所有的年轻人都集中送到部队去服役。这位老人的儿子由于残疾免于服役。他的邻居们感叹着自己的损失，说：“你真幸运。”

“是福是祸，谁知道呢？”老人说。

就在那个冬天……

“是福是祸，谁知道呢？”是指当事情发生在我们身上时，我们会立即给它们贴上或好或坏的标签，并做出相应的反应。但实际上，当大多数人回顾自己的生活，把这些点点滴滴联系起来时，他们可能会发现这个标签并不准确。“我曾经失败并被炒鱿鱼。当时感觉很可怕，但回想起来，这是我能遇到的最好的事情。我从那份糟糕的工作中解脱出来，不得不找一些我真正喜欢的新东西。”“我以为升职是世界上最好的事情，结果却很糟糕，因为现在我所处的岗位并不适合我。”我们最初为一件事贴的标签和它最终对我们产生的影响之间的脱节可能在人生经历中多次出现，当然并不会总是这样。我们需要避免立即贴标签，应该认识到：尽管一扇门可能关上了，但另一扇门打开了；“相邻可能”已经转变为新的东西。

常春藤盟校（Ivy League University）的一名尖子生全心全意地从事一份投资银行的暑期工作。一场重病使他在医院住了四周，当他出院时，在银行做暑期工作的机会来了又去。他不仅失去理想的工作，也没有得到任何别的工作。夏天过得很慢，他沉湎于深深的沮丧中以寻求安慰。一位家人的朋友把他介绍给一位即将前往非洲，去诊所工作的医生。医生邀请他一起。由于没有什么更好的事可做，他答应了。

非洲炎热、贫穷、落后。但是当他从事最枯燥的工作时，他身上的某些东西焕发出生机。第二年夏天，他拒绝了投资银行的工作邀请，再次回到了非洲。大学毕业后，他在和平队（Peace Corps）工作了两年。“那场病是我一生中最美好的事情”，他直言不讳地说。

这个练习与“如果你得到一个柠檬，就做柠檬水”的故事有许多共通之处，但实际上它更加深入。考虑一下你可能永远都没有得到柠檬。相反，你仍然有了去做柠檬水的机会。

有些人生经历太过痛苦，以至于你不能把它们当作美好的事情来对待。例如，亲人的死亡、糟糕的近亲关系和重伤。不要强迫自己针对这种情况做练习；选择那些解决起来比较舒适的问题。

不要反向做这个练习。接受当下生活中美好的事物。不要试着去思考它们会如何成为坏事。

想要成为一个更加觉醒的人，变得平和、快乐、更有力量，实现自我掌控至关重要。当你成为一个领导者时，这一切尤为关键。作为领导者，所有这些练习最终都会更加有效，因为它们提升了我们作为人类的境界，让我们以更积极的态度更清晰地看待世界。

16.4 冥想练习

冥想练习，如冥想、瑜伽、太极、呼吸练习、吟诵、正念、观想和祈祷，在帮助个人发展成为一个更觉醒的领导者这方面有很高的价值。留出独处的时间对自我意识而言非常重要，也有助于我们集中精力，察觉自己的感受，放慢思维。

大多数伟大的宗教都以某种形式形成了古典冥想传统。我们能做的最重要的事就是经常练习。我们不能仅仅从理论上理解冥想，而是要通过实践来改变。只要我们经常去做，几乎任何类型的冥想都能奏效。佛教的一种冥想叫作洞察冥想，可以作为我们正常工作生活的一部分。洞察冥想只需要我们独自一人做呼吸练习，吟诵，或专注于咒语。这种训练的使命是让人们完全存在于并且意识到每一刻，而不是迷失在自己的杂念中。这样做具有挑战性；当我们进行一天的工作时，我们很容易被事情缠住而忘记专注当下。但一旦我们意识到自己走神了，就可以学会立即把自己拉回到当下。

第 17 章

企业中如何发展觉醒领导力

觉醒的公司需要有觉醒的领导者，不仅指高层，而是在整个组织范围内。为了给组织注入觉醒领导力，你需要改变你在整个组织中雇用、确认、培养和提拔领导者的方式。在招聘领导者时，觉醒的组织会识别出那些不仅具备岗位所需的技能，而且在 SELFLESS 方面得分很高的人。

当一家公司从内部寻找未来的领导者或将领导者提拔到责任更重的级别时，它应该使用类似的标准。此外，公司需要确保候选人想要成为领导者的动机不是薪水、威望或通过领导获得的权力，而是有动力为组织的员工及其使命服务。他们是否愿意接受“令人敬畏的领导责任”？那些受内在动机驱使做正确事情的人在组织中很重要。不应该从上到下任命某些“被选中的”人作为领导者。你当然能够识别人才，你也知道谁在组织中负责什么，但你应该从“谁会对周围人和企业产生巨大的积极影响”的角度，而不是“谁能不惜一切代价提高利润”的角度来看待人才。

领导能力的发展需要与本组织的价值观和指导原则以及 SELFLESS 的要素保持一致。实现这一使命的一个切实可行的方法是创建一个领导力清单，并围绕这个清单制订领导力发展计划。我们将在本章中描述这种方法。

许多人想尽一切办法爬上公司管理层的阶梯；在传统的以利润为中心的公司中，他们往往是能够获得晋升的人。澳大利亚心理学会代表大会（Australian Psychological Society Congress）的一项研究表明，精神病患者在企业界和监狱里一样普遍。法医心理学家内森·布鲁克斯（Nathan Brooks）说，研究表明，一般人群中，每一百个人就有一个人表现出精神变态的特征。一项针对261名供应链管理企业专业人士的研究发现，21%的参与者具有临床显著的精神病特征水平，而这一数字与监狱人口相当。这些领导者被称作“成功的精神病患者”。具有精神病特征的成功人士具有以自我为中心、迷人或肤浅和缺乏同情心及悔恨的特点。

17.1 发展领导力的觉醒策略

我们建议首先确定你理想中的领导类型，并寻找天性与这一定义一致的人。然而，一个人永远不应该被强制要求成为一个领导者；人们需要有成为领导者的内在愿望。一旦潜在的领导者得到确认，并且表达了他们渴望承担领导者的正当理由，我们就必须为他们在发展旅途上创造学习机会，从而帮助他们培养领导者的必备素质。理想情况下，这类课程的教学应该由组织中的其他模范领导来完成：领导对领导的教学和辅导非常有效。提供标准化领导力培训的外部专家通常不那么有效；这种培训往往不符合组织的使命、价值观和文化。潜在的领导者必须明白在组织中成为领导者意味着什么；领导者的核心价值观、能力和行为是什么？这些所有内容都必须与实际经验以及领导者过去如何处理具有挑战性的情况相关。

考虑组织中的领导力开发项目。最有效的项目是什么？为什么？

哪项领导力发展计划的影响最小？为什么？

____

____

____

____

17.2 需要有建设性的不一致

许多人对不一致感到不安。但是不一致可以有更高的使命，那就是帮助我们成长和发展。我们当中厌恶冲突的人需要意识到自己的这种倾向，认识到有时候摩擦是有益的。没有摩擦意味着拥有太多的共识，而这表明是过于满足现状以及过多的群体思维。重点是清楚地看到现实。作为个体，我们并不总是清楚地了解到现实；只有集体才能了解现实，前提是我们能够防范集体思维。

全食超市首席执行官约翰·麦基描述了组织中不一致的必要性：

如果我们对关于领导力发展的看法过于老套，可能会导致稳定性过剩的情况，我们会延续已经存在的方式。我们不仅要包容，而且要鼓励不和谐的、富有挑战性的想法。如果你停止生长和发展，那么你就会开始死亡。觉醒的领导者并不总是同意彼此的意见；他们也应该互相挑战。他们必须有意愿和勇气在需要时意识到变革的必要性并进行呼吁。如果领导者不经常思考他们应该做出什么改变，或者他们应该如何从目前的阶段进一步发展，组织就会衰亡。我们不是要觉醒，然后就停留在那个阶段；这是一个永无止境的旅程，让我们更加觉醒，能够清醒地看到现实的真实状况，而不单单是你以为的那样，并对是非有更深刻的认识。

许多优势来自一致性。当在使命和价值观上达成广泛共识时，我们就会在组织中保持一致。高度一致的组织也有非常高的信任度。人们会进行合作。使命、信任和协作会提高士气，使组织中的能量增加，从而产生更多创造力和创新成果。每一个觉醒的企业都应该为一致性而努力，因为所有美好的事物都源于一致性。

但一致性并非没有任何风险。高度一致的结果之一就是群体思维：每个人都开始用相同的方式思考。然而世界从未停止变化。竞争是不断发展的。如果你陷入与自己进行的内部对话，而组织中的每个人都意见相同，那么你可能无法了解客户或竞争对手的情况。这可能会导致停滞：继续做同样的事情，坚持“只要没坏就不修复”的思想，这使得“空巴亚”（kumbaya）心态得以发展，即“我们都是一致的，是这个快乐部落的一部分，都是在赞扬、从事伟大的事业”。如果真的能一直这样就好了。记住：当组织外部的变化速率超过组织内部的变化速率时，脱节不可避免。

组织创造文化，文化建立免疫系统。像所有的免疫系统一样，文化拒绝、抵抗变化。但改变是必要的。一个无法不断变化和成长的组织会慢慢消亡。

如果我们渴望真正觉醒，我们就需要透明化，把不愉快的事实公之于众。我们不能回避困难的问题。不一致性可能以刺激性的方式让人愤怒，就像沙子刺激牡蛎，使它产出珍珠一样。

不一致包括看待事物的不同视角，让我们批判性地思考我们的业务及其世界观。用批判的眼光，我们可以挑战组织范式和组织免疫系统——一个渴望一致、拒绝不一致的免疫系统。不和谐扰乱了舒适区，这就是它会让许多人感到威胁和危险的原因。

不和谐对一些领导人来说是很自然的，但对大多数人来说不是。拥抱不一致性的领导者通常被视为特立独行的人和麻烦制造者，但有效的领导者需要看到公司缺乏什么，以及公司必须如何发展。

这是一个悖论：一致性刺激发明，因为当人们感到安全，当他们不害怕时，创造力便会流动、繁荣。但矛盾的是，不一致也推动了创新，因为它让人们走出了舒适区。事实上，当人们产生不同意见时，你很可能会发现真正激进的创新。只有当你受到挑战时，才能真正发挥潜能。

组织中的一致性总是暂时的。必须且不可避免的不和谐是一种健康的多虑，类似于健康的压力。这取决于我们如何利用它。我们可以用它来帮助组织发展，也可以让它摧毁组织。

首席执行官们应该是特立独行的人，他们既要培养团队的一致性，又不能让组织因为过于一致而停滞不前，并积极地朝着不一致的方向努力。组织需要一致性和不一致性，如果这两个条件按适当的比例混合，结果就是组织发展。一致加上不一致等于进化。

你的领导团队中能容纳多少不一致性？在1~5的范围内（5代表最高水平），你如何给团队打分？

____

____

____

你觉得团队里其他人会怎么打分？为什么？

____

____

____

你认为你能做些什么来鼓励你的团队包容具有建设性的不一致性？在你的组织里呢？领导团队可以做些什么来鼓励他们的团队做到这一点？在下一个层次上呢？

____

____

____

____

17.3 百威勒领导力发展方法

在创造环境使组织的每一个层次和每一种领导形式都有觉醒的领导者这个问题上，百威勒采取了一种有指导意义的方法。这家总部设在圣路易斯的多元化工业机械制造公司为其系统中伟大领导者的形象创建了一个详细的模板。

百威勒将其领导的关键支柱确定为关怀态度、激励和表扬。这种方法首先是把人当作人来关心，而非工具或者用于做特定事的人。其次是要意识到领导者的根本责任是激励人们。在很多情况下，领导者不会那么做；他们只会告诉人们该做什么。真正的领导者能够激励人们创造性地帮助公司朝着有战略意义的方向发展。最后是认可和表扬。在百威勒，人们非常重视找到做好事的人，保持对组织的善意，并用有意义的方式庆祝这些事情。每个人都觉得自己受到重视，得到倾听。人们享有大量责任下的自由，可以根据自己独特的观点行事：人们被鼓励对自己的工作当家作主，提出新的想法和倡议，只要与企业的价值观和优先事项一致即可。

这一旅程始于 2000 年，当时公司召集了一批来自整个组织的领导人，思考他们全体对领导力和文化转型的看法。基于此，他们创建了一份名为《领导指导原则》的文件，该文件描述了公司试图创造和维持的价值观和文化类型。

多年来，百威勒形成了他们称之为“真正的人文领导力”的传统，领导力被视为“对委托给我们的生命的管理者”，并在这种方式下行事。由于百威勒认识到领导力的质量对人们生活质量的巨大影响，因此，整个公司非常重视领导力（图 17-1）。

领导力的指导原则

我们以影响人们生活的方式来衡量成功

一个清晰和引人注目的愿景，体现在一个能促进个人成长的可持续的商业模式。

领导力创造了一个动态的环境：

- 基于信任。
- 激发并庆祝每个人最好的一面。
- 允许团队和个人扮演有意义的角色。
- 激发自豪感。
- 挑战个人和团队。
- 解放每个人，实现“真正的成功”。

积极的、有洞察力的沟通赋能这段旅程中的个人和团队。

测量标准允许个人和团队将他们的贡献与愿景的实现联系起来。

善待他人，公平补偿他人。

领导者应该是有愿景的人，包括教练、导师、老师和学生。

随着你影响范围的扩大，你对指导原则的管理责任也随之增加。

我们致力于员工的个人成长

百威勒公司的愿景：
建立一个更美好的商业世界

图 17–1　百威勒的领导力指导原则

根据百威勒的领导力指导原则，你希望你的公司接受哪 5~10 条原则？考虑使用类似于百威勒的程序：从组织的不同层次抽取 20 个左右的参与者。

____

____

____

最终，公司制订了一份领导力清单，确定了与公司价值观和文化相一致的领导力清单（图 17–2）。百威勒把它比作飞行员和外科医生使用的检查表，因为领导人手中也掌握着人们的生活和福祉。该公司希望其领导在职期间的每一天都能遵守清单上的所有要求。领导力清单为百威勒深入而严谨的领导力基础课程奠定了基础。

领导力清单

我接受领导力的伟大责任。以下描述了我作为一个领导者的基本行动。

1. 我通过我的时间、对话和个人发展来实践领导力指导原则的管理工作。
2. 我通过行动和言语倡导安全和健康。
3. 我反思如何领导我的团队基于目标取得原则性成果。
4. 我激发激情、乐观和目标。
5. 我用个人沟通培养令人满意的人际关系。
6. 我培养一个团队社群，在这个社群中我们互相承诺，并追求一个共同的目标。
7. 我行使负责任的自由，使我们每个人都能发挥自己的潜力。
8. 我积极参与团队成员的个人成长。
9. 我促进有意义的群体互动。
10. 我设定、指导和衡量定义胜利的目标。
11. 我认可并庆祝他人的伟大。
12. 我承诺每天持续改进。

当我们用头脑、心灵和双手去处理这些习惯时，就会产生超乎寻常的信任和成就感。

图 17-2　百威勒创建的领导力清单

如果你需要创建自己的领导力清单，那么每一位领导者在一天的开始和结束时都必须回顾是否做了哪些事，以确保你的领导团队符合组织的文化和原则。

百威勒非常关注动机问题，关注人们为什么成为领导者。大多数公司的做法是把潜力大的人当作未来的领导者，然后将他们单独分离出来，给予他们成长和发展的特殊机会。这让我们想起这句话：“有些人天生就是领导者，有些人成为领导者，而另一些人被强加了领导责任。”在大多数公司里，人们都被强加了领导责任。虽然在某些情况下，这种方式可能奏效，但在许多情况下却行不通，因为这被视为赋予“更优越的人”成为领导者的权力。在这些公司的文化中，领导者通常会得到大量的物质奖励，因此这强化了人们为了利益想要成为领导者的心态。在百威勒，领导力的核心是服务和管理；他们经常用“令人敬畏的领导责任”这样的词组。

在百威勒，成为领导者是自愿的，而不是强制性的；基于这种定义领导的方式，渴望成为领导者的人举手说：“我想成为领导者。我现在是一个装配车间的工人，但我真的很想领导他人。”在组织的每一级都有当领导者的机会，而不仅仅是在管理层才有。人们必须申请加入领导力基础课程的学习；他们必须写一篇关于他们自己以及想成为领导的原因的详细文章。经过一个深入的过程，选出的人有机会进一步学习百威勒的领导方法。然后，他们回到工作岗位，应用所学知识，再回来继续学习，并就所发生的事情和取得的成效获得反馈。学员由不同背景的人组成；你可以让一个来自软件开发的员工和同一个课程中的首席财务官坐在一起，他们甚至不需要知道对方实际在什么岗位工作。重点是把人们培养成领导者，而不是强调他们现在的头衔和地位。

培养伟大的领导者不是偶然的。最优秀的组织都有明确的意图和方法。就像百威勒的领导者一样，你必须问一个关键问题：“我们希望在我们的组织中拥有什么样的领导者？”你在上述过程中首先阐述了你的理念或观点，即你希望在组织中拥有什么样的领导特质。现在，你需要考虑一下领导力发展计划中的其他四个关键要素：

1. 决定如何选择和提拔领导者。

2. 制订学习和发展计划，培养和开发领导者。

3. 制订指导项目和职业跟踪项目。

4. 结合以上所有内容，为组织中的每位领导者制订个人领导力发展计划。

17.4　选拔和晋升

组织会更关注你的行动，而不是你的言论。因此，每当你把某人提拔到领导层时，你都在向组织中的人传达一条信息，即你认为什么有价值。通常，在奖励业绩良好的下属和确保他或她树立榜样或成长为你理想中的组织领导类型之间，会存在一种可以察觉的矛盾。你选择谁进入组织，以及你对这个人过去的领导行为的重视程度，也向组织传达了你对领导者的重视程度。晋升和招聘的一致性将强化你所重视的领导素质和行为。

17.5　学习与发展

虽然你不能教授什么是领导力本身，但你可以培养领导者。你需要仔细考虑一下你想让你的领导者成为什么样的人，然后与在这方面有丰富知识的人合作，设计一系列的项目，帮助你培养这类领导者。除了发展人们的技能和能力之外，一个觉醒的公司还可以促进他们作为人的发展——他们的情感、精神和系统智力。

17.6　指导和职业跟踪

领导者最了解如何通过领导成为更好的领导者。领导力培养的核心是在职培训。因此，你要把人们安置在合适的位置上，让他们既能得到支持，又能获得新的经验，成长为领导者。所有的领导者都应该有一个计划，包括他们目前在职业生涯中的位置，以及他们在组织中接下来的两步可能行为，而接下来的措施应当是关注的要点。这种职业跟踪应该与他们的发展计划相结合，以确保他们在当前的角色中也得到发展，并为下一阶段做好准备。此外，你应该制订一个指导计划，让他们与更有经验的领导者合作，获得关于如何在工作中学习的非正式经验。这种指导应该在正常的报告链之外进行。导师是一个当你面对挑战，即将做出关键决策时可以和你一起讨论的人。面对导师时，你可以坦白你的困难和发展优势是什么。这是领导力学习道路上的宝贵支持。

17.7 整合总结：领导力发展计划

将领导选拔、晋升和发展的计划整合起来，为整个组织制订领导力发展计划。利用这一总体规划，为关键领导制订个性化的规划。最好的计划是由个人领导和高级领导以及监督领导能力发展的人力资源人员共同制订的。理想情况下，个人在组织的支持下自我策划一个过程；他们带头制订自己的计划，提供他们认为最有帮助的发展机会。这需要组织和个人之间的一个迭代开发过程，通常还需要结合某种形式的全方位反馈，以帮助在现实中确定发展流程。因此，当我们说领导力是被开发的时候，我们的潜台词是组织已经作出了认真的承诺，要创造一个环境，明确伟大的领导典范，并通过一个综合发展计划和进程为它提供支持。这是觉醒领导者的觉醒力发展过程。

第五部分

觉醒商业实施路径和策略

在旅程的最后一部分，我们将讨论两个主题。第一个主题是把你的工作整合到一个行动计划中——一系列实际的、有重点的，伴随着时间表和项目计划的行动倡议。我们的使命是帮助你和你的组织将第一部分到第四部分中探讨的意图和计划转变为一个明确的行动计划，从当下开始持续三年。

第二个主题是讨论管理变革和转型的基础知识。这个旅程从根本上讲在于如何改变团队和组织中人们的思维方式。持久的行为改变来自对业务的不同看法。我们将讨论如何进行这些变革，并为你提供一些有关如何组织和执行变革活动的指导。清晰的、分阶段的转型方法有助于加快取得成效的速度，与你的团队一起开发这种方法可以使他们对执行的过程负责。

图 P5-1 概述了本书的最后一部分。在第 18 章中，我们将帮助你关注影响最大的，使你的组织成为一个更觉醒的企业的计划。我们将向你展示如何选择十大行动，把未来六个月到三年内划分为三个阶段，并制订下一步行动方针，以便快速推动执行进展。在第 19 章中，我们将帮助你转变业务的 DNA，以深化和拓宽你的组织通往觉醒商业的旅程。

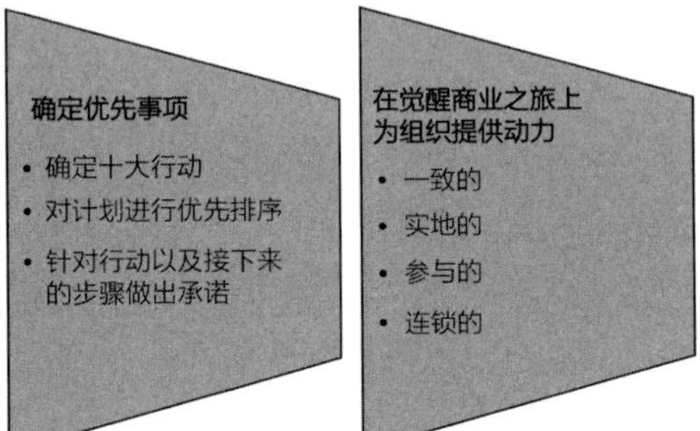

图 P5-1　本部分概述

第 18 章 设置组织优先级

改变行为和习惯并不容易。如果容易的话，人们会改变他们最不满意的事情。想想戴维·梅斯特（David Maister）的文章《战略与肥胖的烟民》（*Strategy and the Fat Smoker*）。超重的吸烟者知道他们需要戒烟、节食，并开始锻炼。但是知道你需要做什么和真正做什么之间有很大的差距。例如，可悲的是，在心脏病发作三年后，只有大约 5%~10% 的超重吸烟者的生活方式发生了显著、持续的变化。

所以，改变并不容易。在本书的前几部分，你已经完成了许多练习，并围绕觉醒商业的四大支柱中的每一个部分，提出了可能的行动和倡议。在这一章中，你的使命有两个：确定优先事项和采取行动。我们相信，做好为数不多的几件事，总好于同时做很多事但进展不大。因此，我们将采取一个循序渐进的过程，为行动计划和你的下一步行动设置优先级，对这些行动计划负责。

到目前为止，你可能已经独立或与团队以某种合作方式完成了本书中的部分内容。在本章中，你需要与你的团队一起完成这项工作。为了加速实施进程，参与的人员需要在制订行动计划方面发挥重要作用。参与这个过程有助于他们理解你采取行动的原因以及你做事情的顺序，并最终赋予他们计划的所有权。因此，整个团队的参与会加快执行速度。

18.1 觉醒商业的四大支柱

让我们先回顾一下前面提到的觉醒商业的每一个支柱，并回想你或你的团队已经确定的优先级最高的行动或最具影响力的倡议。如果你一直在做书中的练习，你应该回顾每一章的内容。对于每一个支柱，选择你已经制订的三大或四大行动项目。根据我们的经验，这对你的团队来说是一个非常有效的练习，既可以查看每个支柱的发展领域，也可以确定每个支柱的最高优先领域。图 18-1 将帮助你将所有这些想法和计划汇总到一页纸上。

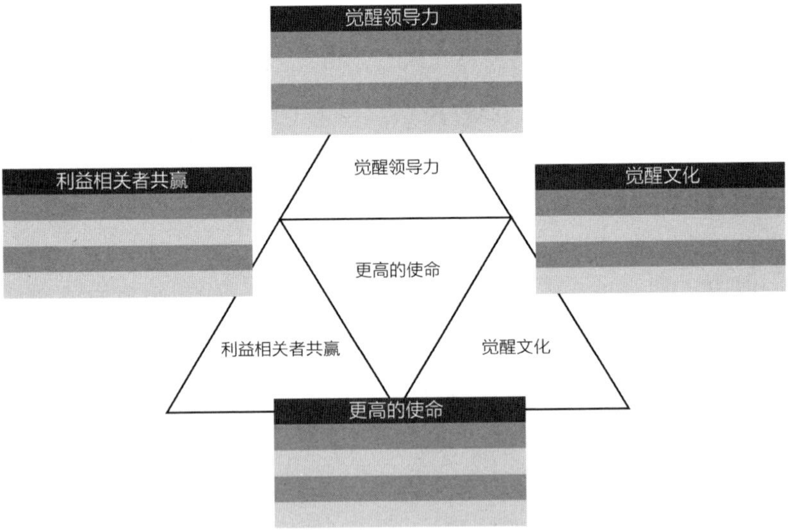

图 18-1　觉醒商业的四大支柱

你在与团队一起把行动项目汇总到图 18-1 中的时候，注意到了什么？这样做很容易还是很困难？为什么？

____

____

____

____

你们对优先事项的看法在多大程度上一致？对你来说，关键的收获是什么？对团队来说呢？

____

____

____

____

18.2 十大行动列表

列出了 12~16 个潜在的行动项目之后，接下来你可以通过以下练习，根据潜在的影响来确定这些行动的优先顺序。你将创建一个未来三年的十大行动计划列表。

以下优先排序技巧将确保每个人都有机会在优先顺序列表中体现自己的观点。首先，使用白板或活动挂图，按觉醒商业支柱类别列出图 18–1 中确定的所有行动项目。你可以创建如表 18–1 所示的图表（稍后我们将解释最后一列的含义）。

表 18–1 确定组织十大行动的工作表

序号	行动项目和支柱	得票
1		
2		
3		
4		
5		
6		
7		
8		

续表

序号	行动项目和支柱	得票
9		
10		
11		
12		
13		
14		
15		
16		

接下来，分发用于投票的点贴或小纸条（每个参与者四张）。所有的团队成员都要到挂图或白板面前，把他们的四个标记放在他们心目中在组织里优先级最高的四个项目旁边。尽量避免让每个人一次投一张票；这是一个小组练习，其使命是观察整个团队的想法，而不是一个人（包括领导）的想法。我们建议领导最后投票，防止过度影响其他团队成员的选择。最后，可以清楚地通过每一项得到的贴纸数（票数），来确定得票最高的行动项目。通常情况下，少数（3~5 个）计划会得到大多数人的同意；这些都是最重要的优先事项，应该被添加到你的十大行动列表中（表 18–2）。然后，通常会有另一组得到了几票但缺乏广泛支持的计划，最后是一些只得到一票或零票的倡议。

表 18–2　团队投票决定的十大优先行动工作表

序号	倡议名称	说明
1		
2		

续表

序号	倡议名称	说明
3		
4		
5		
6		
7		
8		
9		
10		

从主列表中删除获得显著认可的项目（它们在新的十大行动列表中）。现在进行第二轮投票，这次每个人有三票。每个人在列表的剩下内容中选择三个最重要的优先事项，并将他们的便签或点贴放在这些选项旁边。回顾第二轮投票，并以团队形式讨论剩余的事项。将第二轮新的“优先”计划列入前十名。持续这样做，直到得到十个最重要的优先事项。如果还需要进行第三轮，只给每个成员两票投票权。这样做的目的是防止过度追求完美，以至于拒绝良好。使列表取得 80% 的团队同意，然后继续下一个练习。

作为一个团队，你们对组织的优先领域有何看法？你们的优先顺序有何不同？你们在哪些方面达成了明确的共识，或者轻松达成共识？为什么会这样？

____

____

____

____

如果仍然没有明确的优先事项，或者这个团队活动难以推进，那么以团队的形式讨论为什么会这样。写下你的发现，以便在未来面对挑战时有可供参考的记录。

____

____

____

18.3 进一步的优先级行动：至关重要的前几个

我们现在将在业务影响和执行该计划所需的努力或资源之间寻求平衡，进一步排出优先级。在这个阶段，人们不可避免地会对推进多项举措感到兴奋。然而，如前所述，完成几个关键的计划好于同时开展很多进展不大的项目。团队应该考虑到优先项目所需要的、可能需要转移用途的资源。大致了解你的组织可用于变革的资源状况很重要，因为这些资源是有限的。为此，你可以将十大行动列表转化成一个 2×2 矩阵（图 18–2）。

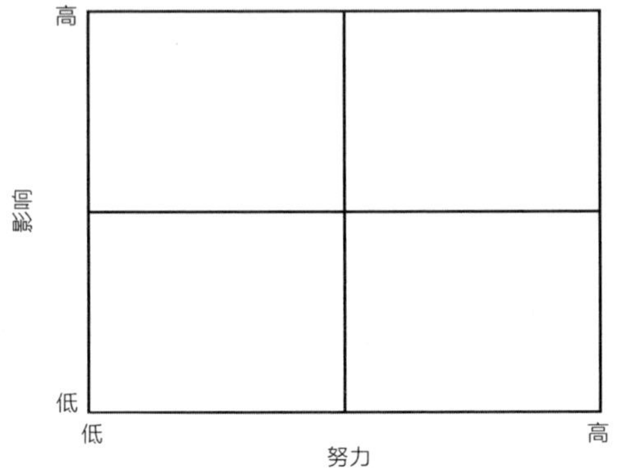

图 18–2　优先级矩阵

现在，你将比较执行此计划所需的预计资源及其对业务的潜在影响。纵轴表示业务影响，横轴大致表示所需资源或付出的水平。在这一点上，你不需要精确地进行资源估计。考虑到组织规模，按照高、中、低的资源水平进行评估。

对于一家刚起步的公司，3~4 个人可能是高资源要求，而对一个更大的组织而言，这可能是较低的资源要求。作为团队回顾优先级矩阵，大致决定你所说的影响和资源水平意味什么。现在拿起你的十大行动清单，从第一个开始，依次把行动计划放到矩阵中。使用优先级矩阵图，你可以确定四组行动计划（图 18–3）。

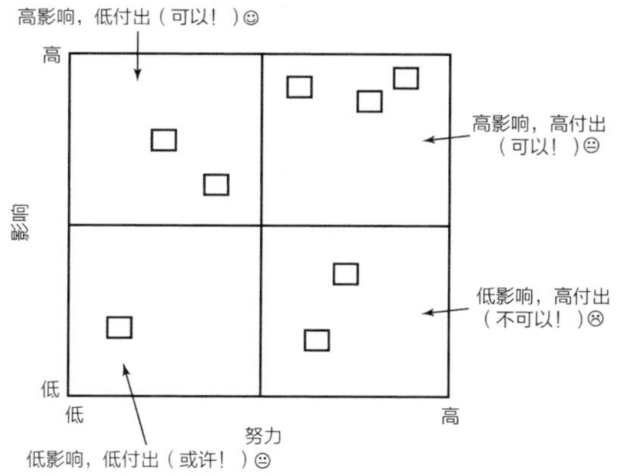

图 18–3　优先级矩阵的解释

高影响与低付出（左上角）：这些是你和你的团队应该作为起点的计划，应当是短期计划的重点。

高影响与高付出（右上角）：你应该考虑在中期以及第二轮行动采取这些举措。

低影响与低付出（左下角）：你应该考虑在中期以及第二轮行动采取这些举措。

低影响与高付出（右下角）：在这个象限中应该很少有行动计划，但是由于强制排名可能会有一两个。这些应该被列在以后的执行计划中。

有了这个优先级矩阵，我们现在将为我们的执行计划制订一个分阶段的方法。

差异制造者和早期成功项

面对一系列的优先事项和一长串的潜在行动项目，执行团队和组织可能会不知所措。因此，你需要退后一步，问一问：“哪一两件事情对我们的组织影响最大？”我们将这些项目称为差异制造者。通常，一个组织一次只能处理一个或两个这样的大项目。同时，无疑有一部分项目会落入“高影响，低付出”的范围。这些更具进化性的项目被称为早期成功项。这些对于建立早期势头，产生一种组织正在取得进展的成就感来说非常重要。在这些项目中，你可以选择一个领域，如面试过程，并在现有过程中添加问题或标准。例如，添加有关文化契合度的问题：“当团队中的事情没有按计划进行时，你通常会如何反应？”或“描述一个当你明显做出了一个影响团队的错误决策的情景，谈谈你如何处理。”你应该考虑活动的阶段性，思考你在第一阶段怎样做才能把差异制造者那种大项目与更具进化性的早期成功项区分开。

宣布你将在接下来的6~12个月内专注于一个或两个有重大影响的项目并执行。这可以在组织中建立信誉，产生动力。我们的建议是少承诺、多做事：最好集中精力在组织能够做好的少数事情上，而非着手去做多项事情。

18.4 阶段性方法

你已经创建了一个十大行动工作表，并根据影响和所需资源对其进行了优先排序。在本节中，我们将创建一个分阶段执行这些计划的方法。我们将努力确保你们在短期内有明确的重点，并拥有一个长达24~36个月的路线图。即便你希望脚踏实地，一步一步地完成旅途，路线图也是必要的，它会让你知道接下来要做什么及为什么。因此，考虑一下你可以在 3 个阶段内完成什么：6~12 个月内（第 1 阶段），13~24 个月内（第 2 阶段），25~36 个月内（第 3 阶段）。

你的使命是确保你在接下来的 6~12 个月（第 1 阶段）专注于一个或两个影响大的项目，或许还可以进行一两个较小、有进化性的行动计划，它们往往只需要很少资源或可以被纳入正在进行的项目当中。

看一看图 18–3 中的优先级矩阵，与团队一起回答以下问题：

- 在接下来的 6~12 个月内，你可以立即着手处理哪些项目，从而对你的业务产生最大的影响，即开展“一个大工程”？
- 哪些项目需要更长的时间才能开始，并且可能需要更高级的计划才能解决？
- 你认为哪些项目很重要、对业务有影响，但组织需要几年时间才能准备好解决这些问题？

这些答案会指导你决定在第 1 阶段（6~12 个月）、第 2 阶段（13~24 个月）、第 3 阶段（25~36 个月）分别做什么。图 18–4 可以帮助你了解转型为觉醒公司的总体时间框架，然后回答以下问题。

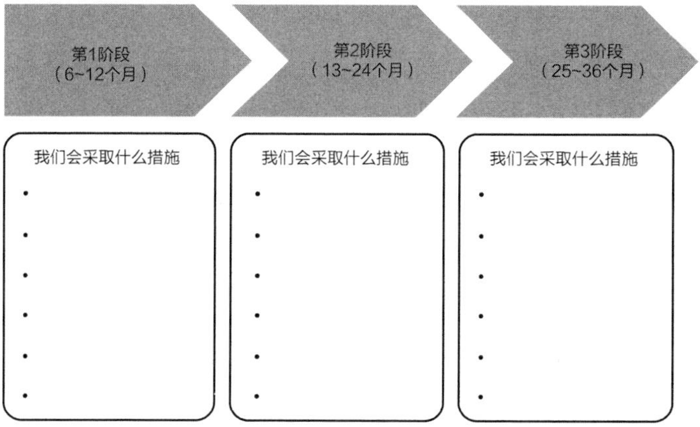

图 18–4　实施觉醒行动的时间框架

反思

你的团队在做这个练习时感到简单还是困难？

____

____

____

出现分歧的关键领域是什么？什么很难放弃？为什么？

____

____

____

你首先选择的计划能否对你的业务产生最大影响？如果不能，为什么？

____

____

____

这个练习的目的在于关注和影响。人们常常在觉醒商业之旅的起点挣扎。希望你和你的团队现在对“哪些事情如果做好，会对公司产生最大影响？”这个问题有了更清晰的答案

18.5 行动计划和启动团队

在决定第 1 阶段的计划之后，把注意力从高层次的意图转向具体的行动计划，包括实际的时间承诺、资源需求和明确的下一步行动。表 18–3 展示了一个好的计划应包括的内容。

表 18-3　行动计划框架

启动名称	
使命（一两个句子）	
执行负责人姓名	
可交付成果和日期（该倡议的最终成果是什么？最后我们会提供什么？）	
主要里程碑和日期（倡议的关键步骤或检查点）	
团队中有哪些人（初步设想团队中可能有哪些人，以及团队中需要的关键角色、技能类型或岗位）？	

这个练习应该和你的团队一起做。目的是保持简洁，但同时围绕行动计划写出足够的细节，明确谁在什么时间负责什么。把第 1 阶段的第 1 项行动填入行动计划中。第 1 阶段的后两个项目重复此过程。这基本就是你将用于启动负责执行这些项目的团队的团队章程或起始点。

根据我们的经验，最好任命一两名执行领导团队成员为第 1 阶段计划的倡导者。有时，2 名负责人可以在整个组织中维持信誉和执行之间的平衡，例如，职能专业知识（人力资源、信息技术等）和一线运营专业知识（业务运营管理）的恰当结合。负责人创建计划并授权团队执行，为团队成员提供他们需要的资源，打破障碍，并就计划的影响对执行团队负责。

启动团队，即负责该启动的日常执行的小组，可以由另外 2~4 个人组成，他们要么直接负责日常工作，要么在相关领域有经验，要么对该主题有着深厚的热情。例如，一家建筑公司的现场项目经理担任了一个她热衷的职务：精益施工领域。她将去领导一个新的组织职能部门，该部门对整个领域的发展产生的影响得到了全国的认可。倡议团队将确保倡议产生预期的影响。一旦团队成立，第一步就是在之前提到的团队章程的基础上，制订一个更详细的项目计划，并说明如何执行这个计划。

18.6 承诺和下一步行动

制订行动计划是一回事；对它负责是另一回事。把你的组织看作一块海绵；它能存储多少水？当你运营日常业务时，觉醒商业之旅中的优先计划将花费业务的时间和资源。你和你的团队需要坚定地努力确保这些关键举措不会因日常压力而崩溃。诀窍是确保你的顶级团队对所有这些计划的重要性负责。这种承诺超越了倡议的个人倡导者。领导小组最终负责定期更新进展情况（每月一次），并需要保持关注、为满足这些倡议的需求提供资源。

反思练习

- ☐ 在房间里四处走动，让每个团队成员口头对关键倡议作出承诺。语言上的"是的，我对它负责"，能够创造一种比简单的想要、希望或试一试更为强烈的动力。"我承诺"这句话有很大的力量（图 18–5）。

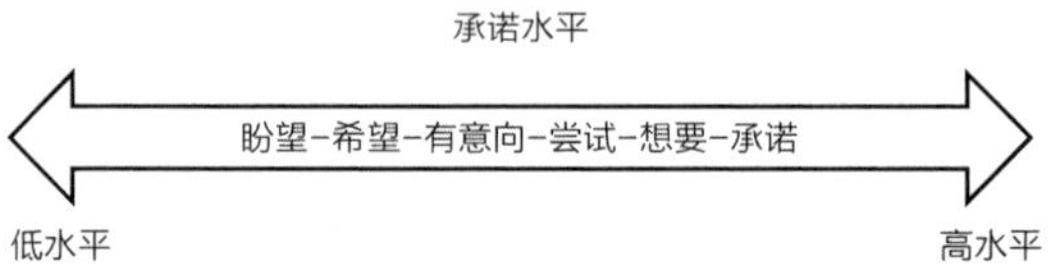

图 18–5 承诺中使用的词语

- ☐ 询问团队是否发现任何没有提到的行动计划执行障碍。团队如何立即面对这些问题以确保成功完成项目？现在坦率地讨论比 6 个月后找借口要好得多。

同时，你需要确保你对下一步行动的开始有一个具体的承诺。要获得这样的承诺，你可以召集倡议团队的第一次会议，提出预算，或者让 2 位执行主管在接下来的两周内聚在一起，制订更详细的行动计划。关键是确定在未来 30 天内采取的行动步骤。这一脚油门会为相关工作提供动力。因此，你应该在类似表 18–4 上记录以下信息：接下来的步骤是什么？应该什么时候进行？谁将负责确保这些步骤的执行？将此表纳入会议议程，以便在下次执行会议上回顾进展。

表 18–4　未来 30 天内即刻采取的行动步骤框架

行动名称	随后的步骤	到哪一天为止	谁来执行

为了总结这一章内容，请反思一下在觉醒商业之旅的四大支柱中，你们已经讨论过，并确定作为潜在工作领域的事情。根据影响、所需资源和针对未来 36 个月内在哪个领域开展工作的时间框架，对这个列表进行优先排序。在这些任务的帮助下，你现在就清楚了团队承诺在接下来的 6~12 个月内要做什么，为每项计划制订团队章程，并明确承诺在未来 30 天内立即采取下一步行动。

在下一章中，我们将讨论如何通过这些行动计划获得最大的影响力，以及在组织文化向觉醒商业方向发展的过程中，如何帮助组织应对随之而来的情况。

第 19 章
动员整个企业

觉醒商业之旅的核心是我们对商业看法的变化，这改变着商业的叙述方式或故事。因此，变革的管理议程既要包括我们将要做什么（第 18 章），又要包括我们为什么及怎样行动，这就是本章讨论的内容。

变革管理专家约翰·科特（John Kotter）指出，成功的转型既有基于理性的变革理由，又包含有意义的情感吸引力。我们将指导你在组织中创建一个关于觉醒商业以及你的组织渴望什么事物的对话环境。这种转变需要自上而下和自下而上的方法。这些方法有两个核心要素：

- 吸引、协调最高层团队。
- 举行影响力活动，在组织内开展持续讨论，由此让整个组织参与进来。

随着时间的推移，这两个要素将改变人们对组织的看法。我们将在下面的内容中针对每一点进行具体讨论。

19.1 企业最高领导团队协调一致

在通往觉醒商业的旅途上，关键的一步就是与最高层团队一起前行。如果最高层团队没有经过协调、对它不感兴趣，就很难与组织其他成员建立信任，获得可信度。组织关注最高层团队的言行。如果领导者言行不一致，组织会认识到这些冲突，并对变革产生更多怀疑。因此，最高层团队必须了解你为什么要踏上征程，以及实现这一使命的直接步骤是什么。不是每个最高层团队的成员都会深信不疑地支持，但领导者至少要了解组织提议的内容及其原因。

最高层团队可以根据组织的需要来定义。在一些组织中，这个团队就是执行委员会，通常包括 3~5 个最高领导者。其他组织可能会将这个团队扩大到 10~12 人。目的是让被视为关键影响者的人参与领导和管理日常业务。最高层团队的规模还取决于相比团队或组织迄今为止运营的方式，觉醒商业的概念有多么新颖、独特。如果这代表了文化方向的重大变化，你应该从一个较小的团队开始。如果这个概念有采取多年的商业思想方针作为基础，你可以考虑采用一个规模更大的团队。我们的目标是通过合适的团队来建立组织内的信任与可靠性。

图 19-1 展示了组织向重大变革倡议负责的典型进程。如果进展顺利，你可以期待一个类似的觉醒商业之旅的轨迹。

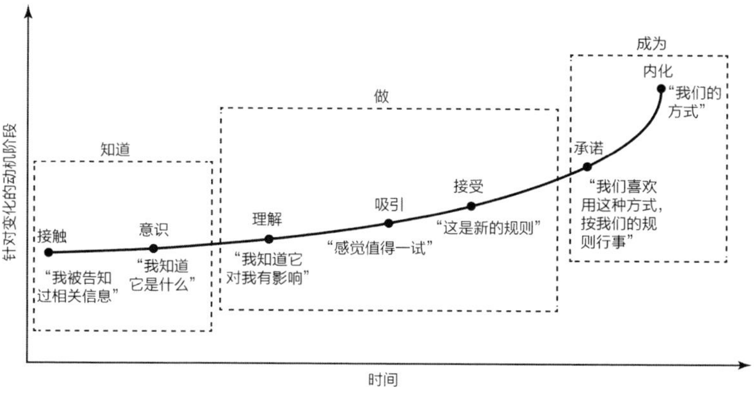

图 19-1　随时间变化的组织承诺阶段

根据我们的经验，大多数人认为觉醒商业理念十分鼓舞人心。这种理念帮助人们将商业视为创造更大价值和取得个人成就的一种手段。事实上，并不是你团队中的每个人都会立即这么想。一些"虔诚的怀疑论者"会等着看你提出了什么样的方案，以及实现了什么变化。耐心点。

关键是要确保在最高层团队中至少有两三名对于追求觉醒商业十分兴奋的成员。然后，你的初步成功会向成员展示这种理念的正确性。如果 12 个月后，仍然有一个或两个最高层团队成员不认可觉醒文化的重要性，那么你可能会遇到协调价值观的问题。你可能需要考虑这些团队成员与你想要创建的组织类型是否相匹配。

我们建议你采取两步流程让最高层团队接受觉醒商业。首先，你要帮助最高层团队理解觉醒商业，以及它对公司的抱负意味着什么。我们将在下一节“最高层团队启动研讨会”中概述这一步骤。在与最高层团队成员一起完成本书中的练习之前，你需要先让他们认同这一理念。成员们需要了解这一旅程的意义，然后才能深入了解如何完成这一旅程。

第二步是完成本书中的练习，从抱负走向行动。这意味着要让团队一步一步地理解这些原则，然后把它们结合起来，就像你在第 18 章中所做的那样。

向最高层团队介绍觉醒商业

你和你的最高层团队采取的第一步应该是向他们介绍觉醒商业的概念。然后在接下来的 12~18 个月内完成行动步骤的练习。

为了向最高层团队概述觉醒商业的基本概念，我们建议如下：

- 寻找拉金德拉·西索迪亚的觉醒商业的视频。让团队也看看约翰·麦基对觉醒商业的介绍。
- 寻找由拉金德拉·西索迪亚和托马斯·埃克施密特主持的关于觉醒商业的 TEDx 会谈（葡萄牙语版）。
- 将这些视频的链接分发给团队，并给每个团队成员一本《伟大企业的四个关键原则》。
- 请你的主要团队成员参加觉醒商业组织每年举办的春季活动。

这项活动将向你的团队成员展示觉醒领导者的典型以及他们在组织中采取什么行动。出席并参加这些活动的领导者包括拉金德拉·西索迪亚、丹尼尔·卢贝茨基、鲍勃·查普曼、梅丽莎·雷夫和托尼·施瓦茨。

- 如果你是组织的首席执行官，我们建议你参加每年 10 月在得克萨斯州奥斯汀举行的觉醒商业首席执行官峰会。
- 开始与团队成员进行对话，讨论为什么觉醒商业对你很重要。在你进入理论阶段之前完成这项任务。

下面进入理论阶段，团队成员需要理解觉醒商业的核心概念，并熟悉四大支柱：使命、利益相关者共赢、觉醒文化和觉醒领导力。

19.2 最高领导团队启动研讨会

研讨会的使命是使觉醒商业之旅变得实用而有意义，帮助团队理解这种理念的内容和价值。《道德经》中有句话："千里之行，始于足下。"这个研讨会就是你的第一步！你的团队需要理解并支持你正在努力实现的使命。从牢记使命开始：在接下来的 36 个月或更长的时间里，成功是什么样子的？探索在商业行为和信念方面需要做出的转变。然后将这一点个人化："这对我意味着什么，作为领导者，我需要在我的思维方式和表现上做出什么改变？"最后，思考如何向组织中的其他成员讲述你所追求的事业，并在这一问题上与团队达成一致。

最高级团队研讨会分为五个部分：

1. 让团队了解什么是觉醒商业，以及你作为领导者致力于踏上这一旅程的原因，以此为基础。

2. 产生志向——组织随着时间的推移会有什么样的前景。

3. 探索在思维和行为上需要什么样的转变。绘制一张能够体现从一种心态和行为转变到另一种的实质“从—到”（From–To）模型图（图 19–2）。

4. 创造一个你将向组织其他成员讲述的变革的故事，解释为什么我们作为个人领导者和团队相信这是一个重要的旅程，是组织存在的必要条件。

5. 引入第 18 章中制订的行动计划。如果你的团队还没有制订这样的计划，那么现在是和你的团队一起做这个练习的好时机。如果团队已经创建了一版行动计划和阶段性的方法，让他们进行回顾。

表 19–1 给出了这次研讨会的议程和五个模块的示例。这个表假设你与团队一起完成了 18 章的练习和其他任务：针对每一个支柱的内容，三个阶段的执行计划，以及未来 6~12 个月的“一项大工程”。

表 19–1　介绍性研讨会议程

模块	活动	时间要求
1	概述觉醒商业及其重要性	1.5 小时
2	未来展望	1.5 小时
3	改变我们的思维和行为方式	1 小时
4	把它个人化，表明立场	1 小时
5	整合到一起	1 小时

如果你没有与团队一起完成第 18 章中的执行计划，那么你应该将此步骤加入研讨会中。你应该分配 3~4 个小时，以团队形式一起完成第 18 章的练习。在完成基础的第一模块，即为什么觉醒商业很重要之后，马上进行执行计划练习。这时制订执行计划可以迅速为团队在未来 36 个月的实际措施打下坚实的基础。然后进一步与团队一起构建愿景，并进行必要的更改，以使该计划成立。务实地说，这个顺序有助于团队为这次旅程带来深层变化打下基础。

模块 1：为什么觉醒商业对我或我们来说很重要

与你的团队一起回想，作为组织中的高级领导者，为什么这段通往觉醒商业的旅程很重要。这是你表达你认为什么事情重要，以及为什么你对这些机会感到兴奋的机会。这也是一个简单回顾觉醒商业四大支柱的机会。在你发言并简述概念之后，找出团队希望在这天解决的问题。这是一个很好的时机，让你更好地了解哪些部分使人们产生共鸣，哪些部分团队成员能够清楚理解，哪些部分还没有理解。

下面的五个“为什么”练习可以帮助你更好地理解为什么觉醒商业对你很重要。

你为什么处在现在这种情况中？（回答五次，直到你挖掘到问题的核心）

1. 为什么？ ______________________________
2. 为什么？ ______________________________
3. 为什么？ ______________________________
4. 为什么？ ______________________________
5. 为什么？ ______________________________

模块 2：想象觉醒商业组织的未来

这个练习的使命是围绕理想未来，建立团队的一致性。你想要超越目前状况的限制，让团队放松一下，进行畅想。让他们在指导下玩一玩“如果”游戏。

作为领导者，你应该组织这个练习，除非有专门的研讨会的助手。让团队成员安静地坐在围成一圈的椅子上，闭上眼睛，让团队成员在座位上感到舒适，然后检查他们的姿势。让他们想象一下五年后，作为一家觉醒的商业公司，这个组织会是什么样子。让他们在这个练习中畅所欲言。答案没有对错之分。放松点，做点梦。你试图了解成员们的想象，看看当你问这个问题时他们的脑海中会浮现出什么。引导他们充分想象这幅画面。告诉他们在脑海的图景中漫步——注意画面的颜色、材质、大小。这些细节会帮助他们使画面更具体。

- 让他们睁开眼睛，写下 3~5 个最能体现他们的脑海中画面的词语。告诉他们不要想太多，不要评判自己写下的东西。这一步的关键是不要过于实际；使命是充满抱负的。如果可以，我们希望未来会是什么样子？快速做这个练习，这样参与者就不会花太多的时间试图寻找最合适的词语。目的是捕捉第一印象。

我在觉醒商业之旅上的愿景

- 用几句话描述你的愿景。

____

____

____

- “今后 3~5 年，为了建设一个觉醒的商业组织，我的志向是……”你的组织是什么样的？写一两句话，或是几个词语，抓住这个愿望的实质。

____

____

____

- 接下来，把团队分成 3~4 个人的小组。如果人数更多的话，就分成更多的团队。让每个小组的成员互相分享他们的想法，并作为一个小组，提出他们认为最能体现共同愿景的 4~5 个词语。让他们把这些词写在活动挂图上。这种做法将促使人们进行对话，提炼他们最初的想法，并达成共识。

____

____

____

- 现在，把这些小组聚在一起，寻找一组共同的词语或短语来描述这个充满抱负的未来。让小组成员与整个团队分享他们共同的愿景关键词。这些词有什么共同点？

____

____

____

- 这些词有什么不同？为什么？

____

____

____

- 作为一个团队，整合这些小组的词语清单，并选择 3~5 个最能描述组织抱负的短语，组成一个列表。描述的完成度达到 80% 就可以。以后会有时间返回来修饰词语。正如我们之前所建议的，不要过度追求完美，以至于拒绝良好。

____

____

____

一家医药合并公司的团队抱负

- 帮助患者过上健康美好的生活
- 战胜恐惧和其他困境
- 创新性工作；拥有集中的具有开拓性和抱负的使命，无畏地工作
- 积极、有趣、精力充沛的团队合作
- 培养整个组织的协同作用和集体智慧
- 以成就为荣

模块 3：改变我们的思维和行为：创建“从—到”（From-To）模型

在这组练习中，我们试图找出我们旅程中的潜在障碍。基于我们的愿景，哪些假设可能会阻止我们把它变成现实？然后，我们将描述与之相反的假设或信念是什么样子，并根据这些观点创建一个从信念到行为的列表，其内容包含为了使旅途顺利我们所需要做出的改变。

- 让团队成员列出他们认为可能阻碍愿景变成现实的 3~5 件事。

____

____

____

- 哪些假设或信念可能会阻碍这一梦想的实现？

____

____

____

- 你在企业运营中的哪些实际因素可能会阻碍这一梦想的实现？

____

____

____

在活动挂图上记录这些障碍，并与团队讨论前三大或四大阻碍因素会是什么。

列出前三大或四大障碍，并与小组讨论与之相反的假设或信念。例如，如果我们认为人们愤世嫉俗、不相信我们，相反的信念或假设就是我们建立了一个可靠和互相信任的环境。与团队一起完成此练习，然后填写下面的“从—到”框。图 19-2 展示了与我们合作过的另一家公司的例子。

从：	到：
认为应当采用命令和控制，应当遵循等级制的自上而下的方式	放手并信任员工会为组织的最大利益做事
认为刚性计划的具体预测能力很重要	采用允许创新和变革的联合动态计划
认为组织中的大多数人都需要受到保护，免受压力和复杂性的影响	使所有员工都能承受不确定性和压力，保持灵活性，做事充满活力
认为企业核心需要管理和限制信息流	让信息在整个组织中自由流动

图 19-2 “从—到”心态转变的例子

从……　　　　　　　　　　　　到……

____

____

____

模块 4：问题个人化，选择立场

下一组练习的重点是把愿景从组织层面提取出来，并在它与每个团队成员之间建立密切联系。团队成员需要分组思考一系列问题。最后，他们应该写一份个人声明，阐述这个愿景对他们而言的意义。

让每个团队成员花 10~15 分钟回答以下问题：

- 我觉得这个未来愿景最重要或最鼓舞人心的是什么？为什么？

____

____

____

- 当我看到从“从—到”模型时，我个人在转变思维或行为模式时面临的挑战是什么？为什么这会成为我的挑战？

____

____

____

- 描述为什么这种改变对我很重要，以及我会为了改变从而承诺什么。

____

____

____

- 让每个人拿出一张白纸。让参与者在纸张的顶部写下《觉醒商业商务时报》(*Conscious Capitalism Business Times*)。让他们假装自己是商业记者，写下一两段话，描述五年后公司的样子以及它是如何完成转型的。你也可以把任务框架更改为你的组织在《哈佛商业评论》(*Harvard Business Review*)上有一个封面故事，讲述它成功走向觉醒商业的五年历程。

  让参与者从一个商业作家的角度来描述这个旅程：是什么，为什么，怎样做。

____

____

____

作为一个团队集合，让每个团队成员花两三分钟来描述他们的个人挑战，以及他们为了向着觉醒商业发展，为迎接挑战而作出的承诺。

模块 5：整合

现在，你已经完成了以下内容：

- 用三个或四个短语或句子表达的理想愿景
- 为实现这一愿景的思维和行为“从—到”模型
- 每位领导者与愿景相关的潜在个人挑战和机遇清单

在会议结束后，让两名团队成员将这些材料整合到团队的变革故事中。这个故事应该不超过 5~6 张幻灯片内容或 2~3 页备忘录形式的书面笔记。要求他们在研讨会结束后十天内起草一份初稿，并将其分发给所有参加研讨会的团队成员，以供审查和编辑。现在，你们拥有了觉醒商业变革之旅的第一稿！

19.3 最高领导团队的一致性和相关性：从抱负到行动研讨会

获得最高级团队支持的下一步是从抱负走向行动。你想让觉醒商业与最高级团队、企业核心及企业运营产生联系。当你和你的团队完成本书中的练习时，相关性会增加。对于每一个支柱，你都需要评估自己的位置，看看你在这一领域可以采取哪些可行的方法，并讨论和决定哪些举措对你的组织可能产生最大的影响。然后通读第 18 章，把所有这些可能的计划综合起来，确定优先次序并为接下来的 12~18 个月内要实施的行动计划作出承诺。

根据我们的经验，最高级团队有两种开展这份更加具体工作的方法。正如序言中强调的，就是：

1. 计划一次为期 2~3 天的静修，把整个团队带离工作岗位。我们建议每个人花 3~5 个小时，按顺序把这本书的五个部分都读完。

对于觉醒商业的四项原则中的每一条（第一部分到第四部分），重点关注与你的处境最相关的领域。例如，如果你的组织尚未制订明确的使命声明，或者你的团队认为当前的使命与当下的需求不匹配、亟待更新，那么你的团队应该关注第一部分“更高的使命”。另一方面，如果团队认为组织有明确的使命意识，那么下一步就是确保每个人都能理解使命，并能实现使命。下面简述了一种可行的为期两天的最高级团队议程。

第 1 天

8:30—9:35	概述和旅程回顾
9:35—9:45	休息
9:45—11:15	使命回顾
11:15—11:25	休息
11:25—12:30	赋予使命生命
12:30—13:15	午餐
13:15—15:00	利益相关者规划
15:00—15:15	休息
15:15—17:15	深入探索利益相关者
17:15—17:30	总结和回顾

第 2 天

8:00—8:15	对第一天进行反思
8:15 - 10:30	文化和价值观
10:30—10:45	休息
10:45 - 12:45	觉醒领导力
12:45—13:15	午餐
13:15—14:30	团队工作会议
14:30—14:40	休息
14:40—15:15	行动计划和下一步行动
15:15—16:15	团队展示
16:15—16:30	总结和尾声

2. 另一种方法是在 5~6 周内安排一系列共五次的会议，针对书中的每部分举行每次 3~4 个小时的会议。目的是确保你有足够的时间与你的团队进行相关练习，并讨论对你的业务的潜在影响以及将这一原则付诸行动的具体步骤。

19.4 动员企业中所有人参与，为企业赋能

要在组织中创造持久的变化，你必须与组织一同踏上旅途。这意味着向你的员工介绍觉醒商业，为什么它对你和最高级团队很重要，你渴望什么，以及你将如何实现使命。当组织中的人们开始接受觉醒商业时，他们将开始做出决定并采取行动，慢慢地使组织朝着这个方向转变。就像一艘巨大的游轮那样，组织不会突然转弯。但如同飞轮那样，一旦公司真的开始转动，就会获得动力，不会轻易停止。这个组织参与过程可能需要 2~6 个月的时间来完成。时间长短取决于组织的规模和参与过程的强度。

每天，你的组织中的人员都会做出成千上万个决策，朝着公司发展方向运作业务、提供支持和执行任务。是什么影响了这些决定与行动？但愿他们的决定和行动是基于他们的角色和工作经验，以及他们认为什么对企业最有利的理解。因此，他们越了解觉醒商业的重要性和力量，这种理念就越能影响他们的决定和行动。

坦率地说，建立理解并动员组织以不同的方式思考和行动，正是大多数转型计划失败的原因所在。通常，只有组织的高层才理解并接受愿景和执行计划。但是，你越深入地在组织中分享你预见的未来，就越有可能完成可持续的变革，获得相应结果。我们将概述两个有所重叠的系列活动，以确保你开始与组织内的所有层次进行沟通。

- 创建一个由来自组织各个层面的变革支持者组成的核心（SWAT）特种团队。这些人将充当组织中的使者和变革推动者。
- 发起影响和参与行动，与组织成员就觉醒商业的内容和原因进行对话。这样，觉醒商业之旅就会与人们在组织中的日常角色息息相关。

持续在企业中建立影响力和参与度

在变革和影响行动的初始阶段，你应该召集一个由 10~20 名变革拥

护者组成的核心小组，他们将成为组织的眼睛和耳朵，并将成为觉醒商业的主要支持者。这个团队的规模取决于你的组织有多大。通常，这些支持者具有以下特点：

- 他们来自组织的各个层面。
- 他们在经验、年龄、功能和业务经验等方面有多样性。
- 他们通常被同事视为关键影响者或连接者。
- 他们对觉醒商业和组织对这一发展方向的承诺感到兴奋。
- 他们是优秀的领导者和管理者，有能力完成任务。

不需要团队中的每个人都具备所有这些特征，但大多数人都应该具备其中的多数特征。采取以下步骤招募你的支持者：

- 列出你的第一份潜在变革支持者名单。
- 将名单分发给最高级团队成员以获得反馈。适当地增减人员。
- 最终确定你的名单，并与候选人的上级讨论本项目所需的时间承诺。
- 亲自邀请支持者参加计划。
- 建立预期，即在接下来的 12~18 个月内，这将占用他们 10%~20% 的时间。

变革负责人入职

下一步是召集变革负责人，这样你就可以开始将觉醒商业理念进一步融入组织。你必须首先让变革负责人入职，确保他们明白什么是觉醒商业，并为他们设定你的期望。典型的入职会议将包括以下内容：

1. 介绍觉醒商业

- 使用最高级团队用过的（第 18 章）参考资料和材料。
- 让首席执行官或其他高级领导谈谈为什么觉醒商业对组织很重要，以及为什么它对他们个人都很重要。
- 让高级团队成员分享他们对这种觉醒方法的观点和承诺。

2. 回顾变革故事，并获得反馈。让最高级团队的成员与变革负责人分享变革故事。然后，让最高级团队离开房间。

3. 回顾使命声明，并提出以下问题：

- 什么能引起你的共鸣？
- 什么无法使你产生共鸣？为什么？
- 你对最高级团队的这一使命有何反馈？

4. 回顾“从—到”模型，并提出以下问题：

- 还有哪些可能对你产生阻碍的行为和问题需要解决？
- 你对最高级团队的看法有哪些变化或其他反馈？

5. 回顾行动计划，并提出以下问题：

- 你认为确保执行该计划的关键成功因素是什么？
- 什么可能阻止计划执行？如何提前解决这些障碍？
- 该行动计划缺少什么？
- 什么有助于加快行动计划的执行？

6. 收集所有这些反馈。

邀请最高级团队回到房间。在房间里把变革负责人的座位安排成 U 形。让高级别的团队进来，坐在 U 形的中心。让负责人展示他们的反馈。在他们给出反馈之后，再要求领导团队对他们所听到的内容进行评论和总结。

通常，这个过程需要 4~8 个小时，这取决于团队的规模以及分配给讨论和分组讨论的时间。表 19–2 显示了本次入职培训的建议议程。

表 19–2 变革负责人入职过程范例

模块	活动	时间要求
1	介绍觉醒商业及其重要性	1.5 小时
2	使命	30 分钟
3	回顾“从—到”模型	1 小时
4	行动计划	1.5 小时
5	反馈环节	1.5 小时

19.5 影响与参与行动

为了让组织参与进来，变革负责人需要针对如何使变革故事与组织产生相关性，快速收集反馈。之后要在接下来的 12~18 个月内开展影响与参与行动。这项活动将触及并吸引组织中的每个人以及外部利益相关者。

使变革故事具有相关性

变革负责人的首要任务是将变革故事深入组织，收集反馈并将其提交给执行团队。通常，这是通过焦点小组来完成的，即 1~2 个变革负责人与组织中 6~8 个人组成小组，进行会面。计划成立 10~20 个焦点小组，每个小组平均 7 人，总共 70~140 人。

在焦点小组中，变革负责人应该回顾变革故事的每个部分（愿景、“从—到”模型以及执行计划），并收集反馈。他们将关注什么能或不能，什么可能加速转变，什么可能阻碍转变。负责人为每个焦点小组做笔记，然后写一个总结。

与所有的焦点小组完成会面后，变革负责人通常会安排半天或一整天的时间来互相汇报结果。他们总结和综合反馈意见，就如何改进变革故事和执行计划提出建议，并准备向高级团队提出意见。然后，高级团队应该与变革负责人开一场 2~4 个小时的会议，听取组织的反馈。通过合作，高级团队和负责人将创造一个新版本的变革故事和行动计划，使觉醒商业之旅更有效地进行。

开展影响和参与行动

这个过程的下一个阶段是让整个组织都了解觉醒商业之旅是什么，以及你为什么要这样做。为此，你应该在组织内部开展对话，从而帮助解决问题，并进一步使觉醒文化与人们相关。

之所以使用“行动”这种说法，是因为这不是一个一劳永逸的交流活动。这需要保持信息交流，让组织中的人知道他们的意见已经被听到，并使用多种平台和媒体来传达关于旅程意义和进展的信息。宣传行动的目的通常如下：

- 充分表达。确保每位员工都了解觉醒商业之旅的走向，并且能够清楚地阐述员工可以在哪些重大问题上发挥作用。从提供信息转向让人们参与并赋予他们权力。
- 以某种有重大意义的方式让每位员工参与进来。迅速将员工从观众转变为积极参与者，让他们从看台走到赛场上。
- 使其可操作。开发措施，让员工参与到将战略方向转化为工作方式的过程中。
- 使其有趣。使用创造性和高接触性的活动（即更具个人性和互动性的活动）和方法来邀请员工参与和接受。
- 倾听学习。开发有效的方法来倾听、理解和认可员工对觉醒商业故事和实施，以及对于沟通活动的反馈。
- 衡量进度。制订监控进度的指标，并在组织内定期分享。

典型的沟通行动包括高接触和低接触元素。

1. 低接触：个人性较低，互动较少

- 电话会议
- 首席执行官的语音留言
- 电子邮件
- 海报
- 内部网络（新闻杂志、信息网页）
- 首席执行官的视频

2. 高接触：更个人化，互动更多

- 一对一会议

- 员工大会
- 小组信息会议
- 负责意见收集的焦点小组
- 具有大量互动的现场活动
- 网络直播和问答

建立持续的对话

在使员工深入了解这一旅途之后，与变革负责人合作，定期在局部建立反馈和对话论坛。你可以采取以下方式：

- 局部“觉醒商业之旅”。定期开会，讨论什么是有效或无效，以帮助组织成为一个觉醒的公司。在变革负责人的帮助下，委员会向变革负责人团队提供建议和其他反馈，并最终反馈给领导团队。
- 每月讨论或建立阅读小组。由一个负责人建立，他或她可以选择一个相关的主题或阅读材料，并帮助小组思考这一主题在小组的组织角色方面与觉醒商业有怎样的相关性。
- 由一位高级领导人和一个小组主办每月午餐交流和学习会议。讨论觉醒商业的进程，并收集关于有效或无效措施的反馈意见。

这一步的关键是要有创意，开展局部活动或建立论坛，让觉醒商业和行动计划与组织越来越密切相关。

这种行动和对话的一大好处是，人们开始寻找能够在日常工作和个人责任中作出贡献的方法。任何一个组织每天都会做出成千上万个小决定。如果存在一个帮助理解什么是期望行为和行动计划的组织愿景和框架，人们就会想出数百种创造性的参与和贡献方式。围绕一个有意义的使命，这种参与度和激励程度的提高使组织具有创新性和创造性，并以许多意想不到的方式为觉醒商业赋予生命。

19.6 结语

本章旨在帮助你成功地走向觉醒商业之路。

如果养育一个孩子需要一整个村庄，那么实施成功的转型就需要整个组织的努力。变革的可持续性与组织内的参与深度密切相关。为了使这一过程与人们的日常工作产生联系而进行持续沟通的质量也会影响变革的可持续性。

正如我们在整本书中所说的那样，觉醒商业之旅的第一步就是让领导团队参与进来，并认同你正在做的事情以及你这样做的原因。领导层的积极参与在这一过程中是绝对必要的，但还不够。

同样，正如我们已经解释过的，关键的下一步是让整个组织踏上征程。在变革负责人团队的帮助下，你可以快速获得有关领导团队创造的变革故事的反馈。然后，你可以开展行动，使整个组织参与到旅途中。

作为组织的领导者，你在实现和坚持这一转变中所起的重要作用怎么强调都不为过。想要让你的团队与你一同前行，首先就要清楚解释这对你很重要的原因，并使高层团队和组织在重要性与做法上保持一致。如前所述，在确保觉醒商业从抱负走向切实影响这方面，领导力或许比所有其他支柱都重要。在带头推动觉醒商业转变的过程中，你将有足够的机会发展你的觉醒领导力。

附　　录

附录 A　觉醒商业与共益企业行动

作者：杰伊·科恩·吉尔伯特，共益实验室和共益企业行动的联合创始人

觉醒商业行动与共益企业行动相辅相成。每个共益企业本质上都是一个觉醒的公司，每个觉醒的公司都应该认真考虑成为一家共益企业。

许多共益企业行动中的C级领导人在觉醒商业首席执行官峰会上发表讲话，在觉醒商业会议上领导实践项目，或者参与创立觉醒商业分会。他们所领导的公司包括巴塔哥尼亚、本杰瑞冰激凌（Ben & Jerry's）、联合利华、奇点大学（Singularity University）、数据世界（data.world）、谷百（Plum Organics）、金宝汤公司（Campbell Soup）、美方洁（Method）、草本功能饮料REBBL、邓肯休闲鞋（Dansko）、卡斯卡特（Cascade Engineering）、奥格登出版公司（Ogden Publications）、Mightybytes、新资源银行（New Resource Bank）、大道资本（Big Path Capital）和瀚盛律师事务所（Hanson Bridgett）。

觉醒商业谋求释放商业领袖的英雄精神，而共益企业行动提供了具体的工具和一个强大的实践社区。无论你的公司是立志成为一家共益企业，还是仅仅想采取体现觉醒领导力的下一步举措，参与共益企业行动都可以从三个方面帮助你将利益相关者共赢转化为有意义的行动：利益相关者治理结构、利益相关者管理系统，以及由志同道合、表现优异的同行组成的实践社区。

请注意，“共益企业”（B corp）与“共益型企业”（benefit corps）不

同。共益企业是一种认证结果，共益型企业则是一种法律结构。表 A-1 提供了更详细的对比。

所有经过认证的共益企业必须满足采用利益相关者治理结构的法律要求。根据公司是有限责任公司还是股份有限公司，在哪个州或哪个国家成立，公司可以通过多种方式满足该法律要求。如果该公司是特拉华州（Delaware）的一家公司，那么满足这一要求的唯一方法就是采用共益型企业的法律结构。

Etsy 和 Laureate（劳瑞德）是美国一家大型交易所的两个公共共益企业。劳瑞德既是一家共益企业，也是一家共益型企业。Etsy 必须在 2017 年 12 月 31 日之前采用共益型企业的法律结构，否则将失去共益企业认证。

在美国以外，Natura 既是一家共益企业，也采用了类似共益型企业的法律结构（巴西没有共益型企业法，所以他们在投资者的同意下在公司章程中做出相应补充）。

表 A-1　共益企业与共益型企业

问题	经认证的共益企业	共益型企业
责任	董事需要考虑对所有利益相关者产生的影响	相同
透明度	必须公布根据第三方标准评估的总体社会和环境绩效的公开报告	相同①
绩效	必须达到共益影响评估（BIA）的最低验证分数 根据不断发展的标准，每三年需要重新认证	自述
适用性	适用于所有企业，无论公司结构、州或公司所在国	仅适用于美国 30 个州和华盛顿②
成本	共益企业认证费根据收入每年从 500 美元到 50 000 美元不等	州备案费从 70 美元到 200 美元不等

① 特拉华州共益公司无须公开报告或依据第三方标准。

② 俄勒冈州和马里兰州提供共益有限责任公司的选择。

此外，澳大利亚（如 Silver Chef and Australian Ethical）和新西兰（如 Snakk Media）也有一些上市的共益企业，但是这些管辖范围都没有法案上的共益型企业法，也不能修改条款；因为就像美国特拉华州一样，潜在的公司法不允许强制性地扩大信托义务，以便在做出决定时考虑利益相关者的利益。

A.1 利益相关者治理

利益相关者治理结构确保公司的利益相关者共赢和特定公司使命能够通过领导层和所有权的变化而蓬勃发展，特别是在你认为需要引入私人资本或进入公共资本市场来扩大业务规模的时候。共益企业行动的利益相关者治理工具是一种相对较新的法律结构，称为共益型企业。共益型企业的法律结构保证董事会在做出决策时考虑利益相关者的利益以及公司使命。

如果你准备进行期货交易或公开发行，这一点尤其有用。在销售场景中，传统公司法规定，董事的考虑范围必须缩小，以最大限度地提高短期股东回报，即使这样做与为所有利益相关者实现长期价值最大化或为公司的特定使命服务相悖。

否认的危险

作者：里奥 • E. 司德雷安（LEO E. STRINE JR），特拉华州最高法院首席法官。摘自《否认的危险：清晰理解特拉华州普通公司法确立的权力和责任结构的必要性》（*The Dangers of Denial*：*The Need for a Clear-Eyed Understanding of the Power and Accountability Structure Established by Delaware General Corporation Law*）

现在有一种倾向，认为公司应该负担更多的社会责任，在法律自由裁量权范围内，假定公司董事没有义务根据特拉华州公司法，使股东福利成为公司治理的唯一使命。这些公司社会责任的倡导者认为，特拉华州的董事可能会将股东福利置于其他利益之下，如公司工人或社会的利益。也就是说，他们并不是简单地认为，如果董事们认为从长远来看某种做法最能促进股东的利益，他们可能会选择放弃更高的短期利润。他们认为，在成文法的约束下，董事没有义务以促进股东福利为使命。但是该论点的问题在于，它既不符合特拉华州法官制定的普通公司法，也不符合特拉华州普通公司法（“DGCL”）的设定。

更重要的是，假定国家的主要公司法与其本身内容不同，违背了确保营利性公司行为合法、负责和道德的使命。教导他人做正确的事，却不承认适用于他们行为的规则和他们所服从的权力机制，并不是一条通往社会进步的负责任的道路。相反，它为规避更严峻的政策挑战提供了一个借口，如倡导加强外部监管，鼓励机构投资者负责任地行使其作为股东的权力。如果我们要确保营利性公司成为负责任、可持续和长期创造财富的工具，就必须面对这些挑战。

共益型企业的法律结构为上市公司提供了一些保护，使其免受公共资本市场的短期主义病毒的侵害。首先，采用共益型企业法律结构的上市公司一开始就不太可能成为短期激进投资者的目标。这类激进股东的权力很大程度上在于他们有能力发起代理权争夺，聘用更能理解他们对短期价值的渴望的人取代现有的董事。这些竞争中的大多数从未进行正式投票，而是在私下争夺大股东的支持，并通过公关公司公开进行。在评估潜在目标时，关注短期的激进投资者会知道，采用共益型企业法律结构的上市公司有两个特点，导致公司不太可能取得他们所看重的成功。第一，现有的机构股东基本同意了一个明确致力于长期利益相关者共赢的治理结构，因此他们大概不会站在短期价值的激进者一边。第二，与传统公司的董事不同，采用共益型企业法律结构的公司董事在做出决定时，有责任考虑利益相关者。因此，在面对激进者那些可能损害股东或其他利益相关者利益的要求时，他们面临的压力更小。领先的公司，如全食超市、联合利华、宝洁、雀巢、Etsy 都受到了来自激进者的压力，或者成了不受欢迎的收购要约的目标，而这些收购要约往往导致领导层、管理层和所有权的变化。虽然激进的股东和并购可以在有效的资本市场中发挥至关重要的作用，但采用共益型企业结构有助于确保董事会在这些情况下做出以长期利益相关者为共赢原则的决策。

美国已经有 5 000 多家注册共益型企业，意大利大约有 800 家（其他 6 个国家的立法正在推进）[①]。虽然许多公司已从传统的公司结构转变为共益型企业结构，但在新的合作伙伴和外部投资者的情况变得更加复杂之前，在初创阶段最容易注册成为一家共益型企业。毕竟，你总要填写注册文件，而注册成一家共益型企业不会产生额外的法律或备案费用。尽早采用共益型企业法律结构，能够确保你的公司建立在最坚实的法律基础上，帮助你在企业的各个阶段都保持利益相关者共赢以及特殊的企业使命。对于现有企业而言，转换为共益型企业结构相对简单，需要股东投票修改公司章程，并向所在州备案（手续通常为 70~200 美元）。

十年后的人们会说，无法想象以其他方式做生意。

——洛娜·戴维斯，达能浪潮

这没有坏处。你只是围绕公共利益重新调整使命和商业理念。每个公司都能做到这点。

——扬西·斯特里克勒（Yancey Strickler），Kickstarter 公司

① 截止 2022 年 6 月，全球共益型企业已超过 10 000 家。——译者注

可以通过相关网站进一步了解共益型企业的法律结构（以及适用于有限责任公司的类似工具），查找熟悉该结构的公司律师名单，并阅读有关如何从上市公司、风险投资公司、《财富》500强子公司、家族和员工所有的公司转变为共益型企业，并作为公司运营的案例研究。

A.2 利益相关者管理

共益影响力评估的示例问题

员工

上个财政年度，公司中工资最低的员工（不包括实习生）得到的报酬比基本生活工资高出多少个百分点?

社区和供应商

是否有正式的书面供应商行为准则要求公司的供应商对社会和环境绩效负责?

环境

公司是否测量碳和其他温室气体排放量（GHG）?

客户

公司是否为客户或通过客户解决社会或环境问题?

治理

公司是否采用需要考虑利益相关者利益的治理结构?

在将这些有力的原则转化为最高绩效的过程中，一个用于规划路线、评估进展的利益相关者管理系统也将促进利益相关者共赢发展。共益企业行动的利益相关者管理系统是共益影响力评估（BIA）。觉醒商业自2013年起与共益实验室（B Lab）合作，鼓励其成员和支持者使用共益影响力评估。

共益影响力评估是免费和保密的，世界上任何一家公司都可以使用该评估，无论该公司是否打算获得共益企业认证。通过全面评估公司对所有利益相关者——员工、客户、社区（包括供应商）和环境产生的积极影响，共益影响力评估帮助公司衡量和改善利益相关者的绩效。虽然共益影响力评估向所有公司询问与这些利益相关者相关的当前措施的问题，但具体问题、问题数量及其权重因公司规模、行业和地点而异，以确保每个公司都收到对其具体情况最有效的评估。

全球已有超过 150 000 家企业注册使用共益影响力评估。近一半的公司已经完成了全面评估，并收到了免费的共益影响力报告，该报告将他们公司的业绩与完成评估的数以万计的其他公司以及经过认证的共益企业的业绩进行了对比。一个典型的中小型企业需要回答 75~200 个问题，完成评估需要 2~6 个小时。

共益影响力评估中的绩效标准由独立的标准咨询委员会管理。与软件一样，新版本定期发布。

可以通过相关网站了解更多有关共益影响力评估的信息，并阅读案例研究，了解各种规模、处于各个利益相关者共赢阶段的公司如何将评估作为一种管理工具来巩固公司文化、吸引团队人员和提高绩效。

A.3 实践共同体

共益企业行动的领导者是经过认证的共益企业。截至 2022 年 5 月，5 000 多家公司之所以成为领导者，是因为它们符合利益相关者治理和利益相关者管理的最严格标准。经证实，认证的共益企业在满分 200 的共益影响力评估中得到 80 及以上的分数[①]。起初这看起来很低，但请把这个分数视作 0.400 的平均击球率，以及进入觉醒公司名人堂的第一轮

① 目前已经取消满分 200 分的限制。——译者注

投票。20 世纪 90 年代中期共益企业的平均得分，以及每年共益实验室最益世界大奖上的公司得分通常在 125~175 分之间。认证的共益企业还制作对公众透明的共益影响力报告，其中包括它们的总体共益得分以及 15 个以上单独影响领域的得分。最后，认证的共益企业采用利益集团结构或其有限责任公司的等效方式，使利益相关者治理制度化。认证的共益企业多种多样：他们来自 150 多个行业和 80 多个国家，从独资企业到价值数十亿美元的跨国公司，如 KeHE（美国天然食品分销商）、Laureate（全球最大的营利性高等教育提供商），以及 Natura（巴西化妆品公司和可持续发展的模范）。

共益影响力评估为我们的计划增加了一个新的转折点，它帮助我们了解我们相对于其他公司的情况。

——罗布·米查拉科（Rob Michalak），本杰瑞（Ben & Jeny's）

我们本来已经对某些制造业和员工的做法感到非常满意，但该工具让我们意识到，我们还没接触到皮毛。

——埃里克·埃德尔森（Eric Edelson），Fireclay Tile

共益企业的认证就像有机成分认证或 LEED（一种绿色建筑评价体系），但它是面向整个商业界的，而非仅仅针对一加仑牛奶或一栋大楼。像有机成分认证和 LEED，共益企业的认证标志是面向公众的，以期为那些试图从优良公司那里寻求优良的商品，但越来越不信任公司自我宣传的客户提供帮助。由可信的第三方验证的绩效和无可匹敌的公共透明度相结合，建立了信任，有助于将交易转化为关系，将客户转化为支持者。统一的共益企业认证标志为那些试图在混乱的市场中脱颖而出的公司提供了集体发言权。

认证的共益企业绩效由共益实验室标准分析员进行验证，该分析员对每一家试图认证的公司进行电话审查；回顾记录了 BIA 回答以及披露问卷上的任何“否定”答案的文件；每年对 10% 的认证共益企业进行随机现场审计。所有认证的共益企业必须每三年重新认证一次，这意味着每个认证的共益企业都要完成一个新的 BIA，以评估这段时间的表现，如表 A–2 所示。

表 A–2　美国内外的共益企业行动

名称	定义	美国内部数字	美国外部数字
认证共益企业	经非营利组织共益实验室认证，严格符合社会和环境绩效、公众透明度和法律责任标准的企业	1 000	1 200
注册共益型企业	已在其所在州 / 国家注册为共益公司的企业，将其利益相关者的利益考量纳入信托责任范围	4 500	800
完成的共益影响力评估	已完成全面共益影响力评估的企业，对公司的整体社会和环境绩效进行免费、保密和全面的评估	25 000	3 000
共益影响力管理合作伙伴	金融机构、影响投资基金、商业网络、行业协会、供应链经理和政府机构，它们使用共益影响力评估和共益分析来更好地了解它们投资的公司和与它们做生意的公司的影响力	90	60
学术界	积极参与共益实验室的课程和研究的人员	90	30

事实证明，这种赢得的信任不仅在吸引客户方面，而且在吸引和留住人才方面也很有价值。不同规模公司和不同行业的首席执行官都指出，他们认证共益企业身份是强化价值观共赢型企业文化的关键工具，吸引各代（尤其是千禧一代）想全身心投入工作的员工，吸引追求使命而不是追求薪水的人才。对于大多数认证的共益企业来说，最有价值的认证资产是共益企业社区本身。

通过认证，可以加入有志同道合、表现出色的领导者的实践社区。这个社区分享各个方面的最佳措施，包括文化建设、员工参与、营销和沟通、筹集符合使命的资本、创造价值驱动的供应链、减少浪费和碳排放、劳动力发展以及为所有利益相关者创造价值的更多方式。经过认证的共益企业通过名为“共益蜂巢”的在线社区，以及像共益地方分会、区域共益企业领导力发展日和年度支持者休养会这样的个人聚会分享知识。这些活动促进合作和集体行动，帮助共益企业实现其业务使命，做出期望的改变。

获得共益企业认证的部分名单

索尔伯格制造公司（SOLBERG MANUFACTURING）：中西部的一家家族企业，致力于减少碳足迹，维护工人权益

红杉集团（REDWOODS GROUP）：在信念的驱动下，这家北卡罗来纳州（North Carolina）的商业财产保险公司与基督教青年会（YMCAs）合作，通过数据分析保护生命和金钱

新比利时酿酒公司（NEW BELGIUM BREWING）：被公认为可持续发展和社会责任方面的领导者的风力发电工艺啤酒公司

ELLEVATE 网络：全球女性的网络，致力于缩小商业成就的性别差距

格雷斯顿面包（GREYSTON BAKERY）：为你最喜欢的本杰瑞冰激凌口味制作布朗尼，通过公开招聘为返乡公民创造就业机会

谷百（PLUM ORGANICS）：金宝汤子公司，领域内最大的、快速发展的美国有机婴儿食品公司

特里多斯银行（TRIODOS BANK）：拥有近四十年的历史，是欧洲三重底线银行，也是全球银行价值观联盟（Global Alliance for Banking on Values）的创始成员

SILVER CHEF：澳大利亚酒店设备和商业设备市场的公开交易融资人

NATURA：巴西上市公司，通过直接销售可持续生产的化妆品和个人护理产品，为 130 万名咨询师创造了就业机会

最后一点可能是认证最有价值的资产。除了一个强大的实践社区，认证的共益企业还创建了一个强大的使命社区。认证的共益企业认识到，他们寻求的变革始于但大于单个公司绩效的提高。要实现商业带来共享、持久繁荣的承诺，需要的不仅仅是卓越的个人领导。即使是《财富》500 强中最大的公司中最开明的领导层也无法独自前行。我们每个人都是一个巨大的社会和经济体系中的一个重要但很小的部分。从股东至上时代到利益相关者商业时代的文化转变需要一个由可信的领导者组成的集体行动的力量。

共益企业集体领导的第一个行为就是让他们自己——即使或者尤其在他们已经被同行和公众视为是领导者的情况下——服从于一个可信的第三方绩效、透明度和责任标准。这重建了人们对经济体系的信任，而许多人本来觉得这个体系并不在意他们，把他们抛在脑后。在一个不健康的社会里，健康的企业不可能长期存在。商业是人类为提高生活质量而设计的最强大的制度之一，这个体系建立在信任之上。在一个将企业利益与社会利益结合起来的法律结构中，彻底透明地确保高绩效是重建信任、加强经济体系的重要的第一步。这个经济体系已经提供了很多东西，但要实现它的承诺还有很长的路要走。

九成的受访者表示，他们因 Azavea 的共益企业身份而对这份工作感兴趣。

——罗布·奇瑟姆（Rob Cheetham），Azavea

共益企业行动是我们一生中最重要的行动之一，它基于一个简单的事实，即企业的影响和服务超越股东，对社会和地球负有同等的责任。

——罗丝·马卡里奥（Rose Marcario），巴塔哥尼亚

我们知道，有这一使命的领导层群体已经不仅仅通过单个公司的绩效改进来完成任务。

由于认证共益企业社区的集体行动，它们的利益相关者治理和利益相关者管理措施正在被世界各地成千上万的公司采用。认证的利益相关者治理要求在美国 33 个州已成为法律，并已被 10 000 多家公司采用。这种利益相关者治理模式正在走向全球。在八国集团社会影响投资工作组（G8 Social Impact Investment Taskforce）的契合使命的治理建议获得通过后，意大利最近通过了一项共益企业法，其他六个国家也正在制定类似的立法。采用这种利益相关者管理系统的不仅仅是个别公司，还有公司供应链经理、影响投资者、基金经理、信贷提供者、商业协会，以及希望更多地了解和提高与之合作及投资的企业的积极影响的政府实体。

释放企业的英雄精神是一项团队行动。认证共益企业社区为成为觉醒商业团队的一员而感到自豪，并希望更多觉醒的公司成为共益企业社区的一部分。

附录 B “牙买加丑橘”练习

目的：阐明如何使一个局面成为共赢局面（虽然我们暂时还不能称之为共赢）

以下每一页都要打印出来，并秘密地交给一个团队的两组成员。这对于执行团队来说是一个非常有趣的练习，也适用于组织的任何级别，包括入门级。

两组应该分开，给组员 10 分钟的时间讨论他们希望对方回答的问题。

作为主持人，你将观察代表之间的会议（两组各一人）。每个小组的其他成员都应该参加、倾听并帮助他们的代表。两位代表的会面只需 5 分钟。

最后，小组可能会提出尊重另一组使命的问题，而不是要求对方放弃。

经常发生的情况是，团队成员太专注于获取所有的丑橘，以至于他们意识不到他们每个人需要的是水果的不同部分。

如果提出正确的问题，他们将走向共赢的局面，这是利益相关者相互依存和共赢模型的核心。

B.1 对琼斯博士的秘密指示

你是琼斯博士，一个受雇于制药公司的生物研究科学家。你最近开发了一种合成化学物质，用于治疗和预防鲁多森病（Rudosen）。这种病多发于妊娠女性，如果在怀孕的头四周没有发现，会对胎儿的大脑、眼睛和耳朵造成严重损害。最近，你的国家暴发了鲁多森病，几千名妇女感染了这种疾病。你发现你最近开发的合成血清可以治愈早期鲁多森病。但不幸的是，这种血清是由非常罕见的水果牙买加丑橘制成的。这一季，全世界只种了 4 000 个这样的橘子。而下一季才会有新的丑橘，但那对于治疗现在的鲁多森病人而言太迟了。你已经证明你的合成血清对孕妇没有伤害，没有副作用。不幸的是，鲁多森病的暴发出乎意料，而且你的公司在 6 个月内没有提供这种血清的计划。公司拥有合成血清的专利，如果向公众提供血清，它很有可能成为一种高利润的产品。你最近听说一位南美水果出口商名叫卡多萨的女士（Ms. Cardoza）有 3 000 个牙买加丑橘。如果你能获得全部 3 000 个丑橘，你就可以从汁液中制造出足够的血清，既能治愈目前所有的病人，又能为国内其他的孕妇提供足够的疫苗。目前没有其他国家面临鲁多森病的威胁。你被告知罗兰博士也在紧急寻找牙买加丑橘，并且他也知道卡多萨女士有一些这种特殊的橘子。罗兰博士受雇于一家竞争对手的制药公司。他过去几年一直从事生物战研究。制药行业有大量的行业间谍活动。在过去的几年里，罗兰博士的公司和你所在的公司已经多次以侵犯专利权和违反间谍法的罪名起诉对方。你的公司已授权你与卡多萨女士接洽，购买 3 000 个牙买加丑橘。有人告诉过你卡多萨女士将把它们卖给出价最高的人。你的公司同意你出价高达 250 000 美元，以获得 3 000 个橘子的果汁。在接洽卡多萨女士之前，你决定和罗兰博士谈谈。仔细想想你愿意告诉对方什么信息，不愿意透露什么信息。

B.2 对罗兰博士的秘密指示

你是罗兰博士，一家制药公司的研究生物学家。你的公司与政府签订了一份合同，负责研究对敌人展开生物战的方法，但政府还要求贵公司协助解决一个紧迫的问题。最近，几枚旧的实验性神经毒气弹被转移到太平洋的一个小岛上。移动时，其中两枚炸弹出现了泄漏。泄漏目前已得到控制，但政府科学家相信气体将在两周内从炸弹室泄漏并扩散。还没有已知的方法来阻止气体进入大气层并扩散到海岸。一旦泄漏发生，几千人将死亡或遭受严重的脑损伤。你已经开发出一种合成雾化剂，如果在毒气泄漏之前将其注入炸弹室，它将中和神经毒气。这种雾化剂是由取自牙买加丑橘的化学物质制成的，这种水果非常罕见。你听说一位南美水果出口商卡多萨女士有 3 000 个牙买加丑橘。如果得到这 3 000 个丑橘，然后有效开发血清并注射，你就可以从这些橘子的果皮中提取足够的化学物质来中和所有的气体。你们公司没有找到这些丑橘。据你所知，今年世界上只有 3 000 个这样的橘子。你了解到琼斯博士也在紧急购买牙买加丑橘，而且琼斯博士知道卡多萨女士有丑橘。琼斯博士的公司和贵公司竞争激烈，制药行业有大量的行业间谍活动。你的公司和琼斯博士的公司已经多次起诉对方侵犯专利权，且一场官司还在继续。你的公司已授权你与卡多萨女士接洽，购买 3 000 个牙买加丑橘。你听说卡多萨女士会把它们卖给出价最高的人。你的公司允许你出价高达 250 000 美元以获得这些橘子。在接洽卡多萨女士之前，你决定和琼斯博士谈谈。仔细想想你愿意告诉对方什么信息。

附录 C　评估及建设觉醒文化的巴雷特（Barrett）方法

作者：理查德·巴雷特，巴雷特价值中心主席兼创始人

文化资本是竞争优势的新前沿。你是谁以及你代表什么已经变得和你销售的产品或提供的服务质量一样重要。

越来越多的人认识到企业文化的重要性，这就提出了一个重要的问题：你如何让自己的文化具有觉醒意识?

C.1　如何拥有觉醒的企业文化

你通过测量企业文化使它具有觉醒意识。这包括进行基线文化诊断（文化价值评估），包括每个业务单位、部门和团队的数据切割，以及性别和年龄等人口统计类别的数据切割。价值评估的结果将允许你确定组织的文化健康状况以及存在于不同业务单位、地点、部门和团队的组织亚文化的文化健康状况。它还将准确地告诉你要创建一个高性能的组织需要做出什么改变。

评估文化价值的最佳方法之一是使用巴雷特价值中心的文化转型工具。这些工具基于意识的七个层次模型（图 C-1），而这个模型又建立在亚伯拉罕·马斯洛的需求层次之上。七个层次模型将马斯洛层次结构的焦点从需求转移到意识，并对自我实现的概念给出了更佳定义。该模型可以反映个人、领导者、组织、社区和国家的价值观。

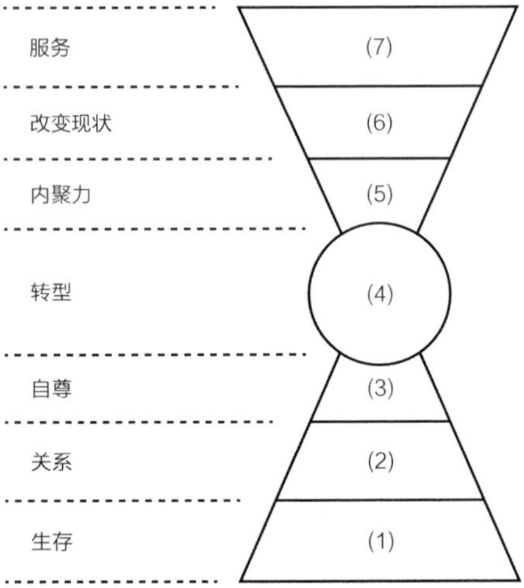

图 C-1　意识的七个层次模型

C.2　企业的七个意识层级

前三级组织意识的重点是企业的财务稳定性和盈利能力，员工和客户满意度以及高绩效系统和流程的基本需求。

第四个意识层级的重点是适应性——持续更新和转变——从基于恐惧、僵化、独裁的等级制度或信息闭塞的工作氛围，转变为更加开放、包容、适应和民主的治理体系，使员工能够以负责任的自由开展工作（问责制）。

最上面三个意识层级的重点是组织凝聚力，建立互利的联盟和伙伴关系，维护人类社会的福祉。

专注于满足基本需求的组织通常不是市场领导者。它们可以在特定的领域取得成功，但总的来说，它们过于专注于内部事务，过于专注于自我，或者过于僵化和官僚作风，无法成为自己所在领域的创新者。它们无法快速适应市场环境的变化，也没有赋予员工权力。劳动力缺乏热情，创新和创造力受到抑制。工作人员的参与程度相对较低。这样的组织是由专制的领导者管理的，公司在制造恐惧的文化下运转。这种工作场所不利于情绪健康。员工感到沮丧或失去动力，可能会抱怨压力太大。

只专注于满足更高需求的组织缺乏有效运作和盈利所必需的基本业务技能。当涉及财务问题时，这些公司的措施无效而不切实际，不追求与客户共赢，缺乏高绩效所必需的系统和流程。它们根本没有立足于商业的现实。我们经常在非营利部门发现这样的组织。

最成功的组织是那些培养全方位意识的组织，具备满足组织意识的每一个层次相关需求的能力：面对市场提出的所有挑战，或对公共组织而言，面对来自体制或政治环境的挑战，他们都能适应并做出恰当的反应。与每个意识水平相关的行动和发展任务见表 C–1。

表 C–1　七层级意识模型

意识水平	行动和需求	发展性任务
7. 服务	通过与更高的使命保持一致，为本组织创造一个长期、可持续的未来	服务：为后代保障地球和社会的福祉
6. 改变现状	指导和训练员工，与志同道合的组织保持协调以实现互利，并为组织所在的社区提供支持	合作：建立内部合作和外部伙伴关系，以增强本组织及其伙伴的长期适应能力
5. 内聚力	将员工的动机与共同的价值观和鼓舞人心的愿景结合起来，从而提高组织采取集体行动的能力	凝聚：创造一种内部有凝聚力、高度信任的文化，使组织能够实现其使命并激发员工的创造力
4. 转型	通过给予员工发言权，让他们对组织的成功和个人未来负责，从而促进创新	授权：授予员工参与决策的权力，并给予他们决策的自由

续表

意识水平	行动和需求	发展性任务
3. 自尊	搭建结构，制定政策、程序和流程，从而建立秩序并保障组织的绩效，认可员工的贡献	展现：构建注重组织效率、生产力和敏捷性的高性能系统和流程
2. 关系	解决冲突，建立和谐的关系，建立员工的忠诚感，与客户形成紧密联系	协调：在员工之间建立归属感且相互尊重，关心客户
1. 生存	提升财务稳定和盈利能力，关心所有员工的健康和安全	生存：确保财务的可行性，并关注员工的基本生活需要

C.3 价值观分层图

文化转型工具的核心理念是：所有的价值观和行为都是由特定的需求驱动的，每个需求属于七个意识层次的某一层。因此，通过询问员工他们的价值观是什么，你可以了解他们的意识水平处在什么层次。通过询问员工在组织中看到了什么价值观，可以确定组织运行的意识水平（当前文化）。询问员工希望在组织中看到什么价值观，从而衡量所需的文化。以下是文化价值评估如何帮助我们的一些例子：

- 个人价值观与当前文化价值观的匹配数量让领导团队了解员工在多大程度上可以充分发挥自己的能力，即员工的投入度和敬业度水平。
- 符合当前需要和期望的文化价值观的数量让领导团队了解员工认为组织在多大程度上走上正轨，组织在多大程度上发挥了其全部潜力。
- 匹配的个人价值观和当前文化中不具备、但员工期望的文化价值观让领导团队意识到需要立即着手培养哪些价值观。表 C–2（在后面的一节中）显示了一个组织在其当前文化中的价值观与在所需文化中的价值观之间的差距，也表明了哪些价值观应该被给予更高的优先级。

- 组织中的文化不和谐程度或文化熵让领导团队明白，在多大程度上文化受经理、监管者和其他领导者的恐惧驱动。文化熵衡量的是受领导者、经理和监管者的自私的、基于恐惧的行为影响，组织产生的功能失调程度。随着文化熵的增加，信任水平、内在凝聚力和幸福感都会降低。文化熵与员工敬业度呈负相关。低熵导致高参与度，高熵导致低参与度。
- 评估还可以衡量所坚持的价值观在多大程度上得到实践和期望。

文化价值评估使无形资产变得有形。它们使领导团队和组织的其他成员能够就对组织的成长和发展而言重要的事物进行全新的对话。

以下是文化价值评估中一些更重要的产出的例子。要求员工选择的价值观包括积极价值观和潜在的限制价值观（导致恐惧驱动型结果的价值观）。例如，承诺是一种积极的价值观，责备是一种潜在的限制性价值观。

C.4 一个典型的低文化健康、高文化熵的组织

图 C-2 描绘了一个 80 人组织的价值观。图表上的每个点代表十大价值观之一。值后面的（L）表示潜在的极限值。正值显示为阴影点，潜在限制值显示为白点。注意个人价值观（关注 5 级）、当前文化（关注 1 级和 2 级）和期望文化（关注 4 级和 2 级）之间意识上的严重错位。没有匹配的个人和当前的文化价值观，只有一个匹配的当前和期望的文化价值观：责任。在一个文化健康的组织中，我们期望看到 2~3 个匹配的个人和当前的文化价值观，五六个匹配的当前和期望的文化价值观。

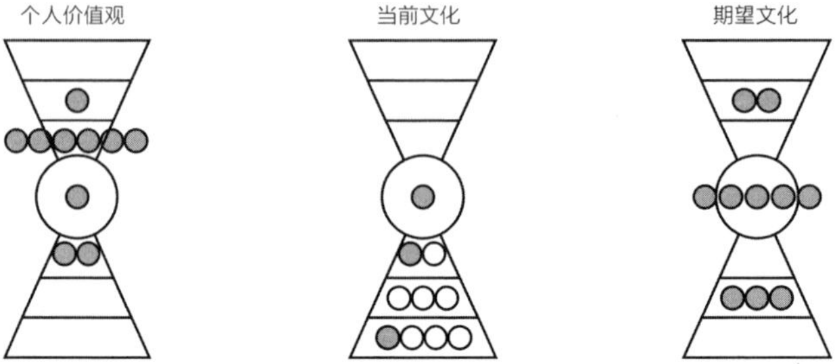

个人价值观		当前文化		期望文化	
1. 承诺	39	1. 成本降低（L）	64	1. 持续改进	40
2. 诚信	33	2. 利润	40	2. 客户满意度	36
3. 改变现状	31	3. 结果导向	36	3. 责任	29
4. 积极的态度	29	4. 问责（L）	34	4. 辅导/指导	28
5. 成就	27	5. 要求（L）	32	5. 领导力发展	26
6. 幽默/有趣	27	6. 长时间工作（L）	29	6. 团队合作	23
7. 正直	27	7. 责任	27	7. 开放式沟通	22
8. 公平	26	8. 工作不安全感（L）	26	8. 适应性	21
9. 绩效	26	9. 缺乏欣赏（L）	25	9. 员工认可	21
10. 主动性	23	10. 控制（L）	25	10. 信息共享	21

图 C–2　低文化健康和高文化熵组织的价值观图表

在这样的数据图中，我们经常发现，在低文化健康或高文化熵组织中，期望的文化值通常集中在转型层面。这一级别体现的价值观是对当前文化中级别 1、级别 2 和级别 3 的许多问题（潜在限制值）的补救措施。由于公司面对图 C–2 所示的困难，它的焦点在内部——客户满意度不是当前文化的十大价值观之一，却是期望文化的第二大价值观。

此外，期望文化中有五种积极的关系价值观（责任、开放式沟通、辅导 / 指导、团队合作和员工认可）。这些价值观是对当前文化中四种潜在的限制性关系价值观（问责、要求、缺乏欣赏和控制）的制衡。

图 C–3 显示了该组织的个人、当前和所需文化的价值分布。这是所有价值观的所有投票的分布。通过将潜在限制值的投票比例相加，得到文化熵（文化健康得分与文化熵相反）。文化健康水平为 52%，文化熵水平为 48%（在临界范围内）。文化熵显示在中间列，由无阴影条表示极限值，相对均匀地跨越 1 级（18%），2 级（16%）和 3 级（14%）。令人不安的是，在第 1 级和第 2 级的文化熵显著增加（降低第 1 级和第 2 级的熵比降低第 3 级的熵更困难）。

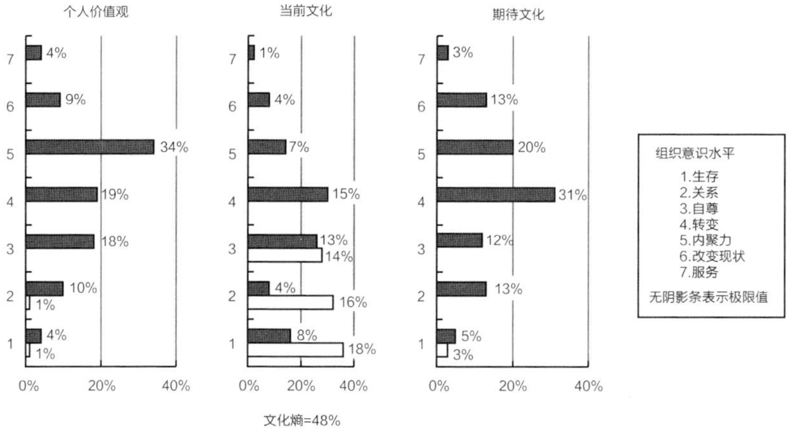

图 C-3 低文化健康和高文化活力组织的价值观分布图

表 C-2 显示了重点价值观跃进。如果一个组织需要大幅提高对某个价值观的重视程度，即当前文化中某个价值观的得票数小于所需文化中这一价值观的得票数，那么价值观跃进是必要的。从这张表可以看出，这家公司的关键问题是领导力的质量。组织目前的价值观与其员工希望组织重视的价值观之间的最大差异包括辅导和指导、员工认可、开放式沟通、信息共享、领导力发展和授权。

表 C-2 价值观"跃进"：组织的现状与期待之间的区别

价值观	当前文化投票[①]	理想文化投票	价值观跃进
辅导 / 指导	1	28	27
客户满意度	15	36	21
员工认可	0	21	21
持续改进	21	40	19
开放式沟通	21	40	19
信息共享	4	22	19
领导力发展	10	21	16
授权	3	26	16

① 前两列是指在一家 80 人的公司中，投票认为该价值观是公司目前实施的或希望公司未来拥有的十大价值观之一的人数。

C.5　前进的道路

在我们的示例公司中，高文化熵和当前十大文化价值观中显示的七个潜在的限制性价值观是业绩不佳的明显标志：领导者被恐惧左右了行为。指责、要求、长时间工作、降低成本和控制都是领导小组迷失方向的迹象。组织关注的是利润，而不是客户。公司也不关心员工，当前文化中出现了低欣赏度与工作不安全感这样的潜在限制性价值观。

期望的文化价值观为提高领导素质指明了方向：辅导 / 指导、领导力发展、开放式沟通、员工认可和信息共享都是理想的文化价值观，而这些价值观并未出现在当前十大文化价值观中，需要公司在价值观上进行重大变革。如果领导团队想要让公司回到正轨，这些就是他们需要关注的价值观。理想的文化高度重视意识的转变水平，允许员工参与决策，并给予他们决策的自主权。

C.6　管理组织的价值观

如果领导要改善文化，必须与员工分享文化价值评估的关键发现，并以评估结果为依据开展活动。通常最好集中关注两个或三个重要的主题。对于这个组织，研究结果表明需要：①关注领导力发展；②建立对领导团队的信任；③授权和欣赏员工。领导团队有责任推动活动的开展。12 个月过去后，组织应该重新评估其文化价值观，看看在将期望的价值观转变为当前文化方面组织取得了怎样的进展。成功的表现是文化熵的降低。

后　　记

既然你已经读完了这本书，请你不要拖延，立即开始旅程。用马丁·路德·金的话来说，有一种“当下的紧迫性”；我们必须尽快开始并持续推进所有的公司重大变革。

这是一项英雄般的事业，你将在前进的道路上面临无数的挑战。但是这个过程也是非常快乐的，因为它引导你成为某项更加伟大事业的一部分，超越你自己或你的组织。觉醒商业也是发展的必然。在不断提升觉醒意识，增强交互性的过程中，我们可能会遇到坑洼和弯路，甚至出现方向的逆转，但这一过程将会且必须继续进行。我们可以推动即将产生的事物发展，或者尝试阻止它。后一种选择其实根本行不通。我们必须成长，必须互相关爱，必须合作，否则我们将毫无疑问地走向灭亡。

我们正处于历史性的间断之中，事物一直以来存在的方式与它们能够和需要成为的事物之间存在着鸿沟。我们需要系统地审视每一种假设、每一种思维模式、每一种信念、每一种关于如何组织和领导企业、激励和奖励员工、协调利益以及如何开阔视野的理论。正如剧作家汤姆·斯托帕德爵士（Sir Tom Stoppard）在《阿卡迪亚》（*Arcadia*）中所写：“未来是无序的。自从我们使用后腿站立起来，这样的时机已经出现五六次了。当你对于一切的认知都是错误的时候，生存的最佳时机就到来了。”

旅程是充满快乐的，因为人类一直在等待并渴望这种改变。工作是人的一个重要方面。我们每个人一生中只有十几万小时的时间用来工作。我们的工作可以是意义和使命、快乐和满足、治愈力和成长的深层源泉。但对我们绝大多数人来说，这已成为我们为了谋生、保持身心健康，而不得不忍受的一项日常的苦差事。作为一个商业领袖，你拥有巨大的权力和令人敬畏的责任，让人们有机会认识和体验生活所提供的许多非凡的礼物。你怎么会选择放弃这个不寻常的机会？

走向觉醒商业是人类的当务之急。大多数人从来没有向世界提供他们所拥有的任何一部分馈赠；从出生到生活到死亡，他们的音乐仍然被困在内心之中。我们本来有能力演奏出多么非凡的交响乐啊！人类的“种子”从未如此强大。我们的智力一直在迅速提高，我们可以通过手指的点击接触到世界上所有的信息，我们之间有着良好的联系，有更好的机会接受高等教育，寿命更长，觉醒意识不断提高。但是即使人类的种子已经得到进化，组织的土壤却依旧不宜居，甚至是有毒的。我们必须关注这个问题。作为领导人，我们有责任改善这片土壤，创造条件，使普通人能够取得非凡的成就。通过这样做，我们可以使人们过上比他们所能想象到的更丰富、更深刻、更充实、更快乐的生活。

觉醒商业也是一种社会需要。企业需要理解和管理他们和他们的员工所处的系统。我们需要发挥我们的作用，与政府和民间社会一起建立一个理想的社会，使人人都重要、人人都获益。

当然，发展觉醒商业是全球的当务之急。20 世纪取得的大部分重大进展都基于使用不可再生资源，而我们现在正迅速耗尽这些资源。对于任何问题，我们都需要创造新的解决方法。我们需要不仅可持续，而且生产力高的方法，从而恢复和弥补由于忽视或冷漠而受到破坏的生态系统。

戴维·库佩里德（David Cooperrider）是凯斯西储大学世界利益代理人福勒商业中心（the Fowler Center for Business as an Agent of World Benefit）的社会企业家教授。他对于觉醒商业描述了一个乐观前景：

每个人都开始想象千载难逢的文明机遇——通过盈利来终结极端贫困；或者出现一个丰富、清洁的可再生能源世界；或者使地球儿童的教育普及率达到100%；或将商业作为一种务实和可靠的和平力量；或者出现能够变废为宝的“摇篮到摇篮”工厂和供应链；或者是全方位经济的诞生，在其经济体系中，企业可以脱颖而出，人们可以兴旺发达，自然可以繁荣发展。以上种种对我们而言不再是乌托邦式的幻想。此外，在这个时代，创新已经超越了社会责任或“可持续性”这一老生常谈的词语，我们认为可持续性已经失去了激励未来的能力。少做坏事并不是最有说服力的号召，仅仅是生存并不等于兴旺发达。我们看到商业发展的下一阶段，其中的任务涉及从可持续发展到全面繁荣的决定性的转变。当下的有效因素范围，从商业创新、指数技术到全新人类能力要素、承诺和觉醒意识，正在推动这一转变。

最后，对于觉醒的企业来说，踏上觉醒商业之旅的财务必要性很有说服力。越来越多的证据表明，这种做生意的方式不仅能够大幅减少危害，而且实际上产生的各种价值也要远远高于过去那种只关注利润的方式。觉醒的商业态度认识到，使命、人、地球和利润之间并非取舍关系；我们可以同时服务于这些事物。

在了解这些之后，你怎么能够坚持旧方法的合理性，认可那种在人类福祉和公司底线之间做出令人心碎的非必要取舍的方式？那将是令人震惊的管理性失误。我们应该对所有我们接触过的人负责，充分理解我们需要什么以及如何使所有人共同繁荣，基于此来领导我们的组织。

每一次旅程都是从第一步开始的，所以今天就迈出这一步吧！前面的路很长，但不要绝望。在这段旅程中，会有许多值得欢呼和鼓励的时刻。培养如百威勒的领导者所说的充满勇气的耐心。遵循“慢就是快”这句古老格言的教导。正如即使你揠苗助长，也不能要求变革立竿见影，试图缩短转变的时间。在短短的几年内，你的公司可能会持续发生变化。让这个过程以自然和有机的方式展开。对那些似乎无法立即理解的人也要有耐心。关注那些真正理解的人；绝大多数人最终都会追随你，尤其是当你的言行越发一致时。

在传统等级制的组织中担任领导可能是一项孤独的任务。但原本并不需要这样。采用以团队为基础的方法进行转型。你的整个团队需要以共同的使命和共同的责任一起工作，从而完成这一转变。以初学者的心态和领导者的性情来对待变化。在认识到当今现实的同时，坚持不懈地关注可能发生的事情。

你和你的领导团队在这段旅程上并不孤单。一个庞大且不断壮大的公司和领导者群体也在同样的道路上前行。通过觉醒商业首席执行官峰会的地方分会或组织的春季年会找到你的同伴。与同行的其他首席执行官组成一个小组，不断地相互交流，帮助彼此应对挑战，寻求解决方案，这会非常有帮助。

如果你在一家上市公司，你必须确保你的董事会是这项工作不可或缺的一部分。确保每个董事会成员都了解背景（为什么觉醒的商业在今天必不可少）、概念（觉醒商业的原则）和案例（觉醒商业的人类、社会、全球和财务案例）。

给首席执行官的信

作者：约瑟夫·贾沃斯基（Joseph Jaworski）《同步性：领导的内在路径与资源：知识创造的内在路径》（*Synchronicity*：*The Inner Path of Leadership and Source*：*The Inner Path of Knowledge Creation*）一书的作者，全球领导倡议的创始人兼主席，美国领袖论坛的创始人

作为一名高级领导者，你可能正在开始你一生中最重要和最具挑战性的任务：创建一个觉醒的企业。

如果遵循以下三个基本要素，你一定会取得成功：

首先，你必须对创建一个觉醒的组织作出明确承诺。最关键的

因素就是你对于完成个人、组织高度发展这一任务的明确承诺。你必须扪心自问："我是谁？"和"我的工作是什么？"即"我的使命是什么？"

你对组织变革的承诺必须如此有力。它必须与你的个人使命和你的个人命运完全一致。

当你的个人使命和组织使命一致时，你就迈出了走向成功的第一步，也是最重要的一步。

宇宙中隐藏着因果关系。就像地心引力那样。你看不见它，但你可以观察它的效果。当你完全担负起责任的时候，你的意识将超越你自己，成为一种强大的力量。它将帮助你一路前行，促进你的成长和转变。你的旅程受到看不见的手的引导。这种引导远比你单独的觉醒意志所能做到的精准。

其次，你必须从你的最高级团队那里获得同等质量的承诺。这种组织变革需要你在首席执行官和管理团队的角色上进行重大的人力开发。有人称之为纵向发展，它包括领导者存在方式的转变——他们的性格和超我。人类发展包括我们思考、感受和理解周围世界的方式，包括我们相信哪些事情是可能发生的。

对于团队中的许多人来说，成为一个更觉醒的领导者对于个人成长和发展而言，是一个有力的、令人振奋的机会。对其他人来说，这可能太可怕、太困难。

一开始，只要你的团队中有3~4个成员能作出这样高质量的承诺，你就能成功；但最终，你的整个团队必须作为一个有智能的个体全部以这样的方式运作。

当整个团队处在这一立场上的时候，团队的行为和集体存在方式会产生巨大的吸引力，影响整个组织。你的员工将被真实可靠的团队和充满可能性的未来吸引。

再次，你必须迈出大胆的第一步，跨过门槛，然后边前进边开辟道路。在这个旅程的开始，你很可能会感到犹豫，或者事实上感到恐惧。这很正常。我们这些经历过同样旅程的人也有过这样的感受。这是一次危险的旅程，一个同时充满恐怖和机遇的地方。

唯一的解决办法是迈出大胆的第一步，越过门槛。遵循本书中列出的指导方针，保持敏锐的意识，当你有疑问的时候，通过直觉判断下一步该做什么。

一边前行，一边开辟道路。

我们以《有使命的公司》(*The Purposeful Company*)中这些鼓舞人心的话作为结尾：

大型公司是宝贵的经济和社会组织。它们是财富的创造者，为人类的困境和大规模需求提供解决方案，因而推动人类进步。它们通过追求明确的、有远见的企业使命取得成功，这些使命规定了公司将如何改善人们的生活。这些使命是对整个企业具有约束力的承诺，能够产生信任，并促成日益复杂的价值创造形式。